JN041649

音声アプリ
&
DL対応

「なぜ？」が「わかる」

HANGUL
GRAMMAR

完全マスター

ハングル文法

改訂版

イム・ジョンデ 東海大学教授

Gakken

はじめに

完全マスターシリーズが誕生し、はや二十年が経ちました。本書が長きにわたり、たくさんの方に愛され続けてきたことに、この場を借りて改めて厚く御礼申し上げたいと思います。

本書『完全マスターハングル文法 改訂版』の出版については、二十年を過ぎてもなお止まることを知らないたくさんの方々からのご声援とご愛顧に応え、より多くの知識と情報を提供しようという趣旨の下、改訂版を株式会社Gakkenから出版することになりました。

今回の改訂版の特長は、二つです。一つは、今まで読者の方々からご指摘頂いていた、細かいニュアンスの伝わりにくさを改善した点です。初版では、韓国語文型の意味するところを十分に伝えるために、比較的直訳に近い訳を採用しましたが、結果的に読者の皆様に分かりづらさを招いてしまうところがありました。今回の改訂版にも、直訳調の訳も載せていますが、時代の変化に合わせて意訳をつけている部分もたくさんあります。筆者の意図としては、まず直訳を通してその文型の意味するところを掴んで頂き、意訳の部分から日本語の意味を確認して頂くような流れで学習されることを期待しています。

二つ目の特長としては、比較対照のモウム8を大幅に増景したことです。初版での比較対照は、比較的似通った意味群のものを取り上げ、その相違点や類似点を解説するものでした。しかし、追加した比較対照の文型は、従来の観点から見ると、比較対照の対象には上らないものも多数含まれています。しかしこれらは、一見関係がないように見えても、話したり害いたりしていくうちに、必ずどこかでつまずきを覚えるものばかりです。皆様の学習のよい参考になることを期待しています。

それでは、공부 열심히 하셔서 꼭 좋은 결과 얻으세요.

著者 イム・ジョンデ

本書は2014年に（株）ディーエイチシーより刊行された名著『初級から上級まで学べる完全マスターハングル文法 第2版』に一部修正を加え、レイアウト、イラスト等を描きなおしリニューアルしたものです。

本書の使い方

1．모음（モウム）の意味

本書では、모음という、少し変わった章立てをしています。모음は「모으다（集める）」の名詞形で、「集まり」や「かたまり」などを意味する韓国語です。このようにしたのには、理由があります。通常の語学書のように、第一章、第二章…としてしまうと、読者の方々は、頭から読みはじめてしまうでしょう。モウムは、同じような性質の文法項目を、文字どおり寄せ集めただけですので、本書は、どこから読んでいただいても構いません。

モウムは全部で8つあります。1〜7までを本編、8は、1〜7までをまとめる意味で、類似表現の比較対照編としました。

2．모음（モウム）内の並べ方

モウム内の並べ方は簡単なものから次第に複雑なものへ、意味的に似ているものはなるべく集めておく、というようなやり方を取っています。モウム3の「主語によって意味が異なるもの」やモウム4の「否定表現関連」、モウム7の「話法関連」は、従来の語学書では、あちらこちらに分散されていて、なかなか体系的にまとめて学習するのが困難でした。読者の方々の、学習のしやすさを第一義に考えました。

3．ルビの振り方

ルビはローマ字で振っています。一般的にはカタカナのルビが主流ですが、これには理由があります。ローマ字のルビで学んだほうが、将来的にはハングルが正確に発音できるようになるからです。難しい発音記号は一切使っていません。「어」「오」は「o」で、「에」「애」は「e」で、「왜」「외」「웨」は「we」で表記しています。パッチム（文字の下に来る子音のこと）も実際発音される音を重視してつけてあります。同じハングルでも、区切って発音するか、続けて発音するかによって、ルビの振り方が変わります。付属の音声で発音をしっかり確認していきましょう。

4．例文

例文はなるべく簡単で平易なものを選んでいます。短いものを選んだ理由は、短い文をできるだけたくさん学習するのがハングル上達に、有効的だと思うからです。表現の意味が分かった上で音声を聞き、それが聞き取れるようになれば、会話の練習にもなります。会話という行為は覚えている短い文を口に出すことから始まるものです。

5. 文法用語

本書では、通常の語学書に載っているような、難しい文法用語はほとんど使っていません。その表現のイメージがすぐにつかめるように、その表現を象徴するキーワードを見つけることに専念しました。

意味的に似ている表現の場合、このようなやり方は有効的です。文法用語は専門的な勉強、アカデミックな研究のためには当然必要なものではありますが、外国語を勉強する時にはむしろ文法用語が障害になることがしばしばあるので、本書ではできるだけ避けました。

6. 発音について

ここで、発音について解説しておきましょう。日本人に難しい発音は韓国人にも難しいものです。言うまでもなく、日本人も韓国人も同じ音声器官を使っているからです。従って、日本語の音に一致する韓国語の文字を発見できれば楽しく発音を身につけることが出来るわけです。

韓国語の文字にあって日本語の文字には存在しない発音がありますが、それは、勉強していくうちにおのずと分かってくるものです。最初からそれをきちんと発音しようとたくさんの時間を費やす必要はありません。

1) 母音

아	ア	야	ヤ
어	オ（長め）	여	ヨ（長め）
오	オ（丸め）	요	ヨ（丸め）
우	ウ（突き出し）	유	ユ
으	ウ（真一文字）	이	イ
애	エ	에	エ
얘	イェ	예	イェ
와	ワ	왜	ウェ
워	ウォ	웨	ウェ
외	ウェ	위	ウィ
의	ウィ		

◎長め：口を縦方向に長くする。
◎丸め：口を丸める。
◎突き出し：口を前に突き出す。
◎真一文字：口を真一文字にする。

2) 子音

ㄱ	k/g	ㄴ	n
ㄷ	t/d	ㄹ	r/l
ㅁ	m	ㅂ	p/b
ㅅ	s	ㅇ	無/ng
ㅈ	ch/j	ㅊ	ch
ㅋ	k	ㅌ	t
ㅍ	p	ㅎ	h

◎「g、d、j」は有声音にはさまれて濁る場合。

3) 激音と濃音

激音：激しい息を吐き出す「カ行・タ行・パ行・チャ」の子音部分。ティッシュを口元に当てて激しく揺れるまで吐き出す。吐き出し方が足りなかったら平音か濃音になってしまう。

濃音：小さい「つ」の後に来る「カ行・タ行・パ行・チャ」の子音部分。口の中で小さい「つ」を前もって作った上で発音する。ティッシュが少しでも揺れたら激音になるので注意する。

4) パッチム

ㄴ：「ナ行」の前に来る「ん」の音。（ルビでnと表記）
ㅁ：「マ行」の前に来る「ん」の音。（ルビでmと表記）
ㅇ：「カ行」の前に来る「ん」の音。（ルビでng-と表記）

5) 発音しづらいパッチムの代替

① k ➡ ng　식물 sikmul　➡싱물 singmul
② t ➡ n　얻는 otnun　➡언는 onnun
③ p ➡ m　합니다 hapnida　➡함니다 hamnida
④ r ➡ n　등록 tungrok　➡등녹 tungnok
⑤ n ➡ l　권리 kwonri　➡궐리 kwolli
⑥ r ➡ n、p ➡ m　협력 hyopryok　➡협녁 hyopnyok ⇒혐녁 hyomnyok

7．パンマル表現

友達や目下の人に対して使う「非です・ます体」の表現をパンマル（반말）といいます。「だ・である体」という意味です。

音声のご利用方法

方法1 音声再生アプリで再生する

右のQRコードをスマートフォンなどで読み取るか、下のURLにアクセスしてアプリをダウンロードしてください。ダウンロード後、アプリを起動して『完全マスター ハングル文法 改訂版』を選択すると、端末に音声がダウンロードできます。

https://gakken-ep.jp/extra/myotomo/

方法2 MP3形式の音声で再生する

上記の方法1のURL、もしくはQRコードでページにアクセスし、ページ下方の【語学・検定】から『完全マスター ハングル文法 改訂版』を選択すると、音声ファイルがダウンロードされます。

ご利用上の注意

お客様のインターネット環境およびスマートフォンやタブレット端末の環境により、音声の再生やアプリの利用ができない場合、当社は責任を負いかねます。また、スマートフォンやタブレット端末へのアプリのインストール方法など、技術的なお問い合わせにはご対応できません。ご理解いただきますようお願いいたします。

目次

모음 1

助詞関連・指示詞

まず最初は、助詞について説明していきます。

POINT

韓国語の助詞は、日本語の助詞とほぼ同じと考えてよいですが、日本語と用法が違うものもありますので、注意が必要です。

이/가

「～が(主格)」

001

意味の解説

★ 初級

1 「～が」

koyang-iga issoyo
고양이가 있어요. (고양이＋가) ………… 猫がいます。

chibi moroyo
집이 멀어요. (집＋이) ………… 家が遠いです。

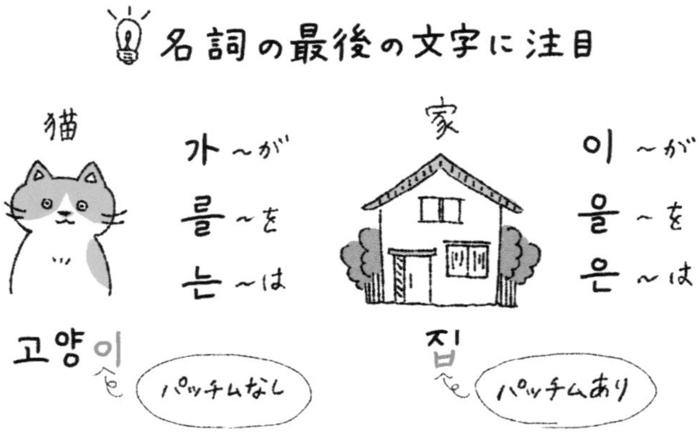

2 「私が」「僕が」「君が」「誰が」の場合は、名詞の形が変わる。
「저가➡제가」「나가➡내가」「너가➡네가」「누구가➡누가」

3 「名詞＋になる」➡「이/가 되다」
「先生になる➡선생님이 되다」　「医者になる➡의사가 되다」

中級・上級

4 「～はどこですか」「～は誰ですか」
「～はいつですか」「～は何ですか」
などのような**不定疑問文**の「は」は、「이/가」を使う。

seng-iri onje-eyo
생일이 언제예요? …… お誕生日はいつですか？

irumi mwoeyo
이름이 뭐예요? …… お名前は何ですか？

yogi odieyo
역이 어디예요? …… 駅はどこですか？

tamdangjaga nugueyo
담당자가 누구예요? …… 担当者は誰ですか？

但し、「생일/이름/역/담당자」などを取り立てて強調して言う場合には「생일은/이름은/역은/담당자는」となる。

5 普通の疑問文において、話題の前提として出す名詞につく「이/가」が日本語では「は」になったり省略されたりすることがある。

onuri nonun narieyo
오늘이 노는 날이에요? …… 今日（今日は）休みですか？

6 「이/가」の尊敬形は「께서」。

abojikeso osyotta
아버지께서 오셨다. …… 父が来た。（いらっしゃった。）

使い方

パッチム有の名詞 ＋ 이
パッチム無の名詞 ＋ 가

을/를

「～を（目的格）」

意味の解説

★ 初級

1 「～を」

umagul tutsumnida
음악을 듣습니다.（음악＋을）…… 音楽を聞きます。

chegul iksumnida(ilsumnida)
책을 읽습니다.（책＋을）…… 本を読みます。

2 「〜に会う」「〜が好きだ/嫌いだ」「〜に乗る」「〜が〜したい」「〜が〜できる」「〜が分かる」「〜がほしい」などの「に・が」➡「을/를」

chonchorul tayo
전철을 타요.（전철＋을）……電車に乗ります。

chingurul mannayo
친구를 만나요.（친구＋를）……友達に会います。

使い方
パッチム有の名詞 ＋ 을
パッチム無の名詞 ＋ 를

은/는

「〜は（取り立てて強調）」

002

▼ 意味の解説

★ 初級

1 「〜は」

teksinun an tayo
택시는 안 타요.（택시＋는）……タクシーは乗りません。

pang-un an joaheyo
빵은 안 좋아해요.（빵＋은）……パンは好きじゃありません。

中級・上級

2 「〜はどこですか」「〜は誰ですか」、「〜はいつですか」「〜は何ですか」などのような不定疑問文の「は」は「이/가」を使う。

seng-iri onjeeyo
생일이 언제예요?……お誕生日はいつですか？

irumi mwoeyo
이름이 뭐예요?……お名前は何ですか？

yogi odieyo
역이 어디예요?……駅はどこですか？

tamdangjaga nugueyo
담당자가 누구예요?……担当者は誰ですか？

但し「생일/이름/역/담당자」などを取り立てて強調して言う場合には「생일은/이름은/역은/담당자는」となる。

3 「은/는」の尊敬形は「께서는」。

harabojikesonun ilchik toragasyotta
할아버지께서는 일찍 돌아가셨다. …… 祖父は早く亡くなった。

使い方

パッチム有の名詞 ＋ 은
パッチム無の名詞 ＋ 는

에

「(場所・時間)に」

意味の解説

★ 初級

1 「〜に(場所・時間)」「非生物名詞＋에」

hakkyoe kayo
학교에 가요. (학교＋에) …… 学校に行きます。

soure itsumnida
서울에 있습니다. (서울＋에) …… ソウルにいます。

han sie mannayo
한 시에 만나요. (한 시＋에) …… 1時に会います。

2 「내년(来年)、다음 달(来月)、오늘 아침(今朝)、오전(午前)、오후(午後)、저녁(夕方)」などの時間名詞には「에」をつける。

chonyoge to mannayo
저녁에 또 만나요. (저녁＋에) …… 夕方また会いましょう。

onul achime sinmun pwassoyo
오늘 아침에 신문 봤어요? (오늘 아침＋에) …… 今朝新聞見ましたか？

3 「〜になる」➡「이/가 되다」

chonun chukkusonsuga twel koeyo
저는 축구선수가 될 거예요. (축구선수＋가 되＋ㄹ 거＋예요)
…… 私はサッカー選手になるつもりです。

★「〜になる」の「に」は「에」ではなく「이/가」。

中級・上級

4 「生物名詞＋に」➡「生物名詞＋에게/한테」

hyong-ege hante chumnida
형에게(한테) 줍니다. ⋯⋯ 兄にあげます。

에게

「～に(与格)」

003

意味の解説

初級

1 「生物名詞＋に」

nuguege chumnika
누구에게 줍니까? (누구＋에게) ⋯⋯ 誰にあげますか？

ommaege poimnida
엄마에게 보입니다. (엄마＋에게) ⋯⋯ お母さんに見せます。

2 「非生物名詞＋に」➡「에」

pyongwone onje kassoyo
병원에 언제 갔어요? ⋯⋯ 病院にいつ行ったのですか？

3 「에게」の尊敬表現は➡「께」

sonsengnimkedo ponemnida
선생님께도 보냅니다. ⋯⋯ 先生にも送ります。

4 「에게」と「한테」は同じ意味である。

「에게」は文章体に、「한테」は会話体に使われる。

5 「주다(あげる)、보이다(見せる)、가르치다(教える)、있다(ある)、없다(ない)、맞다(合う)、어울리다(似合う)」などの動詞と一緒に使われることが多い。

한테

「〜に（与格）」

▼ 意味の解説

★ 初級

1 「生物名詞＋に」

abojihante pyonjirul ssumnida
아버지한테 편지를 씁니다.（아버지＋한테）
…… お父さんに手紙を書きます。

nohantedo chulke
너한테도 줄게.（너＋한테＋도）…… 君にもやるよ。

koyang-ihante pabul chwoyo
고양이한테 밥을 줘요.（고양이＋한테）…… 猫にご飯をあげます。

文章体
고양이에게 밥을 줘요
会話体
한테
猫にご飯をあげます。

2 「非生物名詞＋に」➡「에」を使う。

pyong-wone kayo
병원에 가요.（병원＋에）…… 病院に行きます。

3 「한테」の尊敬表現➡「께」を使う。

sonseng-nimke turimnida
선생님께 드립니다.（선생님＋께）…… 先生にさし上げます。

4 「한테」と「에게」は同じ意味である。

「한테」は会話体に、「에게」は文章体によく使われる。

5 「주다（あげる）、보이다（見せる）、가르치다（教える）、있다（ある）、없다

(ない)、맞다(合う)、어울리다(似合う)」などの動詞と一緒に使われることが多い。

에게서

〜から(出所)

004

意味の解説

初級

1 「生物名詞＋から」

chinguegeso meiri watta
친구에게서 메일이 왔다. (친구＋에게서)……友達からメールが来た。

hyong-egeso padun mojaeyo
형에게서 받은 모자예요. (형＋에게서)……兄からもらった帽子です。

2 「에게서」と「한테서」は同じ意味である。「에게서」は文章体に、「한테서」は会話体によく使われる。

한테서

「〜から(出所)」

意味の解説

初級

1 「生物名詞＋から」

halmonihanteso chonwa wassoyo
할머니한테서 전화 왔어요. (할머니＋한테서)
……おばあちゃんから電話が来ましたよ。

imohanteso padun sonmurieyo
이모한테서 받은 선물이에요.（이모＋한테서）
……おばからもらったプレゼントです。

2 「한테서」と「에게서」は同じ意味である。
「한테서」は会話体に、「에게서」は文章体によく使われる。

께서, 께서는, 께

「が」「は」「に」の尊敬助詞

005

意味の解説

★ 初級

1 尊敬の「が」➡께서

sonseng-nimkeso osyossoyo
선생님께서 오셨어요.……先生がお見えになりました。

2 尊敬の「は」➡께서는

harabojikesonun kwairul choahasimnida
할아버지께서는 과일을 좋아하십니다.……祖父は果物が好きです。

3 尊敬の「に」➡께

pumonimke sajinul ponetsumnida
부모님께 사진을 보냈습니다.……両親に写真を送りました。

★韓国語では身内であっても目上の人に敬語表現を使う。

에서

「〜で（場所）」「〜から（場所の起点）」

▼ 意味の解説

★ 初級

1 「場所名詞＋에서」➡「〜で」

onurun padaeso norayo
오늘은 바다에서 놀아요.（바다＋에서）……今日は海で遊びます。

2 「場所の起点＋에서」➡「から」

odieso wassoyo
어디에서 왔어요?（어디＋에서）……どこから来たのですか？

syupoga chibeso kakkapta
슈퍼가 집에서 가깝다.（집＋에서）……スーパーが家から近い。

3 「抽象的な場所」➡「で」

iron punwigiesonun kong-bu mot teyo
이런 분위기에서는 공부 못 해요.（분위기＋에서＋는）
……こんな雰囲気では勉強できません。

에서부터

「〜から（場所の起点）」

006

▼ 意味の解説

★ 初級

1 「〜から（場所の起点）」

nanun chibesobuto hwesakaji meil koroso kanda
나는 집에서부터 회사까지 매일 걸어서 간다.
（집＋에서부터）……私は家から会社まで毎日歩いていく。

soullyogesobuto hakkyokaji kesok chatta
서울역에서부터 학교까지 계속 잤다.
（서울역＋에서부터）……ソウル駅から学校までずっと寝た。

2 「부터」を略し、「에서」だけが使われることもある。

와/과

「〜と(共同・並列)」

意味の解説

★ 初級

1 「〜と（共同・並列）」

nowa nanun katta
너와 나는 같다.（너＋와）……あなたと私は同じだ。

sulgwa tambe
술과 담배.（술＋과）……酒とタバコ。

2 「와/과」と「하고」は同じ意味。
「와/과」は主に文章体に、「하고」は主に会話体によく使われる。

使い方

パッチム有の名詞 ＋ 과
パッチム無の名詞 ＋ 와

하고

「〜と（共同・並列）」

007

意味の解説

★ 初級

1 「〜と（共同・並列）」

onnihago sijang-e kamnida
언니하고 시장에 갑니다.（언니＋하고）……姉と市場に行きます。

tongsenghagonun an norayo
동생하고는 안 놀아요.（동생＋하고＋는）……妹とは遊びません。

2 「하고」と「와/과」は同じ意味。

「하고」は会話体に、「와/과」は文章体によく使われる。

中級・上級

3 「〜하고 먹다/식사하다」➡ 食事の中身を聞くもの。

yojum mwohago mogo
A：요즘 뭐하고 먹어? ……最近朝昼晩何を作っているの？
（どんなものをおかずにしてご飯と一緒に食べているのですか）

kunyang kimchihago mokchiyo
B：그냥 김치하고 먹지요. ……特に…。キムチぐらいですよ。
（まぁ、キムチと一緒にご飯を食べていますよ）

★近所に住む主婦の会話で、家族の食事に何を作ればいいのかで悩んだりする時に隣のお宅の話を聞き、それを参考にしたいなという気持ちの時に使う表現。

「그냥 김치하고 먹지요」は、特におかずとして大したものを食べているわけではなく、キムチぐらいの日常的なものを食べているという意味になる。

랑/이랑

「〜や(並列)」「〜と(共同)」

意味の解説

★ 初級

1 「〜や(並列)」

kwajarang umnyosurang sassoyo
과자랑 음료수랑 샀어요. (과자+랑)
…… お菓子や飲み物を買いました。

hyong-irang tongseng-irang kachi katsumnida
형이랑 동생이랑 같이 갔습니다. (형+이랑)
…… 兄や弟と一緒に行きました。

2 「〜と(共同)」の意味。

no narang kachi kaja
너 나랑 같이 가자. (나+랑) …… 僕と一緒に行こう。

★「하고(と)」と同じ意味で、会話体で使われる。

使い方

パッチム有の名詞 ＋ 이랑

パッチム無の名詞 ＋ 랑

로/으로

「〜へ(方角・方向)」「〜で(手段・方法・道具)」

008

意味の解説

★ 初級

1 「〜へ(方角・方向)」➡「場所名詞＋로/으로」

neil yogiro wayo
내일 여기로 와요. (여기+로) …… 明日ここへ来て下さい。

hanguguro yoheng gayo
한국으로 여행 가요. (한국+으로) 韓国へ旅行に行きます。

2 「～で (手段・方法・道具)」➡「手段・方法・道具名詞＋로/으로」

hanguksaramun sutkaraguro pabul moksumnida
한국사람은 숟가락으로 밥을 먹습니다. (숟가락+으로)
…… 韓国人はスプーンでご飯を食べます。

yokkajinun chajongoro tanimnida
역까지는 자전거로 다닙니다. (자전거+로)
…… 駅までは自転車で通います。

使い方

パッチム有の名詞 ＋ 으로

パッチム無の名詞・ㄹパッチム名詞 ＋ 로

의

「～の」

意味の解説

★ 初級

1 「～の」

korie pung-gyong
거리의 풍경. (거리+의) …… 街の風景。

hwesae munje
회사의 문제. (회사+의) …… 会社の問題。

中級・上級

2 「どこの」「何の」「誰の」がはっきりしている場合と、前の名詞と後ろの名詞のうち、どちらの名詞にポイントが置かれているのかがはっきりしている場合、「의」は省略される。

uri hakkyo sonsengnimiya
우리 학교 선생님이야. …… うちの学校の先生だよ。

chip chuso karucho juseyo
집 주소 가르쳐 주세요. …… 家の住所を教えて下さい。

igonun tongseng kabang-ieyo
이거는 동생 가방이에요. ……… これは弟のカバンです。

chingu seng-iri onje-eyo
친구 생일이 언제예요? ……… 友達の誕生日はいつですか？

yong-wa chemogi mwoyossoyo
영화 제목이 뭐였어요? ……… 映画の題名は何でしたか？

igo missukosi pekwajom koeyo
이거 미쓰코시 백화점 거예요. ……… これ、三越デパートのものですよ。

namja chingu seng-il sonmul sassoyo
남자 친구 생일 선물 샀어요.
……… 彼氏の誕生日プレゼントを買いました。

3 「どこの」「何の」「誰の」を明記したい場合、後ろの名詞を強調したい場合、「의」は省略されない。

hanguge kyourun chupta
한국의 겨울은 춥다. ……… 韓国の冬は寒い。

igo uri hwesae pimirieyo
이거 우리 회사의 비밀이에요. ……… これ、うちの会社の秘密です。

ujue sinbinun kandani solmyong-hal su opta
우주의 신비는 간단히 설명할 수 없다.
……… 宇宙の神秘は簡単に説明できない。

ilbone onchonun kongang-e choayo
일본의 온천은 건강에 좋아요. ……… 日本の温泉は健康にいいです。

supochue kejorimnida
스포츠의 계절입니다. ……… スポーツの季節です。

4 「위 上, 아래 下, 옆 横, 앞 前, 전 前, 후 後, 오른쪽 右, 왼쪽 左, 밑 下, 안 中, 속 中」には、「의」を省略する。

chigap soge olma issoyo
지갑 속에 얼마 있어요? ……… 財布の中にいくらありますか？

cheksang wienun amu gotto opsumnida
책상 위에는 아무 것도 없습니다. ……… 机の上には何もありません。

도

「〜も（共同）」

009

意味の解説

★ 初級

1 「〜も（共同）」

nado choayo
나도 좋아요.（나＋도）……僕もいいです。

kamerado issoyo
카메라도 있어요.（카메라＋도）……カメラもあります。

2 「～でもない」➡「～도 아니다」

「～もある/ない」➡「～도 있다/없다」

kuron saramun sonseng-nimdo animnida
그런 사람은 선생님도 아닙니다.（선생님＋도 아니＋ㅂ니다）

……そんな人は先生でもありません。

tondo opko sigando opta
돈도 없고 시간도 없다.（시간＋도 없다）

……お金もないし、時間もない。

3 「～でもある」は「～이기도 하다」

ku bunun supochumenigido hamnida
그 분은 스포츠맨이기도 합니다.

（스포츠맨＋이＋기도 하＋ㅂ니다）……あの方はスポーツマンでもあります。

나/이나

「～でも（無価値の次善策）」「～も（余分・余計）」

⯯ 意味の解説

★ 初級

1 「～でも（無価値の次善策）」

★次善の策ではあるが、それが価値を持つものではないという意味。

siksana kachi heyo
식사나 같이 해요.（식사＋나）……食事でも一緒にしましょう。

chegina ilgoyo
책이나 읽어요.（책＋이나）……本でも読みましょう。

2 「～も（余分・余計）」➡「数字名詞＋나/이나」

kogie tasot ponina kassoyo
거기에 다섯 번이나 갔어요.（번＋이나）

……あそこに5回も行きました。

yol marina chabatsumnida
열 마리나 잡았습니다.（열 마리＋나）……十匹も取りました。

3 「か（選択）」

kyurina sagwarul sayo
귤이나 사과를 사요.……みかんかりんごを買います。

kwamina hawai dung-i inkiga itta
괌이나 하와이 등이 인기가 있다.
……グアムかハワイなどが人気がある。

4 「〜のは、〜くらい（無価値の対象）」

ni yojachinguna choahagetchi
네 여자친구나 좋아하겠지.
……（こんなもので）喜ぶのはお前の彼女ぐらいだよ。

使い方

パッチム有名詞 + 이나

パッチム無名詞 + 나

라도/이라도

「〜でも（価値ある次善策）」

010

意味の解説

★ 初級

1 「〜でも（価値ある次善策）」

★価値のある次善の策になっているという意味。

siksarado kachi heyo
식사라도 같이 해요.（식사＋라도）……食事でも一緒にしましょう。

chegirado ilgoyo
책이라도 읽어요.（책＋이라도）……本でも読みましょう。

2 「〜でも（無価値の次善策）」は「나/이나」。

siksana kachi heyo
식사나 같이 해요.……食事でも一緒にしましょう。

chegina ilgoyo
책이나 읽어요.……本でも読みましょう。

使い方

パッチム有名詞 + 이라도
パッチム無名詞 + 라도

보다

「～より(比較)」

▼ 意味の解説

★ 初級

1 「～より(比較)」の意味。

choboda to chareyo
저보다 더 잘해요.（저＋보다）……私よりもっと上手です。

ilbonbodanun chuwoyo
일본보다는 추워요.（일본＋보다＋는）……日本よりは寒いです。

ilboni hangukpoda nolta
일본이 한국보다 넓다.……日本が韓国より広い。

ne chinguboda nega kiga to kuda
내 친구보다 내가 키가 더 크다.
……私の友だちより私が背がもっと高い。

부터

「～から(初め)」

011

▼ 意味の解説

★ 初級

1 「～から(初め)」

chobuto yolsimi hagetsumnida
저부터 열심히 하겠습니다.（저＋부터）
……私から一生懸命に頑張ります。

onjebutoeyo
언제부터예요?（언제＋부터）……いつからですか？

2 「～부터～까지（時間：～から～まで）」の形で使われることが多い。

woryoilbuto toyoilkaji
월요일부터 토요일까지.（월요일＋부터 토요일＋까지）
……月曜日から土曜日まで。

까지

「～まで（場所の終わり・時間の終わり）」

意味の解説

★ 初級

1 「～まで」

han sikajiimnida
한 시까지입니다.（한 시＋까지）……1時までです。

2 「～부터～까지（「時間」～から～まで）」「～에서～까지（「場所」～から～まで）」
「～에서부터～까지（「場所」～から～まで）」の形で使われることが多い。

onjebuto onjekajieyo
언제부터 언제까지예요?（언제＋까지）……いつからいつまでですか？

inchoneso hanedakaji olmana kollyoyo
인천에서 하네다까지 얼마나 걸려요?（하네다＋까지）
……インチョンから羽田までどのぐらいかかりますか？

로서/으로서

「～として(地位・身分・資格)」

🔊 012

▼ 意味の解説

中級・上級

1 「～として(地位・身分・資格)」

i e sonsengnimuroso malssumdurimnida
이 애 선생님으로서 말씀드립니다. (선생님＋으로서)
…… この子の先生として申し上げます。

uisarosonun chesonul tahetsumnida
의사로서는 최선을 다했습니다. (의사＋로서는)
…… 医者としては最善をつくしました。

chongchigarosoe chegimi kumnida
정치가로서의 책임이 큽니다. (정치가＋로서의)
…… 政治家としての責任が大きいです。

使い方

パッチム有の名詞 ＋ 으로서

パッチム無の名詞 ＋ 로서

로써/으로써

「～をもって(手段・道具・材料)」

▼ 意味の解説

中級・上級

1 「～をもって(手段・道具・材料)」

igosurosso kyoronsigul machigetsumnida
이것으로써 결혼식을 마치겠습니다. (이것＋으로써)
…… これをもちまして結婚式を終わります。

innewa yonggirosoman hegyoral su itsumnida
인내와 용기로써만 해결할 수 있습니다. （용기＋로써＋만）
…… 忍耐と勇気をもってのみ解決できます。

使い方

パッチム有の名詞 ＋ 으로써

パッチム無の名詞 ＋ 로써

만큼

「〜くらい・ほど(程度)」

🔊 013

▼ 意味の解説

★ 初級

1 「〜くらい・ほど(程度)」「名詞＋만큼」

chomankum chareyo
저만큼 잘해요?（저＋만큼）……私くらい上手ですか？

sarang-mankum chung-yohan gosun opta
사랑만큼 중요한 것은 없다.（사랑＋만큼）
……愛ほど大切なものはない。

2 「만큼＋은(は)」「만큼＋만(せめて〜ぐらい)」「만큼＋도(も)」

hyongmankumun heyaji
형만큼은 해야지.……兄ちゃんぐらいはしなきゃ。

cho sarammankumman hera
저 사람만큼만 해라.……あの人ぐらいやりなさい。

chingumankumdo mo te
친구만큼도 못 해?……あの子ぐらいも出来ないの？

3 「動詞・形容詞・있다/없다・이다＋ㄹ/을 만큼」➡「だけ・くらい・ほど」

syupoe honjaso kal mankum kotta
슈퍼에 혼자서 갈 만큼 컸다.
……スーパーに一人で行くほど大きくなった。

hal mankum hettago senggakamnida
할 만큼 했다고 생각합니다.
……やるだけのことはやったと思います。

보고

「〜に(期待・願望の対象)」

▼ 意味の解説

中級・上級

1 「〜に(期待・願望の対象)」➡「人間名詞＋보고」

sonsengnimi chobogo chakadago chingchanasyossoyo
선생님이 저보고 착하다고 칭찬하셨어요. (저＋보고)
……先生が私をいい子だとおほめになりました。

abojiga tongsengbogo yepudeyo
아버지가 동생보고 예쁘대요. (동생＋보고)
……父が妹にかわいいと言いました。

2 不期待・不願望の「に」➡「더러」

nadoro hwesa kumandureyo
나더러 회사 그만두래요. ……私に会社辞めなさいって。

더러

「〜に(不期待・不願望の対象)」

014

▼ 意味の解説

中級・上級

★ 不期待や不願望などマイナスイメージを発生させる内容になる時に「더러」が使われる。

1 「〜に(不期待・不願望)」➡「人間名詞＋더러」

nuga nodoro saram terirago hesso
누가 너더러 사람 때리라고 했어? (너＋더러)
……誰が君に人を殴れと言ったのだ？

nadoro hwesa kumandureyo
나더러 회사 그만두래요.（나＋더러）
……私に会社を辞めるように言っているのですよ。

che tongsengdoro mot senggyottago kurettamnida
제 동생더러 못 생겼다고 그랬답니다.（동생＋더러）
……私の妹にブスだと言ったそうです。

2 不期待・不願望を与えない「に」➡「에게/한테」

nahante hwesa kumandureyo
나한테 회사 그만두래요.
……私に会社を辞めろって言っているのですよ。

마다

「毎～(毎回かかさず)」「～ごとに(周期)」

意味の解説

★ 初級

1 「毎～」➡「毎回かかさずに」

nanun iryoilmada kyohwee kamnida
나는 일요일마다 교회에 갑니다.（일요일＋마다）
……私は毎週日曜日教会に行きます。

nalmada piga omnida
날마다 비가 옵니다.（날＋마다）……毎日雨が降ります。

2 「～ごとに」➡「周期」を意味する。

inyonmada chonggigomsarul patsumnida
2년마다 정기검사를 받습니다.（2년＋마다）
……2年ごとに定期検査を受けます。

pan nyonmada han bonssik suomnyorul nemnida
반 년마다 한 번씩 수업료를 냅니다.（반 년＋마다）
……半年ごとに1回授業料を払います。

中級・上級

3 「時間名詞＋마다」➡「その時刻が訪れるたびに」の意味。

「訪れる度に」を意識しない場合には「毎～」の方を使う。

nalmada chingurul mannamnida
날마다 친구를 만납니다. ……… 毎日友達に会います。

★「日」という時刻がめぐってくる度に決まって会うという意味。

meil chingurul mannamnida
매일 친구를 만납니다. ……… 毎日友達に会います。

★「日」という時刻がめぐってくる度に会うという意識はない。

만(에)

「〜だけ・ばかり(限定)」「〜ぶり(時間の限定)」「〜で(短い時間の限定)」

015

意味の解説

★ 初級

1 「〜だけ・ばかり(限定)」➡「名詞＋만」

kopiman masimnida
커피만 마십니다. (커피＋만) ……… コーヒーばかり飲んでいます。

choman kassoyo
저만 갔어요. (저＋만) ……… 私だけ行きました。

中級・上級

2 「〜ぶりに(時間の限定)」➡「時間名詞＋만(에)」

illyon mane mannamnida
일년 만에 만납니다. ……… 一年ぶりに会います。

3 「〜で(短い時間の限定)」➡「短い時間名詞＋만(에)」

nuun ji sippunmane chamduro boryossoyo
누운 지 10분만에 잠들어 버렸어요.
……… 横になって10分で寝てしまいました。

harumane irul ta kunnetsumnida
하루만에 일을 다 끝냈습니다.
……… 一日で仕事を全部終わらせました。

야/이야

「～は(当為)」

▼ 意味の解説

中級・上級

1 「～は(当為)」➡「～くらいは」「～程度は」

★簡単にその出来事を実現できると見る時に使われる。

ku jongdoya kumbang hajiyo
그 정도야 금방 하지요. (정도＋야)
…… それくらいはすぐできますよ。

okirochumiya swipke tuljiyo
5키로쯤이야 쉽게 들지요. (5키로쯤＋이야)
…… 5キロぐらいは簡単に持ち上げますよ。

nochumiya usupchi
너쯤이야 우습지. (너쯤＋이야)
…… 君くらいは朝飯前だよ。

irokchumiya onjedunji turil su itsumnida
1억쯤이야 언제든지 드릴 수 있습니다. (1억쯤＋이야)
…… 1億くらいはいつでもさしあげられます。

2 取り上げるまでもない対象と見る時に使われる。

namiya chuktun maldun
남이야 죽든 말든. …… 他人が死のうが死ぬまいが関係ない。

mariya parun mariji
말이야 바른 말이지～ …… そりゃ、ない話でもないんだけど～
(話は正しい話だよね)

야/이야(?)

「〜だ」「〜だよ」「〜んだ」「〜んだよ」「〜なの?」(名詞文終止形のパンマル表現)

016

意味の解説

★ 初級

1 「〜だ」「〜だよ」「〜んだ」「〜んだよ」

yenun ne chinguya
얘는 내 친구야.（친구＋야）……彼、俺の友達だよ。

kugon ne tong-seng chegiya
그건 내 동생 책이야.（책＋이야）……それは僕の弟（妹）の本だよ。

2 「〜なの?」の意味。

igo nugu koya
이거 누구 거야?（거＋야?）……これ、誰のなの？

ne tong-seng-iya
네 동생이야?（동생＋이야?）……あなたの弟（妹）なの？

야/아

「人を呼ぶ時に付ける助詞」

意味の解説

★ 初級

1 「人を呼ぶ時に付ける助詞」➡ パンマル表現

「영수야(ヨンス！)」「진경아(チンギョン！)」

★人を呼び捨てする時に名詞の後につけるもので、女性・男性の区別なしに使われる。親しい間柄だったら女性が年下の男性を呼ぶ時にも使える。

使い方

パッチム有の名詞 + 아

パッチム無の名詞 + 야

야말로/이야말로

「〜こそ(強調)」

017

意味の解説

★ 初級

1 「〜こそ」

choyamallo chal putakturimnida
저야말로 잘 부탁드립니다.（저＋야말로）
…… こちらこそ宜しくお願いします。

ku buniyamallo chong-mal choun bunieyo
그 분이야말로 정말 좋은 분이에요.（분＋이야말로）
…… あの方こそ本当にいい方です。

使い方

パッチム有の名詞 + 이야말로

パッチム無の名詞 + 야말로

에다(가)

「〜に(追加)」「〜に(落着く場所)」

▼ 意味の解説

★ 初級

1 「〜に(追加)」➡「名詞＋에다가＋名詞까지」

mekchuedaga sojukaji masyotta
맥주에다가 소주까지 마셨다. (맥주＋에다가)
…… ビールに焼酎まで飲んだ。

uri kajogedaga yop chip kajokkaji katta
우리 가족에다가 옆 집 가족까지 갔다. (우리 가족＋에다가)
…… うちの家族に(加えて)隣の家族まで行った。

pul sogedaga namurul tonjyotta
불 속에다가 나무를 던졌다. (불 속＋에다가)
…… 火の中に木を投げ込んだ。

2 「〜に(落着く場所)」

odieda noulkayo
A：어디에다 놓을까요? …… どこに置きましょうか？

uson kogieda nouseyo
B：우선 거기에다 놓으세요. …… 取りあえずはそこに置いて下さい。

따라

「〜に限って」「とりわけ＋名詞」

018

▼ 意味の解説

中級・上級

1 「とりわけ今日」「とりわけその日」

onultara chonwaga mani omnida
오늘따라 전화가 많이 옵니다.
…… 今日に限って電話がたくさん来ます。(今日とりわけ)

ku naltara amudo opsotta
그 날따라 아무도 없었다.
…… その日に限って誰もいなかった。(その日とりわけ)

使い方
一部時間名詞 ＋ 따라

위해서(위하여)

「～のために」「～するために」

意味の解説

★ 初級

1 「～のために」➡「名詞＋을/를 위해서 (위하여)」

abojinun kajogul wiheso yolsimi irasimnida
아버지는 가족을 위해서 열심히 일하십니다.
…… 父は家族のために一生懸命に働きます (働かれます)。

★韓国語は身内であっても目上の人に敬語表現を使う。

nararul wiheso pongsahamnida
나라를 위해서 봉사합니다. …… 国のために奉仕します。

2 「～するために」➡「動詞＋기 위해서 (위하여)」

hapkyokagi wiheso yolsimi kongbuhamnida
합격하기 위해서 열심히 공부합니다.
…… 合格するために一生懸命に勉強します。

salgi wiheso moksumnida
살기 위해서 먹습니다. …… 生きるために食べます。

使い方
名詞 ＋ 을/를 위해서(위하여)
動詞語幹 ＋ 기 위해서(위하여)

마저

「～まで(も)(期待・願望)」「さえ」

🔊 019

意味の解説

中級・上級

1 「～まで(も)(期待・願望)」

ibon ilmajo mo tamyon kunillayo
이번 일마저 못 하면 큰일나요.
……今度の仕事まで(も)出来なかったら大変なことになります。

nomajo ka borimyon nanun ottoke hani
너마저 가 버리면 나는 어떻게 하니?
……あなたまで行ってしまったら私はどうすればいいの?

2 不期待・不願望の「まで」➡「조차」

sawonduljocha chorul musihagi sijaketsumnida
사원들조차 저를 무시하기 시작했습니다.
……社員たちまでも私を無視し始めました。

3 abojimajo ne marul an midotsumnida
A：아버지마저 내 말을 안 믿었습니다.
……父でさえ私の言うことを信じませんでした。

abojijocha ne marul an midotsumnida
B：아버지조차 내 말을 안 믿었습니다.
……父ですら私の言うことを信じませんでした。

★Aは父が最後の期待だったのに信じてもらえなかったという意味で、Bは最初から父が信じてくれなかったという意味。

4 nomajo ka borimyon nanun ottoke hani
A：너마저 가 버리면 나는 어떻게 하니?(○)

nojocha ka borimyon nanun ottoke hani
B：너조차 가 버리면 나는 어떻게 하니?(×)

★「조차」は不期待・不願望のものに使うものなので、頼みの綱である「너」につけることは出来ない。

조차

「～まで(不期待・不願望)」

▼ 意味の解説

中級・上級

★不期待・不願望などマイナスイメージを発生させる内容になる時に「조차」が使われる。

1 「～まで(不期待・不願望)」「～さえ(不期待・不願望)」➡「名詞＋조차」

abojijocha ne marul an midotsumnida
아버지조차 내 말을 안 믿었습니다.
……父までも私の言うことを信じませんでした。

sawonduljocha chorul musihagi sijaketsumnida
사원들조차 저를 무시하기 시작했습니다.
……社員たちまでも私を無視し始めました。

2 「～すら(不期待・不願望)」➡「動詞・形容詞＋기조차」

ijenun hakkyoe kagijocha siroyo
이제는 학교에 가기조차 싫어요.
……今は学校に行くことすら嫌になっています。

3 期待・願望の「まで」➡「마저」

sawondulmajo chorul musihagi sijaketsumnida
사원들마저 저를 무시하기 시작했습니다.
……社員たちまで私を無視し始めました。

★最後の望みであった社員たちさえも無視し始めたという意味。

使い方

名詞 ＋ 조차

動詞・形容詞語幹 ＋ ～기조차

처럼

「～みたいに」「～のように」

020

意味の解説

初級

1 「～みたいに」

miguksaramchorom yong-orul cha ramnida
미국사람처럼 영어를 잘 합니다.（미국사람＋처럼）
……アメリカ人みたいに英語が上手です。

nachorom kongbu motamyon an dwe
나처럼 공부 못하면 안 돼.（나＋처럼）
……俺みたいに勉強できないとだめだよ。

치고(는)

「名詞＋にして(は)」「動詞＋割には」

意味の解説

中級・上級

1 「名詞＋치고는」➡「～にして（で）」➡「ほとんど例外なく」

hanguksaramchigo chukku sirohanun saramun opta
한국사람치고 축구 싫어하는 사람은 없다.
……韓国の人で、サッカーが嫌いな人はいない。

chongchigachigo kojinmal a nanun saramun opta
정치가치고 거짓말 안 하는 사람은 없다.
……政治家で嘘をつかない人はいない。

2 「～にしては（基準）」

tehaksengchigonun orige poinda
대학생치고는 어리게 보인다. ……大学生にしては幼く見える。

3 「動詞＋는 것치고는」➡「～している割には」

meil yonsupanun gotchigonun chal motanda
매일 연습하는 것치고는 잘 못한다.
…… 毎日練習している割にはあまり上手ではない。

4 「動詞＋ㄴ/은 것치고는」➡「～した割には」

kongbu a nan gotchigonun songjogi chal nawatta
공부 안 한 것치고는 성적이 잘 나왔다.
…… 勉強しなかった割にはいい成績が出た。

커녕

「名詞＋～おろか」「動詞＋～どころか」

021

意味の解説

中級・上級

★最低限期待していたレベルにも満たない状態を表す。

1 「名詞＋～おろか」

babunkonyong muldo mon masyotta
밥은커녕 물도 못 마셨다. …… ご飯はおろか水も飲めなかった。

okinawanunkonyong osakado mot kabwassoyo
오키나와는커녕 오사카도 못 가봤어요.
…… 沖縄はおろか大阪にも行っていません。

2 「動詞・形容詞＋～どころか」

pyonjihaginunkonyong chonwado opta
편지하기는커녕 전화도 없다. …… 手紙どころか電話もない。

chupkinunkonyong ohiryo towotta
춥기는커녕 오히려 더웠다. …… 寒いどころかむしろ暑かった。

使い方

名詞 ＋ 은/는커녕

動詞・形容詞語幹 ＋ ～기는커녕

까짓

「こんな、そんな、あんな(無価値)」

意味の解説

中級・上級

1 「こんな・そんな・あんな(無価値)」

ikajit sonsugon han jang-i seng-ilsonmuriya
이까짓 손수건 한 장이 생일선물이야?
…… こんなハンカチ一枚が誕生日のプレゼントなの?

kukajit panji piryoopsoyo
그까짓 반지 필요없어요. …… そんな指輪など要りません。

chokajin nyoja temune soksanghehaji ma
저까짓 여자 때문에 속상해하지 마.
…… あんな女のことで傷つく必要ないよ。

깨나

「相当+名詞+~する・いる(平均以上の量)」

022

意味の解説

中級・上級

1 「相当+名詞+動詞」

ku saram himkena ssul kot kattondeyo
그 사람 힘깨나 쓸 것 같던데요.
…… あの人、相当力ありそうでしたね。

kongbukena hetkessoyo
공부깨나 했겠어요. …… 相当勉強したでしょうね。

yojakena ullyotkessoyo
여자깨나 울렸겠어요. …… 相当女を泣かせたでしょうね。

2 「相当＋名詞＋形容詞・있다」

chasiktul temune morikena apugessoyo
자식들 때문에 머리깨나 아프겠어요.
…… 子供たちのことで相当頭が痛いでしょう。

ku saram tonkena innun moyang-ieyo
그 사람 돈깨나 있는 모양이에요.
…… あの人、相当お金持ちのようです。

나마/이나마

「〜でも（せめて）」

▼ 意味の解説

中級・上級

1 「〜でも（せめて）」➡「せめて得られたもの」の意味。

kunama tachin sarami opsuni taheng-iji
그나마 다친 사람이 없으니 다행이지.
…… せめて怪我した人がいないのだからいいじゃない。

nampyoninama saranamassuni taheng-ieyo
남편이나마 살아남았으니 다행이에요.
…… せめて旦那さんが生き残ったのだから幸いですよ。

ne pujokanama yolsimi hagetsumnida
네. 부족하나마 열심히 하겠습니다.
…… はい。未熟ながら（足りないものでも）頑張ります。

i kang-ajinama chal kiupsida
이 강아지나마 잘 키웁시다.
…… せめてこの子犬でも元気に育てましょう。

2 「라도/이라도」➡「価値ある次善策」

「나마/이나마」➡「かろうじて最後に得られたもの」

pissan pyorado kuhapsida
비싼 표라도 구합시다.（○）…… 高いチケットでも探しましょう。

pissan pyonama kuhapsida
비싼 표나마 구합시다.（×）

★「高いチケットを探す」のは価値のある次善策なので、「나마/이나마」は使えない。

使い方
パッチム有の名詞 + 이나마
パッチム無の名詞 + 나마

에 따라

「～によって」

023

意味の解説

初級

1 「～によって」➡「名詞＋에 따라」

sarame tara tallayo
사람에 따라 달라요. (사람＋에 따라) …… 人によって違います。

sigane tara tarumnida
시간에 따라 다릅니다. (시간＋에 따라) …… 時間によって違います。

2 「～によって」➡「動詞語幹＋기에 따라」

yang mokkie tara tallajoyo
약 먹기에 따라 달라져요. (먹＋기＋에 따라)
…… 薬を飲むことによって違ってきます。

使い方
名詞 + 에 따라
動詞語幹 + 기에 따라

대로

「～通りに」

▼ 意味の解説

★ 初級

1 「～通りに」➡「名詞＋대로」

tangsin maumdero heyo
당신 마음대로 해요.（마음＋대로）
…… あなたの好きなようにしてください。（気持ちの通りに）

ne maldero haseyo
내 말대로 하세요.（말＋대로）
…… 私の言う通りにしてください。

2 「～通りに」➡「動詞・있다/없다の語幹＋는 대로」

cho saramun mong-nun dero sari choyo
저 사람은 먹는 대로 살이 쪄요.（먹＋는 대로）
…… あの人は食べた分だけ太ります。

chunun dero paduseyo
주는 대로 받으세요.（주＋는 대로）
…… 出されるものをそのまま受け取ってください。

3 「～た通りに」➡「動詞語幹＋ㄴ/은 대로」

nega maran dero heyo
내가 말한 대로 해요. …… 私が言った通りにしてください。

4 「그대로」➡「そのまま」

中級・上級

5 「～ㄹ/을 대로 ～했다」➡「～に～した」

chichil tero chichyotta
지칠 대로 지쳤다. …… 疲れに疲れた。

todul tero todurotta
떠들 대로 떠들었다. …… 騒ぎに騒いだ。

inkiga torojil tero torojyotta
인기가 떨어질 대로 떨어졌다. …… 人気が落ちるところまで落ちた。

使い方

名詞　　+ 대로
動詞語幹 + 는 대로・ㄴ/은 대로・ㄹ/을 대로

든지

「〜でも(選択)」

024

意味の解説

★ 初級

1 「〜でも(選択)」

kopidunji hong-chadunji tuseyo
커피든지 홍차든지 드세요.（커피＋든지，홍차＋든지）
…… コーヒーでも紅茶でもお飲みください。

onjedunji oseyo
언제든지 오세요.（언제＋든지）…… いつでもいらして下さい。

使い方

「누구든지 誰でも」「아무든지 誰でも」「무엇이든지 何でも」「뭐든지 何でも」「어떻게든지 何としてでも」「어디든지 どこでも」

라든지/이라든지

「〜だとか(例示)」

▼ 意味の解説

中級・上級

1 「〜だとか」➡ 例示

yerul duro chejoradunji suyong-iradunji
예를 들어 체조라든지 수영이라든지.
（체조＋라든지, 수영＋이라든지）……例えば体操だとか水泳だとか。

nanun mulliradunji hwahagiradunji ikwa getong gwamogul charanda
나는 물리라든지 화학이라든지 이과 계통 과목을 잘한다.
（물리＋라든지, 화학＋이라든지）
……私は物理とか化学とか理科系の科目が得意だ。

使い方

パッチム有の名詞 ＋ 이라든지
パッチム無の名詞 ＋ 라든지

라면/이라면

「〜なら」「〜だったら」

025

▼ 意味の解説

初級

1 「名詞＋라면/이라면」➡「なら」「だったら」

naramyon kurotke a namnida
나라면 그렇게 안 합니다.（나+라면）
……私ならそうしません。

tangsiniramyon ottotke hasigessoyo
당신이라면 어떻게 하시겠어요? （당신+이라면）
……あなたならどうしますか？

iron kochiramyon tehwanyong-imnida
이런 꽃이라면 대환영입니다. （꽃+이라면）
……こんな花なら大歓迎です。

使い方

パッチム有の名詞 ＋ 이라면
パッチム無の名詞 ＋ 라면

이/그/저

「이➡コ」「그➡ソ」「저➡ア」「어느➡ド」

意味の解説

★ 初級

1 日本語のコソアドとほとんど同じ意味。

yoginun odieyo
여기는 어디예요? ……ここはどこですか？

ku chegun che kosimnida
그 책은 제 것입니다. ……その本は私のです。

chochogimnida
저쪽입니다. ……あちらです。

中級・上級

2 目に見えないものを指す場合に韓国語では「그（ソ）」で指す。

（前日ある本を読んでおくように言った人が）

ku che gilgosso
A：그 책 읽었어? ……あの本、読んだ？

anio ajigiyo
B：아니오, 아직이요. ……いいえ、まだです。

（前行ったことのある場所を思い出して）

uri kogi to kalka
A：우리 거기 또 갈까? ……あそこにまた行こうか？

choayo to kayo
B：좋아요. 또 가요. ……いいですよ。また行きましょう。

★くだけた表現

		이/가		은/는		을/를	
これ	이거	これが	이게	これは	이건	これを	이걸
それ	그거	それが	그게	それは	그건	それを	그걸
あれ	저거	あれが	저게	あれは	저건	あれを	저걸

使い方

これ　이것	それ　그것	あれ　저것	どれ　어느 것
ここ　여기	そこ　거기	あそこ　저기	どこ　어디
この　이	その　그	あの　저	どの　어느
こちら　이쪽	そちら　그쪽	あちら　저쪽	どちら　어느 쪽
こんな　이런	そんな　그런	あんな　저런	どんな　어떤

무엇/뭐

「何」

026

意味の解説

★ 初級

1 「무엇（뭐：縮約形）」➡何（が、を、に、で）

「무엇이/뭐가」➡何が、「무엇을/뭘」➡何を、「무엇에/뭐에」➡何に

mwoga issoyo
뭐가 있어요?（무엇이）……何がありますか？

mwol mogul koeyo
뭘 먹을 거예요?（무엇을）……何を食べるつもりですか？

muose ssoyo
무엇에 써요?（뭐에）……何に使いますか？

2 「何＋(「が、を、に、で」以外の助詞)」➡「무엇(뭐)」といわない。

「何でもありません」➡「아무 것도 아닙니다」

「何もありません」➡「아무 것도 없습니다」

「何時、何人、何回」等の「何」➡몇

「何の」➡무슨

使い方

何が	무엇이/뭐가	何に	무엇에/뭐에
何を	무엇을/뭘	何時	몇 시
何も	아무 것도	何回	몇 번
何でも	아무 것이나/아무 거나	何階	몇 층
何の	무슨	何月	몇 월
何で	무엇으로/뭐로	何で	왜?

★ /の右の方はくだけた言い方で、会話体でよく使われる。

不定疑問文の二つの意味

意味の解説

中級・上級

1 不定疑問文はアクセントによって二つの意味になる。

★不定詞にアクセントを置くとそのまま不定詞の意味に、述語にアクセントを置くと「不定詞＋か」の意味になる。

mwo mogo
뭐 먹어?……何を食べているの？ (뭐にアクセント)
何か食べる？ (먹어?にアクセント)

onje mannani
언제 만나니?……いつ会うの？ (언제にアクセント)
いつか会うの？ (만나니?にアクセント)

韓国語学習の落とし穴 学習コラム①

分かち書き

韓国語の文章は、分かち書き（文節ごとに1文字分空けて書くこと）をするのが原則なので、分かち書きをしない日本語から見ると、どこからどこまでを一呼吸で言って、どこで切るのかが大変難しい。次の例文を見てみよう。

1) 저 가방 얼마예요? あのカバン、いくらですか。
2) 저거요? 5만원만 주세요. あれですか？５万ウォンでいいですよ。
3) 야, 이 가방 네 거야? ね、このカバン、君のかい？
4) 아뇨, 그 가방 제 거 아니에요. 저 가방 없어요.
いいえ、そのカバン、私のじゃありません。私、カバン持っていません。

お分かりだろうか。1) 2) がカバン屋さんでの会話ならば、「저」と「가방」は、間隔を空けて言わなければならない。お客様は、「このカバン」でもなく「そのカバン」でもない「あのカバン」をカバン屋さんのご主人に気づかせたいからである。それに対して3) が、自分の近くにあるカバンを指差しながら4) の人に話しかける場面での会話とするならば、「이」と「가방」の間を空けて言うことは許されない。3) の人の指差し動作によってカバンが特定されているからである。同じ理由から、4) の「그 가방」が間隔を空けて言うことも許されない。一方、その後に続く「저 가방」は、「あのカバン」の意味にはならないことから、「私のカバン」ということになり、その意味をしっかり相手に伝えたい4)の話し手は、「저」と「가방」との間隔をしっかり空けて話をすることになる。分かち書きをしている韓国語の文をどこで切るのかは、話し手が文の中のどこをしっかり伝えたいのかによるのである。

모음

2

簡単な現在・過去の終止形・疑問形・継続形

ここでは、現在形、過去形、未来形、継続形関連のものについて解説していきます。

POINT

「時」を捉える感覚は、韓国と日本では、少し違うので、注意が必要です。上手に使いこなせるようになりましょう。

動詞語幹＋ㄴ다/는다

動詞の現在終止形のパンマル表現

🔊 027

▼ 意味の解説

★ 初級

1 「動詞の現在終止形のパンマル表現」

na kanda
나 간다.（가＋ㄴ다）…… 僕、行くよ。

monjo mong-nunda
먼저 먹는다.（먹＋는다）…… 先に食べるね。

neirun chinguga onda
내일은 친구가 온다.（오＋ㄴ다）…… 明日は友達が来る。

aiga unnunda
아이가 웃는다.（웃＋는다）…… 子供が笑う。

친구가 온다
友達が来る。
動詞語幹
パッチムなし

아이가 웃는다
子供が笑う。
動詞語幹
パッチムあり

2 「動詞の現在継続形のパンマル表現」➡「〜している」

★「動詞＋ㄴ다/는다」がまさに今継続している最中の出来事を表す時には「〜ている」の意味になる。

pang-eso chigum chukkurul ponda
방에서 지금 축구를 본다.（보＋ㄴ다）
…… 部屋で今サッカーを見ている。

中級・上級

3 「ㄴ다/는다」➡ 主に文章体（会話体では「宣言風」の意味になる）

「아/어」➡ 会話体

A：오늘 친구 만난다.（친구 만나）……今日友達に会う。
(onul chingu mannanda)

B：늦어요?……遅くなりますか？
(nujoyo)

★「친구 만난다」は会うことを相手に宣言風に言う時に使う。「친구 만나」にそういったニュアンスはない。

（文章の一部分として）

나는 매일 7시에 일어난다.（○）……私は毎日７時に起きる。
(nanun meil ilgopsie ironanda)

나는 매일 7시에 일어나.（×）
(nanun meil ilgopsie irona)

★「아/어」は相手がいて初めて使える表現なので文章体では使わない。

使い方

動詞パッチム有語幹 ＋ 는다
動詞パッチム無語幹 ＋ ㄴ다

形容詞語幹＋다

「～い」「～だ」（形容詞の現在終止形のパンマル表現）

意味の解説

初級

1 「形容詞の現在終止形のパンマル表現」

스시가 정말 맛있다.（맛있＋다）……お寿司が本当に美味しい。
(susiga chongmal masitta)

이 방 깨끗하다.（깨끗하＋다）……この部屋、きれいだ。
(i bang kekutada)

내일은 날씨가 덥다.（덥＋다）……明日は（天気が）暑い。
(neirun nalssiga topta)

기분이 좋다.（좋＋다）……気持ちがいい。
(kibuni jota)

中級・上級

2 「다」➡主に文章体。（会話体では「宣言風」の意味になる）

「아/어」➡会話体。

A：이 집 너무 비싸다.（비싸）……この店、高すぎるよ。
(i jip nomu pissada)

B：진짜.……本当に。
(chincha)

★「이 집 비싸다」は値段が高いことを相手に宣言風に言う時に使われる。「이 집 비싸」にそのようなニュアンスはない。

（文章の一部分として）

할 일이 많다.（○）……やることが多い。
(hal liri manta)

할 일이 많아.（×）
(hal liri mana)

★「아/어」は相手がいて初めて使える表現なので文章体では使わない。

使い方 形容詞語幹 ＋ 다

ㅂ니다/습니다

「〜ます（動詞・있다[ある]・이다[だ]）、〜です（形容詞・없다[ない]）」

⏬ 意味の解説

028

★ 初級

1 「動詞・形容詞・있다/없다（ある・ない）・이다（だ）の丁寧終止形」

먼저 먹습니다.（먹＋습니다）……先に食べます。
(monjo moksumnida)

내일은 친구가 옵니다.（오＋ㅂ니다）……明日は友達が来ます。
(neirun chinguga omnida)

아이가 웃습니다.（웃＋습니다）……子供が笑います。
(aiga utsumnida)

아주 맛있습니다.（맛있＋습니다）……とてもおいしいです。
(aju masitsumnida)

sigani opsumnida
시간이 없습니다. (없+습니다) …… 時間がありません。

uri ommaimnida
우리 엄마입니다. (엄마+이+ㅂ니다) …… 私の母です。

2 「動詞の丁寧継続形」➡「〜しています」

★「動詞+ㅂ니다/습니다」が今継続している最中の出来事を表す時。

chigum chukkurul pomnida
지금 축구를 봅니다. (보+ㅂ니다) …… 今サッカーを見ています。

chigum kongbuhamnida
지금 공부합니다. (공부하+ㅂ니다) …… 今勉強しています。

使い方

動詞パッチム有・있다/없다の語幹 + 습니다

動詞パッチム無・이다の語幹 +ㅂ니다

ㅂ니까?/습니까?

「ㅂ니다/습니다」の疑問形

名詞+다/이다

「〜だ」「〜である」(名詞の終止形のパンマル表現)

意味の解説

★ 初級

1 「名詞の終止形のパンマル表現」

onurun woryoirida
오늘은 월요일이다. (월요일+이다) …… 今日は月曜日だ。

ne chareda
내 차례다. (차례＋다) …… 僕の順番だ。

i saramun hyong chinguda
이 사람은 형 친구다. (친구＋다) …… この人は兄の友達だ。

中級・上級

2 「다/이다」➡主に文章体(会話体では「宣言風」の意味になる)

「야/이야」➡会話体

igo ni sonmurida
A：이거 네 선물이다. (선물이야) …… これ、あなたのプレゼントだよ。

wa inyong-ida
B：와! 인형이다. (인형이야[×]) …… わぁ、人形だ。

★「선물이다」はプレゼントであることを相手に宣言風に言う表現。「선물이야」にそのニュアンスはない。「인형이야」が言えないのは人形をもらって喜びの声を発することが宣言風に聞こえるからである。

3 「〜だぞ」「〜なんだぞ」➡「〜다/이다」

「〜なの」「〜なのよ」「〜だわ」➡「야/이야」

使い方

パッチム有名詞 ＋ 이다

パッチム無名詞 ＋ 다

야/이야(?)

「〜なの」「〜なのよ」「〜だわ」(名詞の現在終止形のパンマル表現) ➡ 会話体

029

意味の解説

初級

1 「名詞の現在終止形のパンマル表現」➡ 会話体

「야?/이야?」➡ 名詞の現在疑問形のパンマル表現(最後をしっかり上げて発音)

A：생일이 언제야?（언제＋야?）……誕生日はいつなの？
(seng-iri onjeya)

B：다음 주 화요일이야.（화요일＋이야）……来週の火曜日なの。
(taum chu hwayoiriya)

A：누구야?（누구＋야?）……誰？
(nuguya)

B：우리 형이야.（형＋이야）……僕の兄だよ。
(uri hyong-iya)

中級・上級

2 「야/이야」➡会話体

「다/이다」➡主に文章体（会話体では「宣言風」の意味になる）

A：이거 네 선물이야.（선물이다）……これ、あなたのプレゼントなの。
(igo ne sonmuriya)

B：와! 인형이다.（인형이야[×]）……わぁ、人形だ。
(wa inyong-ida)

★「선물이야」は相手に説明をするニュアンスで言う表現。「선물이다」はプレゼントであることを宣言風に言う時に使う。「인형이야」が言えないのは人形をもらって喜びの声を発することが宣言風に聞こえるからである。

3 「～なの」「～なのよ」「～だわ」➡「야/이야」

「～だぞ」「～なんだぞ」➡「～다/이다」

使い方

パッチム有名詞 ＋ 이야(?)

パッチム無名詞 ＋ 야(?)

예요/이에요(?)

「～です」(名詞の現在終止形の丁寧表現)

▼ 意味の解説

★ 初級

1 「～です」➡名詞の丁寧現在終止形

「예요?/이에요?」➡丁寧現在疑問形。(最後をしっかり上げて発音)

yogiga pyong-wonieyo
여기가 병원이에요.(병원＋이에요)……ここが病院です。

uri opaeyo
우리 오빠예요.(오빠＋예요)……私のお兄ちゃんです。

yogun odieyo
역은 어디예요?(어디＋예요?)……駅はどこですか？

che seng-irun sibiworieyo
제 생일은 12월이에요.(12월＋이에요)……私の誕生日は12月です。

2 「입니다(이＋ㅂ니다)」➡「名詞＋です」の硬い言い方。

「예요/이에요」➡ 親しい間柄の目上の人に使う。くだけた言い方。

使い方

パッチム有名詞 ＋ 이에요(?)

パッチム無名詞 ＋ 예요(?)

니?/냐?

「語幹＋니？」「～の？」(動詞・形容詞・있다/없다・이다のパンマル疑問形)

030

意味の解説

初級

1 「動詞・形容詞・있다/없다・이다の疑問形のパンマル表現」➡会話体

mwo hani
뭐 하니? (하＋니?) …… 何やっているの？

chigum pam mong-ni
지금 밥 먹니? (먹＋니?) …… 今ご飯食べているの？

sigan inni
시간 있니? (있＋니) …… 時間、あるの？

中級・上級

2 「냐?」➡「니?」の代わりに使う場合がある。

3 「動詞・形容詞・있다/없다＋아?/어?」➡やんわりとした疑問

「니?/냐?」➡はっきりした疑問

neil mwo imni
내일 뭐 입니? (입어?) …… 明日何着るの？

nuguhago kani
누구하고 가니? (가?) …… 誰と行くの？

igo ani
이거 아니? (알아?) …… これ、知っているの？

使い方 動詞・形容詞・있다/없다・이다の語幹 ＋ 니?/냐?

는가(요)?, ㄴ가/은가(요)?

「〜のかね」「〜ですかね」「〜だろう」
動詞・形容詞・있다/없다・이다の疑問形

意味の解説

中級・上級

1 「動詞・形容詞・있다/없다・이다の疑問形」➡相手の意中を伺いながら質問する時に使う。

odi kanungayo
어디 가는가요?（가＋는가요?）……どこに行くのですかね？

cho sanun nopungayo
저 산은 높은가요?（높＋은가요?）……あの山は高いですかね？

chigum chibe innungayo
지금 집에 있는가요?（있＋는가요?）……今家にいますかね？

tanimsonsengnimisingayo
담임선생님이신가요?（이＋시＋ㄴ가요?）
……担任の先生ですかね。

2 「요」がつかない「는가?, ㄴ가/은가?」➡独り言の疑問にも使う。

odirul chorotke papuge kanunga
어디를 저렇게 바쁘게 가는가?
……どこをあんなに急いでいるのだろう？

3 「요」がつかない「는가?, ㄴ가/은가?」➡動詞・形容詞・있다/없다・이다の文章体の疑問形パンマル表現として使われる。

onjekaji i chonjeng-i kesoktweoya hanunga
언제까지 이 전쟁이 계속되어야 하는가?
……いつまでこの戦争は続かなければならないのだろう？

使い方

動詞・있다/없다の語幹 ＋ 는가(요)?
形容詞パッチム有語幹 ＋ 은가(요)?
形容詞パッチム無・이다の語幹 ＋ ㄴ가(요)?

나(요)?

「〜のかね」「〜ですかね」「〜だろう」動詞・있다/없다の疑問形

031

意味の解説

中級・上級

1 「動詞・있다/없다の疑問形」➡ 考え込んでいたことを相手に質問する時に使う。

urinun odi annayo
우리는 어디 앉나요?（앉＋나요?）……私たちはどこに座るのですかね？

chigum chibe inna
지금 집에 있나?（있＋나?）……今家にいるのかね？

ku yong-hwa chemiomnayo
그 영화 재미없나요?（재미없＋나요?）
……あの映画、面白くないですかね？

2 「요」がつかない「나?」➡ 独り言の疑問

neil mwo hana
내일 뭐 하나?……明日は何しようかな？

使い方 動詞・있다/없다の語幹 ＋ 나(요)?

아라/어라

「〜しなさい」(動詞・있다の命令形➡会話体)

意味の解説

初級

1 「動詞・있다の命令形のパンマル表現」➡会話体

mul masyora
물 마셔라.（마시＋어라）……水飲みなさい。

palli wara
빨리 와라. (오+아라) ……… 早く来なさい。

chigum chonwahera
지금 전화해라. (전화[하]+해라) ……… 今電話しなさい。

yogi issora
여기 있어라. (있+어라) ……… ここにいなさい。

2 「가다」の命令形➡「가거라」(가라より固い言い方)

「오다」の命令形➡「오너라」(와라より固い言い方)

使い方

動詞陽母音語幹 + 아라

動詞陰母音語幹・있다の語幹 + 어라

십시오/으십시오

「～して下さい」「お～下さい」(最上級の命令形)

032

意味の解説

★ 初級

1 「～して下さい」「お～下さい」(最上級の命令形)

yogi anjusipsio
여기 앉으십시오. (앉+으십시오) ……… ここに座って下さい。

onjedunji chonwahasipsio
언제든지 전화하십시오. (전화하+십시오) ……… いつでもお電話下さい。

中級・上級

2 「세요/으세요」➡「십시오/으십시오」より尊敬度が低い。

★「어서 오십시오(いらっしゃいませ)」「안녕히 계십시오(さようなら)」は挨拶表現なので命令の意味はない。

使い方

動詞パッチム有語幹 + 으십시오

動詞パッチム無語幹 + 십시오

자

「〜しよう」(動詞・있다の勧誘形のパンマル表現➡会話体)

意味の解説

初級

1 「動詞・있다の勧誘形のパンマル表現」➡会話体

mul masija
물 마시자. (마시＋자) ……… 水飲もう。

palli kaja
빨리 가자. (가＋자) ……… 早く行こう。

chigum tonaja
지금 떠나자. (떠나＋자) ……… 今出発しよう。

kunyang yogi itcha
그냥 여기 있자. (있＋자) ……… このままここにいよう。

使い方 動詞・있다の語幹 ＋ 자

ㅂ시다/읍시다

「〜しましょう」(丁寧な誘い)

033

意味の解説

初級

1 「〜しましょう」➡丁寧な誘い

chomsim mogupsida
점심 먹읍시다. (먹＋읍시다) ……… お昼食べましょう。

neil to mannapsida
내일 또 만납시다. (만나＋ㅂ시다) ……… 明日また会いましょう。

2 「ㅂ/읍시다」と一緒に使われる「우리」は訳さなくても良い。

uri kachi kapsida
우리 같이 갑시다. （가＋ㅂ시다）……一緒に行きましょう。

uri ije tonapsida
우리 이제 떠납시다. （떠나＋ㅂ시다）……そろそろ出発しましょう。

3 「아요/어요」➡やんわりした誘い表現

uri kachi kayo
우리 같이 가요. （가＋아요）……一緒に行きましょう。

uri ije tonayo
우리 이제 떠나요. （떠나＋아요）……そろそろ出発しましょう。

4 「자」➡パンマル表現

chomsim mokcha
점심 먹자. （먹＋자）……お昼食べよう。

neil to mannaja
내일 또 만나자. （만나＋자）……明日また会おう。

使い方

動詞パッチム有語幹 ＋ 읍시다

動詞パッチム無語幹 ＋ ㅂ시다

네(요)

「〜ね」(動詞・形容詞・있다/없다・이다の詠嘆形➡会話体)

意味の解説

中級・上級

1 「動詞・形容詞・있다/없다・이다の詠嘆形」➡会話体

★ある出来事に対して話し手が感嘆や詠嘆の気持ちを抱く時に使われる。

umaksoriga tullineyo
음악소리가 들리네요. （들리＋네요）……音楽が聞こえますね。

kang-i kimneyo
강이 깊네요. （깊＋네요）……川が深いですね。

igo masinneyo
이거 맛있네요. （맛있＋네요）……これ、おいしいですね。

machim toni omneyo
마침 돈이 없네요.（없＋네요）……ちょうどお金がないですね。

miinineyo
미인이네요.（미인＋이＋네요）……美人ですね。

使い方 **動詞・形容詞・있다/없다・이다の語幹 ＋ 네(요)**

는군(요)/군(요), 는구나/구나

「～だね」「～ですね」動詞・形容詞・있다/없다・이다の詠嘆形のパンマル表現

034

▼ 意味の解説

中級・上級

1 「動詞・形容詞・있다/없다・이다の詠嘆形のパンマル表現」

★感嘆・詠嘆を述べるのは話し手に限られる。

2 「군/구나」➡話題の内容が自分に飲み込めるものの時に使う。

「네」➡話題の内容が自分にとって新発見のものの時に使う。

chonun meil yolsie chamnida
A：저는 매일 10시에 잡니다.……私は毎日10時に寝ます。

ilchik chumusinungunyo
B：일찍 주무시는군요.（주무시네요）……早く休まれるのですね。

★「주무시는군요」は10時に寝るという話に納得したという意味で、「주무시네요」はそのことが自分にとって新発見だったという意味。

nalssiga cham topkuna
A：날씨가 참 덥구나.（덥네）……（天気が）本当に暑いな。

kurochiyo
B：그렇지요?……そうですよね？

★「덥구나」は天気が暑いことを納得し、受け入れているという意味で、「덥네」は天気が暑いことが新たな発見だという意味。

（スヨンちゃんが寝ているのに気付いて）

A：아! 수연이가 자네요. ……… あ、スヨンちゃんが寝ていますね。
(a suyoniga chaneyo)

B：그러네요. (그렇군요) ……… そうですね。
(kuroneyo)

★ この場合、「자는군요」は言えない。「자는군요」は寝るだろうなと前もって思っていた時に使える。

使い方

動詞語幹 ＋ 는군(요)/는구나

形容詞・있다/없다・이다の語幹 ＋ 군(요)/구나

더라(고)(요)

「〜た」「〜ていた」（動詞・形容詞・있다/없다・이다の経験回想形 ➡ 会話体）

▼ 意味の解説

★ 初級

1 「動詞・形容詞・있다/없다・이다の経験回想形」➡会話体

★ 経験回想を述べるのは話し手に限られる。

수지 친구 만나더라. (만나＋더라) ……… スージ、友達に会っていたよ。
(suji chingu mannadora)

바깥이 아주 춥더라. (춥＋더라) ……… 外はすごく寒かったよ。
(pakachi aju chuptora)

그 영화 재미있더라. (재미있＋더라) ……… あの映画、面白かったよ。
(ku yonghwa chemiittora)

지금 집에 없더라. (없＋더라) ……… 今家にいなかったよ。
(chigum chibe optora)

그 사람 신사더라. (신사＋더라) ……… あの人、紳士だったよ。
(ku saram sinsadora)

2 会話体では「더라구(요)」という。

使い方

動詞・形容詞・있다/없다・이다の語幹 ＋ 더라(고)(요)

았/었

「〜た(過去)」「〜ていた(過去継続)」

035

意味の解説

★ 初級

1 「〜た」➡動詞・形容詞・있다/없다・이다の過去。

oje chingurul mannassoyo
어제 친구를 만났어요. (만나＋았＋어요) …… 昨日友達に会いました。

kimchiga masissotsumnida
김치가 맛있었습니다. (맛있＋었＋습니다)
…… キムチがおいしかったです。

changnyonenun opsossoyo
작년에는 없었어요. (없＋었＋어요) …… 去年はいませんでした。

ku bunun sonsengnimiossoyo
그 분은 선생님이었어요. (이＋었＋어요) …… その方は先生でした。

2 「〜していた」

oje nega chonwahessul te mwo hessoyo
어제 내가 전화했을 때 뭐 했어요? (하《했》＋어요)
…… 昨日私が電話した時、何をしていましたか？

ku saram mwo ibossoyo
그 사람 뭐 입었어요? (입＋었＋어요)
…… その人、何を着ていましたか？

中級・上級

3 「〜고 있었다」➡今継続している最中の出来事を表す時。

mwol kurotke yolsimi pogo issosso
뭘 그렇게 열심히 보고 있었어? (보＋고 있＋었＋어)
…… 何をそんなに夢中に見ていたの？

yogeso hancham kidarigo issossoyo
역에서 한참 기다리고 있었어요. (기다리＋고 있＋었＋어요)
…… 駅でしばらく待っていたんです。

使い方

- 語幹の母音と았/었の母音が同じ場合➡았/었の母音を略

例）가다➡가＋았다➡갔다(行った)

　　서다➡서＋었다➡섰다(立った)

- 語幹に「이」がある場合➡「이」＋었➡였다

　　마시다➡마시＋었다➡마셨다(飲んだ)

　　기다리다➡기다리＋었다➡기다렸다(待った)

- 語幹の最後が母音の場合➡複合母音を作る

　　오다➡오＋았다➡왔다(来た)

　　배우다➡배우＋었다➡배웠다(習った)

- 「～하다」類のもの➡「～」＋했다

　　생각하다➡생각＋했다➡생각했다(思った)

　　전화하다➡전화＋했다➡전화했다(電話した)

- その他

　　내다➡내＋었다➡냈다(出した)

　　되다➡되＋었다➡됐다(なった),되었다も可

았어/었어

「～た」「～たの」(動詞・形容詞・있다/없다の過去形のパンマル表現➡会話体)

意味の解説

★ 初級

1 「動詞・形容詞・있다/없다の過去形のパンマル表現」➡会話体

A：어제(oje) 축구(chukku) 봤어(pwasso)?（보＋았어）……昨日サッカー見た？

B：응(ung), 못(mot) 봤어(pwasso). ……うぅん、見られなかった。

A：점심 뭐 먹었어?（먹＋었어）……お昼、何食べたの？
（chomsim mwo mogosso）

B：비빔밥 먹었어.（먹＋었어）……ビビンバ食べた。
（pibimpam mogosso）

A：그 영화 별로 재미없었어.（재미없＋었어）
（ku yong-hwa pyollo chemiopsosso）
……あの映画あまり面白くなかった。

B：그래?……そう？
（kure）

中級・上級

2 「았어/었어」➡会話体

「았다/었다」➡主に文章体（会話体では宣言風の意味になる）

使い方

動詞陽母音語幹 ＋ 았어

動詞陰母音語幹・있다/없다の語幹 ＋ 었어

았습니다/었습니다, 았어요/었어요

「～でした」「ました」（動詞・形容詞・있다/없다の丁寧な過去形）

使い方

動詞・形容詞陽母音語幹 ＋ 았습니다/았어요

動詞・形容詞陰母音語幹・있다/없다の語幹 ＋ 었습니다/었어요

였어/이었어

「～だった」(名詞の過去形のパンマル表現➡会話体)

036

意味の解説

初級

1 「名詞のパンマル表現過去形」➡会話体

nuguyosso
누구였어?（누구＋였어）……誰だった？

yaksok iryoiriosso
약속 일요일이었어?（일요일＋이었어）……約束、日曜日だったの？

中級・上級

2 「였어/이었어」➡会話体。

「였다/이었다」➡主に文章体。(会話体では宣言風の意味になる)

使い方

パッチム有名詞 ＋ 이었어

パッチム無名詞 ＋ 였어

였습니다/이었습니다, 였어요/이었어요

「～でした」(名詞の丁寧な過去形)

使い方

パッチム有名詞 ＋ 이었습니다/이었어요

パッチム無名詞 ＋ 였습니다/였어요

시/으시

「～(ら)れる」(尊敬)

意味の解説

★ 初級

1 「～(ら)れる」➡尊敬

odi kaseyo
어디 가세요?（가＋시＋어요）どこに行かれるのですか？

chonwahasyossoyo
전화하셨어요?（전화하＋시＋었＋어요?）電話されましたか？

2 「세요/으세요」➡「시/으시＋어요（丁寧終止形）」
「십니다/으십니다」➡「시/으시＋ㅂ니다（丁寧終止形）」

使い方
動詞・形容詞パッチム有・있다/없다の語幹 ＋ 으시
動詞・形容詞パッチム無・이다の語幹 ＋ 시

고 있다

「～している」(動き・状況の継続)

037

意味の解説

★ 初級

1 「～ている」➡ 動き・状況の継続

chek ilko issoyo
책 읽고 있어요.（읽＋고 있＋어요）本を読んでいます。

chonchol tago issoyo
전철 타고 있어요.（타＋고 있＋어요）電車に乗っています。

yoja chingurul mannago itta
여자 친구를 만나고 있다.（만나＋고 있다）……彼女に会っている。

2 動き・状況 ➡ 精神的なものも含む。

chonun algo itsumnida
저는 알고 있습니다.（알＋고 있＋습니다）……私は知っています。

ku saramun morugo issoyo
그 사람은 모르고 있어요.（모르＋고 있＋어요）
……あの人は知りません。

3 「状態の継続」➡「아/어 있다」

toni torojyo itta
돈이 떨어져 있다.（떨어지＋어 있다）
……お金が落ちている。

muni yollyo itta
문이 열려 있다.（열리＋어 있다）
……ドアが開いている。

使い方

動詞語幹 ＋ 고 있다

아/어 있다

「〜している」（状態の継続）

▼ 意味の解説

★ 初級

1 「〜ている」➡ 状態の継続

uijae anja issoyo
의자에 앉아 있어요.（앉＋아 있＋어요）……椅子に座っています。

chajongoga ssurojyo itta
자전거가 쓰러져 있다.（쓰러지＋어 있다）……自転車が倒れている。

kidung-i mani so itta
기둥이 많이 서 있다.（서＋어 있다）……柱がたくさん立っている。

2 「아/어 있다」➡ 状態の継続

「고 있다」➡ 動き・状況の継続

ajik sara itsumnida
A 아직 살아 있습니다.（살＋아 있＋습니다）
……まだ生きています。

ajik salgo itsumnida
B 아직 살고 있습니다.（살＋고 있＋습니다）
……まだ住んでいます。

★ A は生きている状態の継続を、B は住んでいる状況の継続を表す。
살다：「生きる、住む、暮らす」の意味。

chibe wa issoyo
A 집에 와 있어요.（오＋아 있＋어요）……家に来ています。

chibe ogo issoyo
B 집에 오고 있어요.（오＋고 있＋어요）……家に向かっています。

★ A は家に着いている状態の継続を、B は家に向かう動きの継続を表す。

집에와 있어요
家に来ています。

집에 오고 있어요
家に向かっています。

monjo ka itsumnida
A 먼저 가 있습니다.（가＋아 있＋습니다）……先に行っています。

monjo kago itsumnida
B 먼저 가고 있습니다.（가＋고 있＋습니다）……先に向かっています。

★ A は出先にすでに着いている状態の継続を、B は出先に向かう動きの継続を表す。

使い方

動詞陽母音語幹 ＋ 아 있다

動詞陰母音語幹 ＋ 어 있다

発音について

읽습니다(読みます)は
「ilsumnida」か「iksumnida」か

1 「iksumnida」→ 現行のルール

ハングル検定など、テスト等では「iksumnida」と答えるのが望ましい。

2 「ilsumnida」→ 慣習的な読み方

「습니다」はその成り立ちから「읍니다」より敬度が高い終結語尾と思われ、「읍니다」と併用されていた。それを韓国の文科省が二つの意味の差がほとんどないことから「ㅂ니다/습니다」に改め、その結果、「읽읍니다 ilgumnida」が「읽습니다」になり、「ilgumnida」を憶えている人が「읽습니다 ilsumnida」と読むことから「iksumnida」と併用されるに至っている。

韓国語学習の落とし穴　学習コラム②

못の発音

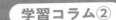

韓国語の主要な言葉の中で、「못」ほど発音が変幻自在に変わる言葉もそうはない。次の例文を見よう。

1) 여기서는 사진 못 찍습니다.	ここでは写真を撮ってはいけません。
2) 못 내요.	出せません。
3) 왜 못 만났어요?	なぜ会えなかったのですか。
4) 저 영어 못 읽어요.	私、英語、読めないんですよ。
5) 재 정말 옷 못 입는다.	あの子、本当に服、ダサいね。

1) の「못」は、「ㅅ」がパッチムに来たら「t」で読まれるルールがそのまま守られている例で、「mot」と読む。ところで、2) 3) では、後ろに来る「ㄴ/ㅁ」の影響を受け、「mot→mon」になり、それぞれ「mon neyo」と「mon mannassoyo」と読まれる。「받는 patnun→pannun」「찾는 chatnun→channun」「젖만 chotman→chonman」などの例と同じ理屈である。

一方、4) 5) になると、さらに複雑な様相を見せる。パッチムに来る「ㅅ」は「t」と読まれるが、その「t」が閉鎖音ということも手伝い、閉鎖音を発音した後に現れる母音にどうしても「n」の音を付与したくなる韓国語の特徴により、後ろの母音に「n」が追加され、読み方が「닐거요」「님는다」になる。そうなると、その後の展開は、2) 3) の例と一緒のものとなり、最終的には、「몬닐거요」「몬님는다」と読まれるようになるのである。

最も 4) 5) は、話し手が、上記のルールよりも後ろの母音との間に発生する連音のルールを重視すると、「모딜거요」「모딤는다」になることもあるので、注意が必要である。

모음 3

主語によって意味が異なるもの

ここでは、主語によって意味が異なるもの、特定の主語しか使わないものについて解説していきます。

POINT

①形は同じでも主語が違うと、別の意味になるものがあります。
②特定の主語しか許さないものもあるので、注意が必要です。

아/어(?)

動詞・形容詞・있다/없다の終止形のパンマル表現 ➡ 会話体

▼ 意味の解説

038

★ 初級

1 「動詞・形容詞・있다/없다の終止形のパンマル表現」

「아?/어?」➡ 疑問形のパンマル表現。(最後をしっかり上げて発音)

A：내일(neil) 여행(yoheng) 가(ga).(가+아)……明日旅行に行く。

B：같이(kachi) 가(ga).……一緒に行こうよ。

A：그(ku) 사람(saram) 싫어(siro)?(싫+어?)……あの人、嫌?

B：응(ung). 싫어(siro).……うん、嫌。

A：너(no) 책(cheng) 있어(isso)?(있+어?)……お前、本あるのか?

B：응(ung). 나(na) 책(cheng) 많아(mana).(많+아)……うん、俺、本多いよ。

2 「動詞の継続形のパンマル表現」➡「～している」

★「動詞+아/어」がまさに今継続している最中の出来事を表す時には「～ている」の意味になる。

A：지금(chigum) 뭐(mwo) 해(he)?(하+어)……今何やっているの?

B：일기(ilgi) 써(sso).(쓰+어)……日記書いている。

A：언니(onni) 어디(odi) 있어(isso)?(있+어?)お姉ちゃんはどこにいるの?

B：지금(chigum) 엄마하고(ommahago) 이야기(iyagi) 해(he).(하+어)
……今お母さんと話している。

中級・上級

3 「아/어」➡ 会話体

「ㄴ다/는다/다」➡主に文章体(会話体では[宣言風]の意味になる)

A：영수 있어? (yongsu isso) ……… ヨンス、いる？

B：지금 자. (chigum cha)(지금 잔다) ……… 今寝ている。

★「지금 자」は相手に今の状況を説明する時に、「지금 잔다」は相手に今寝ていることを宣言風に言う時に使う。

(文章の一部分として)

나는 매일 7시에 일어나. (nanun meil ilgopsie irona)(×)

나는 매일 7시에 일어난다. (nanun meil ilgopsie ironanda)(○) … 私は毎日7時に起きる。

★「아/어」は相手がいて初めて使える表現なので文章体では使わない。

4 「2人称主語＋아/어」➡「〜しなさい」

빨리 와. (palli wa)(오＋아) ……… 早く来なさい。(来いよ)

이거 먹어. (igo mogo)(먹＋어) ……… これ、食べなさい。(食べろよ)

★「아/어」(命令)

➡ やんわりとした命令。親しい間柄でよく使われる。

★命令をはっきり伝える時には「아라/어라」を使う。

5 「1＋2人称主語＋아/어」➡「〜しよう」

우리 같이 가. (uri kachi ga)(가＋아) ……… 一緒に行こう。

★「우리(我々)」「같이(一緒に)」などが文頭に来ることが多く、これらは特に訳さなくてもいい。

6 「아요/어요・ㅂ니다/습니다」➡丁寧な「〜です・〜ます」。

使い方

動詞・形容詞の陽母音語幹 ＋ 아

動詞・形容詞の陰母音語幹
있다/없다の語幹 **＋ 어**

아요/어요(?)

「ます・しています」「です」
「〜して下さい(2人称主語)」「〜しましょう(われわれ主語)」

039

▼ 意味の解説

★ 初級

1 「動詞・形容詞・있다/없다の丁寧終止形」

「아요?/어요?」➡丁寧疑問形。(最後をしっかり上げて発音)

A：내일 여행 가요?(가＋아요)……明日旅行に行くんですか？
(neil yoheng gayo)

B：네. 갑니다.……はい、行きます。
(ne kamnida)

A：그 사람 싫어요?(싫＋어요?)……あの人、嫌ですか？
(ku saram siroyo)

B：예. 싫어요.……はい、嫌です。
(ye siroyo)

A：책 있어요?(있＋어요?)……本、ありますか？
(che gissoyo)

B：예. 나 책 많아요.(많＋아요)……はい、私、本が多いですよ。
(ye na cheng manayo)

2 「動詞の丁寧継続形」➡「〜しています」

★「動詞＋아요/어요」が今継続している最中の出来事を表す時には「〜ています」の意味になる。

A：지금 뭐 해요?(하다➡해요)……今何やっていますか？
(chigum mwo heyo)

B：일기 써요.(쓰＋어요)……日記を書いています。
(ilgi ssoyo)

A：언니 어디 있어요?(있＋어요?)……お姉ちゃんはどこにいますか？
(onni odi issoyo)

B：지금 엄마하고 이야기해.……今お母さんと話しているよ。
(chigum ommahago iyagihe)

3 「〜하다」➡「〜해요」

방이 깨끗해요.(깨끗＋해요➡깨끗해요)……部屋がきれいです。
(pang-i kekuteyo)

中級・上級

4 「2人称主語＋아요/어요」➡「～して下さい」

palli wayo
빨리 와요.（오＋아요）……… 早く来て下さい。

igo mogoyo
이거 먹어요.（먹＋어요）……… これ、食べて下さい。

★やんわりとした命令。親しい間柄でよく使われる。命令をはっきり伝える時には「세요/으세요」「십시오/으십시오」を使う。

5 「1・2人称主語＋아요/어요」➡「～しましょう」

uri kachi gayo
우리 같이 가요.（가＋아요）……… 一緒に行きましょう。

★「우리（我々）」「같이（一緒に）」などが文頭に来ることが多く、これらは特に訳さなくてもいい。やんわりとした誘い。

6 「아/어」➡ パンマル表現。

7 「ㅂ니다/습니다」➡ 丁寧度が高い「～です/～ます」。

使い方

- 語幹の母音と아/어の母音が同じ場合➡아/어の方を省略

例）가다➡가＋아요　➡가요（行きます）
　　서다➡서＋어요　➡서요（立ちます）

- 語幹に「이」がある場合➡「이」＋어요➡여요

마시다➡마시＋어요　➡마셔요（飲みます）
기다리다➡기다리＋어요　➡기다려요（待ちます）

- 語幹の最後が母音の場合➡合成母音を作る

오다➡오＋아요　➡와요（来ます）
배우다➡배우＋어요　➡배워요（習います）

- 「～하다」類のもの➡「～」＋해요

생각하다➡생각＋해요　➡생각해요（思います）
전화하다➡전화＋해요　➡전화해요（電話します）

- その他

내다➡내＋어요　➡내요（出します）
되다➡되＋어요　➡돼요（なります）

意味のまとめ

主語条件	形態	意味
1人称/3人称主語	아요 어요 해요	動詞＋ます 動詞＋しています 形容詞＋です
2人称主語	아요? 어요? 해요?	動詞＋ますか 動詞＋していますか 形容詞＋ですか
2人称主語	아요 어요 해요	動詞＋して下さい
われわれ主語	아요 어요 해요	動詞＋ましょう

세요/으세요(?)

「〜(ら)れます(2・3人称主語)・〜してください(2人称主語)」

040

意味の解説

★ 初級

1 「2人称主語＋세요/으세요」➡「〜して下さい」(柔らかい尊敬命令)

★もっとも丁寧な命令は「십시오/으십시오」。

(お店で)

cho kabang chuseyo
저 가방 주세요. (주＋세요) あのカバンください。

ollun kaseyo
얼른 가세요. (가＋세요) 早く行ってください。

neil oseyo
내일 오세요. (오＋세요) 明日いらしてください。

2 「2・3人称主語＋세요/으세요」➡「〜(ら)れます」(尊敬)

「2・3人称主語＋세요?/으세요?」➡「〜(ら)れますか」(尊敬の質問)

★尊敬といっても「〜ます」より若干丁寧なぐらいなので、親しい間柄の目上の人によく使う。

(職場の同僚に)

mwo saseyo
뭐 사세요?（사＋세요?）……何買われるんですか？

(知人どうしの会話)

chohui abojinun ku durama kok poseyo
A：저희 아버지는 그 드라마 꼭 보세요.（보＋세요）
……私の父はそのドラマ、必ず見ています。

a kuroseyo
B：아, 그러세요?（그렇＋으세요?）……あ、そうですか？

★韓国語では身内であっても目上に敬語を使う。

3 尊敬度を上げる ➡「십니다/으십니다」「십니까?/으십니까?」「십시오/으십시오」

sajangnim nagasimnida
A：사장님 나가십니다.（나가＋시＋ㅂ니다）
……社長、お出かけです。

tanyo-osipsio
B：다녀오십시오.（다녀오＋십시오）……行ってらっしゃいませ。

4 「形容詞＋세요/으세요」➡ 相手に対する尊敬

odi apuseyo
어디 아프세요?（아프＋세요?）……どこか具合でも悪いですか？

an chuuseyo
안 추우세요?（춥＋으세요?）……寒くないですか？

使い方

動詞・形容詞のパッチム有語幹 ＋ 으세요(?)
動詞・形容詞のパッチム無語幹 ＋ 세요(?)

겠

「〜です・〜ます・〜います」(強い意志[1人称主語])
「〜です・〜ます・〜います」(強い推量[3人称主語])

041

意味の解説

★ 初級

1 「1人称主語＋겠」➡ 話し手の強い意志。

chonun neil kagetsumnida
저는 내일 가겠습니다.（가＋겠＋습니다）……**私は明日行きます。**

chega itketsumnida
제가 있겠습니다.（있＋겠＋습니다）……**私がいます。**

2 「ㄹ게/을게」➡ 話し手の弱い意志。「겠」の持つ相手に与える強い語感を避ける言い方をしたい時に使う(会話体)。

chega neil kalkeyo
제가 내일 갈게요.（가＋ㄹ게요）……**私が明日行きます。**

chega itsulkeyo
제가 있을게요.（있＋을게요）……**私がいます。**

中級・上級

3 「3人称主語＋겠」➡ 強い推量(出来事の実現に対する強い確信)

sajangnim kot turoosigetsumnida
사장님 곧 들어오시겠습니다. …**社長がまもなくお見えです。**

★社長がまもなく来ることを知り得る立場にある人が使える表現。「겠」は意志ではなく、話し手の強い推量。

neirun malketsumnida
내일은 맑겠습니다. ……**明日は晴れるでしょう。**

★ほぼ間違いなく晴れるという意味なので天気予報の時に使う表現。

kot i pihenginun iryukagetsumnida
곧 이 비행기는 이륙하겠습니다.
……**まもなくこの飛行機は離陸します。**

★離陸することを知り得る立場にある人がいう表現。乗客がこの表現を使うのはおかしい。乗客は「곧 이륙할 거야(거예요)」という。

使い方

動詞・形容詞・있다/없다の語幹 ＋ 겠어요/겠습니다
動詞・形容詞・있다/없다の語幹 ＋ 았/었/했＋겠
動詞・形容詞・있다/없다の語幹 ＋ 시/으시＋었＋겠

意味のまとめ

主語条件	形態	意味（겠습니다/겠어요）
1人称	動詞＋겠 形容詞＋겠 있＋겠	～ます ～です ～います
2人称 （疑問文のみ）	動詞＋겠 形容詞＋겠 있＋겠	～ますか ～ですか ～いますか
3人称	動詞＋겠 形容詞＋겠	（ほぼ間違いなく）～ます （ほぼ間違いなく）～です

아야겠다/어야겠다

「絶対～しなきゃ[1人称主語]」
「絶対～た方がいい[3人称主語]」（絶対遂行）

042

意味の解説

中級・上級

1 「1人称主語＋아야/어야겠다」➡「絶対～しなきゃ」（絶対遂行）

neirun kok mannayagetta
내일은 꼭 만나야겠다. …… **明日は絶対会わなきゃ。**

musun iri issodo taum chukajinun kunneyagetta
무슨 일이 있어도 다음 주까지는 끝내야겠다.
…… **来週まで何があっても絶対終わらせなきゃ。**

2 「3人称主語＋아야/어야겠다」➡「絶対〜た方がいい」

ku saram pyong-won ka bwayagetta
그 사람 병원 가 봐야겠다.
…… その人、絶対病院行った方がいい。（その人、絶対病院行かなきゃ）

ku buni kok issoyagessoyo
그 분이 꼭 있어야겠어요.
…… あの方が絶対いた方がいいですよ。（あの方、絶対いなきゃ）

使い方

動詞陽母音語幹 ＋ 아야겠다
動詞陰母音・있다の語幹 ＋ 어야겠다

것이다

「〜する予定」（1人称主語）「〜でしょう」（2・3人称主語）

043

意味の解説

★ 初級

1 「1人称主語＋ㄹ/을 것이다（것입니다）」➡「話し手自身の予定」

chonun igosul tonal kosimnida
저는 이곳을 떠날 것입니다.（떠나＋ㄹ 것＋이＋ㅂ니다）
…… 私はここを発つつもりです。

taum chuenun yogie opsul kosimnida
다음 주에는 여기에 없을 것입니다.（없＋을 것＋이＋ㅂ니다）
…… 来週はここにいないでしょう。

2 「3人称主語＋ㄹ/을 것이다（것입니다）」➡「話し手の弱い推量」

moduga chamsokal kosimnida
모두가 참석할 것입니다.（참석하＋ㄹ 것＋이＋ㅂ니다）
…… みんなが出席すると思います。

kugosun meu toul kosimnida
그곳은 매우 더울 것입니다.（덥＋을 것＋이＋ㅂ니다）
…… あそこはかなり暑いでしょう。

taum chuenun yogie amudo opsul kosimnida
다음 주에는 여기에 아무도 없을 것입니다.（없＋을것＋이＋ㅂ니다）
…… **来週はここに誰もいないと思います。（いないはずです）**

3 「～ㄹ/을 것입니다」➡ 文章体・硬い言い方
「～ㄹ/을 겁니다・～ㄹ/을 거예요」➡ 会話体・柔らかい言い方

4 「2人称主語＋ㄹ/을 것입니다」➡ 予言・暗示・予想などの特殊な意味。

tangsinun ama sirul kosimnida
당신은 아마 싫을 것입니다.（싫＋을 것＋이＋ㅂ니다）
…… **あなたは多分いやでしょう。**

yorobunun yogi issul kosimnida
여러분은 여기 있을 것입니다.（있＋을 것＋이＋ㅂ니다）
…… **皆様はここにいるでしょう。**

使い方

パッチム有語幹 ＋ 을 것입니다
パッチム無語幹 ＋ ㄹ 것입니다

意味のまとめ

主語条件	形 態	意 味
1人称	動詞＋ㄹ/을 것이다 있다/없다＋을 것이다	～する予定（つもり）だ ～と思う、～だろう いる予定（つもり）だ いると思う、いるだろう
2人称	動詞＋ㄹ/을 것이다 形容詞＋ㄹ/을 것이다 있다/없다＋을 것이다	～だろう ～だろう いるだろう
3人称	動詞＋ㄹ/을 것이다 形容詞＋ㄹ/을 것이다 있다/없다＋을 것이다	～すると思う、～だろう ～するはずだ ～いと思う、～だと思う ～い（な）はずだ いると思う、いるだろう いるはずだ

거예요(?), 겁니다(까?), 거야(?)

「～する予定」(1人称主語)「～でしょう」(2・3人称主語)

044

意味の解説

★ 初級

1 「1人称主語＋ㄹ/을 거예요(겁니다,거야)」➡ 話し手自身の予定

neil mannal koeyo
내일 만날 거예요. (만나＋ㄹ거＋예요) ……… 明日会うつもりです。

neil samusire nuga issul koya
A：내일 사무실에 누가 있을 거야? ……… 明日事務室に誰がいる予定？

chega issul komnida
B：제가 있을 겁니다. (있＋을 거＋ㅂ니다) …… 私がいるつもりです。

2 「2人称主語＋ㄹ/을 거예요?」➡ 相手の予定の確認

onje chonwahal koeyo
언제 전화할 거예요? (전화하＋ㄹ 거＋예요?)
…… いつ電話するつもりですか？

3 「2人称主語＋ㄹ/을 거예요(겁니다,거야)」

➡ 予言・暗示・予想などの特殊な意味。

nonun kwenchanul koya
너는 괜찮을 거야. (괜찮＋을 거＋야) …… 君は大丈夫だと思うよ。

animnida yorobunun kunyang namul komnida
아닙니다. 여러분은 그냥 남을 겁니다. (남＋을 거＋ㅂ니다)
…… いいえ。みなさんはそのまま残ると思います。(残るでしょう)

4 「3人称主語＋ㄹ/을 거예요(겁니다,거야)」

➡「～と思う」「～でしょう」「～はずだ」。

ku saramdurun tullimopsi hanguge kassul koeyo
그 사람들은 틀림없이 한국에 갔을 거예요.
(가＋았＋을 거＋예요)
…… あの人たちは間違いなく韓国に行っていると思います(はずです)。

ku kabang-un pissal koya
그 가방은 비쌀 거야. (비싸＋ㄹ 거＋야) …… そのカバンは高いと思う。

tonseng-un toni opsossul koya
동생은 돈이 없었을 거야. (없＋었＋을 거＋야)
…… 弟はお金がなかっただろう(なかったはずだ)。

5 「～ㄹ/을 것이다(것입니다)」➡ 文章体・硬い言い方
「ㄹ/을 거예요(겁니다)」➡ 会話体・柔らかい言い方

使い方

パッチム有語幹 ＋ 을 거예요(겁니다, 거야)
パッチム無語幹 ＋ ㄹ 거예요(겁니다, 거야)

意味のまとめ

主語条件	形　態	意　味
1人称	動詞＋ㄹ/을 거예요 있다/없다＋을 거예요	～する予定（つもり）です ～と思います、～でしょう いる予定（つもり）です いると思います いるでしょう
2人称	動詞＋ㄹ/을 거예요 形容詞＋ㄹ/을 거예요 있다/없다＋을 거예요	～でしょう ～でしょう いるでしょう
3人称	動詞＋ㄹ/을 거예요 形容詞＋ㄹ/을 거예요 있다/없다＋을 거예요	～すると思います ～でしょう ～するはずです ～いと思います ～だと思います ～い（な）はずです いると思います ～でしょう いるはずです

게(요)

「〜します」「〜います」(弱い意志[1人称主語])

▼ 意味の解説

🔊 045

★ 初級

1 「1人称主語＋게(요)」➡ 話し手の弱い意志

A：저 먼저 갈게요.（가＋ㄹ게＋요）……お先に失礼します。
(cho monjo kalkeyo)

B：저도 갈 거예요.……私も帰るつもりです。
(chodo kal koeyo)

A：지금 식사하시겠어요?……今食事されますか？
(chigum siksahasigessoyo)

B：아뇨, 나중에 먹을게요.（먹＋을게＋요）……いいえ、後で食べます。
(anyo najung-e mogulkeyo)

A：이 비디오 언제 볼 거야?……このビデオいつ見るつもりなの？
(i bidio onje pol koya)

B：지금 볼게.（보＋ㄹ게）……今見るよ。
(chigum polke)

A：너는 어떻게 할 거니?……君はどうするつもりなの？
(nonun ottoke hal koni)

B：나는 그냥 여기 있을게.（있＋을게）……僕はこのままここにいるよ。
(nanun kunyang yogi issulke)

★「겠」の代わり ➡ 会話体で「겠」の持つ強い語感を避けるため。

使い方

パッチム有語幹 ＋ 을게(요)

パッチム無語幹 ＋ ㄹ게(요)

意味のまとめ

主語条件	形態	意味
1人称	動詞＋ㄹ/을게요 있다/없다 ＋을게요	〜します います

ㄹ래/을래(요)(?)

「〜する」(1人称主語)「〜する?」(2人称主語・われわれ主語) ➡ 会話体

🔊 046

意味の解説

★ 初級

1 「1人称主語＋ㄹ래요/을래요」➡ 一方的意志

cho monjo kalleyo
저 먼저 갈래요.（가＋ㄹ래요）……私は先に行きます。

★まわりがどんな状況になっていようと私は行きますという一方的意志。

chonun ilbono peulleyo
저는 일본어 배울래요.（배우＋ㄹ래요）……私は日本語習います。

★何を習うのかを聞かれて日本語を習いたいという自分の意見を言う表現。

2 「2人称主語＋ㄹ래요?/을래요?」➡ 相手の意図の確認

mwo polle
A：뭐 볼래?（보＋ㄹ래?）……何見る？

nanun kongpoyong-hwa pogo sipo
B：나는 공포영화 보고 싶어.……私はホラー映画見たい。

★何を見るのかという感情意志の確認。

chollyo challe
A：졸려? 잘래?（졸리＋어?、자＋ㄹ래?）……眠い？ 寝る？

ung kuman challe
B：응, 그만 잘래.……うん、もう寝る。

★寝るのかという相手の意図の確認と寝るという自分の方からの意思表明。

졸려? 잘래?
眠い？寝る？
응, 그만 잘래
うん、もう寝る。

3 「われわれ主語＋ㄹ래요?/을래요?」➡ 我々の意思の確認

A：우리 아이스크림 먹을래요?（먹＋을래요?）
(uri aisukurim mogulleyo)
……アイスクリーム食べます？

B：좋아요. 먹어요. ……いいですよ。食べましょう。
(choayo mogoyo)

★アイスクリームを食べるのを共通の意図を捉えていいのかという確認。

4 「ㄹ래요/을래요」➡ 身勝手な感じを与えることがある（会話体における話し手の強い意思表明）。

A：우리 이제 어떻게 할까? ……私たちこれからどうしようか？
(uri ije ottoke halka)

B：난 몰라요. 갈래요.（가겠어요/갈게요）
(nan mollayo kalleyo)
……私は知りません。帰ります。（帰ります）

「가겠어요」➡ 強い意志。

「갈게요」➡ 弱い意志。

「갈래요」➡ 感情的意志。身勝手な感じ。

★困った状況にいることを聞かされて、その状況に対して強い意志で反応するか弱い意志で反応するのは、状況に対する捉え方の一つなので許される。ところが、「ㄹ래/을래」は一方的意志なので、身勝手な感じを与えることがある。

A：어머니 어떻게 하지?
(omoni ottoke haji)
……お母さん、どうしようか。

B：저희가 모실래요.（모시겠습니다, 모실게요）
(chohuiga mosilleyo)
……私たちが世話します。（世話します）

★上と同じように一方的な意志を表わすものだが、この場合は身勝手な感じはしない。

使い方

動詞のパッチム有・있다の語幹 ＋ 을래(요)(?)
動詞のパッチム無語幹 ＋ ㄹ래(요)(?)

ㄹ까/을까(요)?

「〜しましょうか(われわれ主語)」「〜でしょうか(3人称主語)」

047

意味の解説

初級

1 「1人称主語, 1・2人称主語＋ㄹ/을까요?」
➡「〜しましょうか(勧誘疑問)」

onje mannalkayo
언제 만날까요? (만나＋ㄹ까요?)……いつ会いましょうか?

chomsim kachi mogulkayo
점심 같이 먹을까요? (먹＋을까요?)……お昼一緒に食べましょうか?

uriga kachi issulkayo
우리가 같이 있을까요? (있＋을까요?)
……私たちが一緒にいましょうか?

2 「3人称主語＋ㄹ/을까요?」➡「〜でしょうか(推量疑問)」

ku bun oje chonwahessulkayo
그 분 어제 전화했을까요? (전화＋했＋을까요?)
……あの方、昨日電話したでしょうか?

hangugun chigum chuulkayo
한국은 지금 추울까요? (춥＋을까요?)……韓国は今寒いでしょうか?

cho buni adurilkayo
저 분이 아들일까요? (아들이＋ㄹ까요?)……あの方が息子さんでしょうか?

chigum chibe opsulkayo
지금 집에 없을까요? (없＋을까요?)……今家にいないでしょうか?

3 「ㄹ/을까?」➡ パンマル表現

onje mannalka
언제 만날까? (만나＋ㄹ까?)……いつ会おうか?

chomsim kachi mogulka
점심 같이 먹을까? (먹＋을까?)……お昼一緒に食べようか?

使い方

動詞・形容詞のパッチム有・있다/없다の語幹 ＋ 을까(요)?
動詞・形容詞のパッチム無語幹 ＋ ㄹ까(요)?

意味のまとめ

主語条件	形態	意味
1人称 われわれ	動詞＋ㄹ/을까요? 있다＋을까요?	～しましょうか (勧誘疑問)
3人称	動詞・形容詞＋ㄹ/을까요? 있다/없다＋을까요? 이다＋ㄹ까요?	～でしょうか (推量疑問)

지(요)/죠

「～しましょう・～んですよ」(1人称主語)
「どうぞ＋動詞」(2人称主語)「～んですよ」(3人称主語)

048

意味の解説

★ 初級

1 「1人称主語＋지요」➡「動詞＋ましょう」(合意意志)

kopinun chega sajyo
커피는 제가 사죠. (사＋죠) ……… コーヒーは私がおごりましょう。

najung-e chonwahajiyo
나중에 전화하지요. (전화하＋지요) ……… 後で電話しましょう。

★合意意志：相手との心情的共感の上での話し手の意志。

★合意体験：相手との心情的共感の上での話し手の体験。

中級・上級

2 「1人称主語＋지 (요)」➡「動詞原形」「～んですよ」

★相手との気持ちの共有を図る。

naya ta mokchi
나야 다 먹지. ……… 僕は(好き嫌いせずに)全部食べるよ。

kugoya kurol sudo itchi
그거야 그럴 수도 있지. ……… そりゃあり得なくもないよ。

kuron de kal suya opcho
그런 데 갈 수야 없죠.
……そんなところに行くわけには行かないでしょう。

3 「1人称主語＋았지요/었지요」➡「～たんですよ」「～ましたよ」

ku tenun chongmal yolsimi kongbuhetcho
그 때는 정말 열심히 공부했죠.
……その時は本当に一生懸命に勉強しましたね。

chugul kobirul nomgyotchyo
죽을 고비를 넘겼죠. ……死ぬかと思いましたね。

mullon pwatcho
물론 봤죠. ……もちろん見ましたよ。

4 「2人称主語＋지(요)」➡「動詞原形」「～んですよ」

monjo tusijiyo
먼저 드시지요. ……お先にどうぞ。

★敬うべき相手に、待たずに先に食べていいですよと丁寧に勧める表現。

ollun kasijiyo
얼른 가시지요. ……どうぞお急ぎ下さい。

★敬うべき相手に、早く行った方がいいですよと丁寧に勧める表現。

han malssum hasijo
한 말씀 하시죠. ……一言ご挨拶をよろしくお願いします。

★敬うべき相手に、ご挨拶を頂戴したいと丁寧にお願いする表現。

5 「3人称主語＋지요」➡「～んですよ(合意体験)」

polsso katchiyo
벌써 갔지요. ……もう帰りましたよ。

ku narun kwengjang-i chuwotchiyo
그 날은 굉장히 추웠지요. ……あの日はとても寒かったです。

ku jibun aju masitchiyo
그 집은 아주 맛있지요. ……その店はとても美味しいんですよ。

chigumun opchiyo
지금은 없지요. ……今はいませんね。

ku bunun sinsajiyo
그 분은 신사지요. ……その方は紳士なんですよ。

使い方 **動詞・形容詞・있다/없다・이다の語幹 ＋ 지요(죠), 지**

지요(죠)?, 지?

「〜んですよね(〜んだよね)」「〜ますよね」「〜でしょう?」(2人称)

🔈 049

▼ 意味の解説

★ 初級

1 「2人称主語＋지요?」➡ 合意意志の確認

★「〜んですよね」「〜ますよね」「〜だよね」「〜でしょう」などの意味。自分が知っていることが間違いないことを相手に同意・確認する時に使う。

cho sonsengnim aljyo
저 선생님 알죠?(알＋죠?)……あの先生、わかりますよね?

onul yagu pojyo
오늘 야구 보죠?(보＋죠?)……今日、野球見るんですよね?

i kabang chochyo
이 가방 좋죠?(좋＋죠?)……このカバン、いいでしょう?

no ton itchi
너 돈 있지?(있＋지?)……君、お金あるんだよね?(あるんだろう?)

ne hyong-iji
네 형이지?(형＋이＋지?)……君のお兄さんだよね?(なんだろう?)

中級・上級

2 単純に相手に質問する場合は「ㅂ니까?/습니까?」「아요?/어요?」「세요?」などを使う。

cho sonsengnim aseyo
저 선생님 아세요?……あの先生知っていますか?

onul yagu pomnika
오늘 야구 봅니까?……今日、野球見ますか?

i kabang choayo
이 가방 좋아요?……このカバン、いいですか?

no ton isso
너 돈 있어?……君、お金あるの?

ni hyong-iya
네 형이야?……君のお兄さんなのか?

使い方
動詞・形容詞・있다/없다・이다の語幹 ＋ 지요(죠)?/지?

텐데(요)

「～するのに」(1人称主語)「～はずなのに」「～だろうに」(3人称主語)

050

意味の解説

中級・上級

★何か自分の意見を言いたい気持ちを押し殺し、出来事の推移を気にかける気持ちを表すものなので、1人称主語文はそうできるはずなのに出来なくて残念という気持ちを表し、3人称主語文はそれでいいのかという憂慮の気持ちを表す。

1 「1人称主語＋動詞・形容詞・있다＋ㄹ/을 텐데」➡「～するのに」

miri malssume jusimyon chega ka bol tendeyo
미리 말씀해 주시면 제가 가 볼 텐데요.
……前もって言って頂ければ私が行ってみるんですけど。

2 「3人称主語＋動詞・形容詞・있다/없다・이다＋ㄹ/을 텐데」

➡「～はずなのに」「～だろうに」

kurotke hamyon ku saram tachil tendeyo
그렇게 하면 그 사람 다칠 텐데요.
……そんなことをするとその人、傷つきますよ。

honja kamyon isang-hal tende
혼자 가면 이상할 텐데.
……一人で行ったら変な目で見られるよ。

chigumchum kwengjang-i pumbil tendeyo
지금쯤 굉장히 붐빌 텐데요.
……今頃めちゃくちゃ混んでいるはずですけど。

使い方

動詞・形容詞のパッチム有・있다/없다の語幹 ＋ 을 텐데(요)
動詞・形容詞のパッチム無・이다の語幹 ＋ ㄹ 텐데(요)

테니까

「～するから」(1人称主語)「～だろうから」(3人称主語)

051

意味の解説

中級・上級

★「터」が予定や推量の意味を表すので1人称主語文は1人称の予定を、3人称主語文は推量の意味を表す。

1 「1人称主語＋ㄹ/을 테니까」➡「～するから」

chigum kal tenika kidariseyo
지금 갈 테니까 기다리세요. (가＋ㄹ 테니까)
…… 今行くから待って下さい。

najung-e mogul tenika kogi nouseyo
나중에 먹을 테니까 거기 놓으세요. (먹＋을 테니까)
…… 後で食べるからそこに置いといて下さい。

2 「3人称主語＋테니까」➡「～だろうから」

najung-e ol tenika uri monjo kayo
나중에 올 테니까 우리 먼저 가요. (오＋ㄹ 테니까)
…… 後で来るだろうから先に行きましょう。

chigumchum chingu mannal tenika kwenchanayo
지금쯤 친구 만날 테니까 괜찮아요. (만나＋ㄹ 테니까)
…… 今頃友達に会っているでしょうから大丈夫です。

pi ol tenika usan kajigo gaseyo
비 올 테니까 우산 가지고 가세요. (오＋ㄹ 테니까)
…… 雨が降るでしょうから傘を持っていってください。

musoun sarami manul tenika chosimaseyo
무서운 사람이 많을 테니까 조심하세요. (많＋을 테니까)
…… 怖い人が多いでしょうから気をつけてください。

使い方

動詞・形容詞のパッチム有・있다/없다の語幹 ＋ 을 테니까
動詞・形容詞のパッチム無・이다の語幹 ＋ ㄹ 테니까

걸 (그랬다)

「～するんだった(1人称)」「～すればよかった(1人称)」「～と思うよ(3人称)」

052

▼ 意味の解説

中級・上級

1 「1人称主語＋動詞・있다＋ㄹ/을 걸 그랬다」➡「～するんだった」

★過去を振り返り、「そうすればよかったね」という後悔の気持ちを抱く時に使われる。

kachi kal kol kuretta
같이 갈 걸 그랬다. ……… 一緒に行けばよかったね。

ku ot sal kol kuretta
그 옷 살 걸 그랬다. ……… その服、買うんだったね。

palli chonwahal kol kuretta
빨리 전화할 걸 그랬다. ……… 早く電話すればよかったね。

2 「1人称主語＋動詞・있다＋ㄹ/을 걸」➡「～するんだった」「～すればよかった」

insahal kol
인사할 걸. ……… あいさつするんだった。

nega yorihal kol
내가 요리할 걸. ……… 自分が料理すればよかった。

3 「3人称主語＋動詞・있다/없다・이다＋ㄹ/을 걸(요)」

masissul koryo
맛있을 걸요. ……… おいしいと思いますよ。

polsso kassul koryo
벌써 갔을 걸요. ……… とっくに帰ったと思いますよ。

ku saram pisoil kol
그 사람 비서일 걸. ……… その人、秘書だと思うよ。

使い方

動詞パッチム有・있다/없다の語幹 ＋ 을 걸(그랬다)

動詞パッチム無・이다の語幹 ＋ ㄹ 걸(그랬다)

日本語は一緒なのに

1) 이러다가 늦겠다. 빨리가자. こうしていたら遅れるよ。急ごう。
2) 이러다가 늦는다. 빨리가자. こうしていたら遅れるよ。急ごう。

「겠」は、話し手の意識の中で、すぐに起きることが目に見えて分かる出来事を言い表したい時に使う言い方なので、「늦겠다」は、このような状態でもたもたしていたら絶対遅くなると考える話し手の気持ちを反映する。「는」は、ある出来事が今ちょうど目の前で展開されていることを言い表したり、そのような状況下にいると大体その出来事が発生するものだと考える話し手の気持ちを言い表したりする時に使う言い方なので、「늦는다」は、このようにもたもたしていると当然のごとく遅れたりするものだと思う話し手の気持ちを反映する。日本語訳は一緒だが、「늦겠다」は、遅れるという出来事が発生することが目に見えて分かると思っている話し手の心理を反映する時に、「늦는다」は、こういうことをすると、1+1が2になるように、遅れたりするのが当たり前なのだと思う話し手の心理を反映したい時にそれぞれを使い分けるのである。

（赤ちゃんどうしで喧嘩をしているのを見ているママの発言）
3) 재 울겠다. あの子、泣くね。
4) 재 운다. あの子、泣くね。

「울겠다」は、泣くのがもう目に見えて分かるというお母さんの気持ちを、「운다」は、大体そうなるよねと考えるお母さんの気持ちを表す。このように、日本語訳は一緒でも韓国語になると複数の複雑な表現になる例はかなりの数ある。話し手の気持ちがそれぞれどういう表現で現れてくるのかをしっかり見極めることが大事である。

모음

4

否定表現関連

ここでは、否定表現関連について解説していきます。

POINT

①韓国語の否定表現は２通りあります。

②否定表現と絡んで、第３の意味を生み出すものがありますので注意しましょう。

안

「〜ない（動詞の否定）」「〜くない・〜でない（形容詞の否定）」

▼ 意味の解説

053

★ 初級

1 動詞・形容詞の否定

onurun hakkyoe an gamnida
오늘은 학교에 안 갑니다.（안＋가＋ㅂ니다）
……今日は学校に行きません。

onurun an dopsumnida
오늘은 안 덥습니다.（안＋덥＋습니다）……今日は暑くありません。

2 「안」と「〜지 않다」は同じ意味

chonun kurotke sengga ga namnida
저는 그렇게 생각 안 합니다.（생각＋안＋하＋ㅂ니다）
……私はそう思いません。

chonun kurotke sengakaji ansumnida
저는 그렇게 생각하지 않습니다.（생각하＋지 않＋습니다）
……私はそう思いません。

中級・上級

3 自分の予想と反していることを表す場合には「〜지 않다」は使えない。

we a nwayo
왜 안 와요?……どうして来ないのですか？

★当然来るものと考えていたのにそれに反して来ない時に使う表現で、「왜 오지 않아요？」は言えない。

chomsim an mogoyo
점심 안 먹어요?……お昼食べないのですか？

★当然食べるものと考えていたのにそれに反して食べない時に使う表現で、「점심 먹지 않아요？」は言えない。

使い方
動詞・形容詞の前につける ＋ 안 ＋ 動詞・形容詞
「～하다」類の否定 ＋「～＋안＋하다」
例)전화하다(電話する) ➡ 전화 안 하다(電話しない)

지 않다

「～ない(動詞の否定)」「～くない・～でない(形容詞の否定)」

054

意味の解説

★ 初級

1 動詞・形容詞の否定

mannaji anketsumnida
만나지 않겠습니다.（만나＋지 않＋겠＋습니다）……会いません。

chonyo chupchi anayo
전혀 춥지 않아요.（춥＋지 않＋아요）……全く寒くありません。

2 「지 않다」と「안」は同じ意味

wainun masiji ansumnida
와인은 마시지 않습니다.（마시＋지 않＋습니다）
……ワインは飲みません。

wainun an masimnida
와인은 안 마십니다.（안＋마시＋ㅂ니다）
……ワインは飲みません。

中級・上級

3 自分の予想と反していることを表す場合には「～지 않다」は使えない。

chonwa a nessoyo
전화 안 했어요?……電話していないのですか？

★当然電話したものと考えていたのにそれに反してまだしていない時に使う表現で、「전화하지 않았어요」とは言えない。

使い方

動詞・形容詞の語幹 ＋ { ～지는 않다(～くはない) / ～지도 않다(～くもない) }

못

「～できない」(不可能・不許可・不許容・不容認)

055

意味の解説

★ 初級

1 動詞の不可能

onurun hakkyoe mot kamnida
오늘은 학교에 못 갑니다. (못＋가＋ㅂ니다)
…… 今日は学校に行けません。

neildo mon mannayo
내일도 못 만나요. (못＋만나＋아요) …… 明日も会えません。

2 「못」と「～지 못하다」は同じ意味。

honjasonun mot kamnida
혼자서는 못 갑니다. (못＋가＋ㅂ니다) …… 一人では行けません。

honjasonun kaji motamnida
혼자서는 가지 못합니다. (가＋지 못하＋ㅂ니다)
…… 一人では行けません。

中級・上級

3 自分の予想と反していることを表す場合には「～지 못하다」は使えない。

we mo dwayo
왜 못 와요? …… どうして来られないのですか？

★当然来られるものと考えていたのにそれに反して来ない時に使う表現で、「왜 오지 못해요？」とは言えない。

chomsim mon mogoyo
점심 못 먹어요? …… お昼食べられないのですか？

★当然食べられるものと考えていたのにそれに反して食べられない時に使う表現で、「점심 먹지 못해요？」とは言えない。

使い方

못 ＋ 動詞
「～하다」の不可能 ➡「～＋못＋하다」

지 못하다

「～できない」(不可能・不許可・不許容・不容認)

056

意味の解説

★ 初級

1 不可能・不許可・不許容

mannaji motetsumnida
만나지 못했습니다.（만나＋지 못했＋습니다）
……会えませんでした。

yogiesonun chaji motamnida
여기에서는 자지 못합니다.（자＋지 못하＋ㅂ니다）
……ここでは寝ることができません。

2 「지 못하다」と「못」は同じ意味

wainun masiji motamnida
와인은 마시지 못합니다.（마시＋지 못하＋ㅂ니다）
……ワインは飲めません。

wainun mon masimnida
와인은 못 마십니다.（못 마시＋ㅂ니다）
……ワインは飲めません。

中級・上級

3 自分の予想と反していることを表す場合には「～지 못하다」は使えない。

chonwa mo tessoyo
전화 못 했어요? ……… 電話できなかったんですか？
★当然電話できたものと考えていたのにそれに反してまだしていない時に使う表現で、「전화하지 못했어요？」とは言えない。

못지않다(게)

「〜並みに」(同等レベル)

057

意味の解説

中級・上級

1 「〜並みに」(同等レベル)

uri sonsengnimun sonsu motchianke takkurul chal chimnida
우리 선생님은 선수 못지않게 탁구를 잘 칩니다.
…… **私たちの先生は選手並みに卓球が上手です。**

uri omonie yorisomssinun nugu motchianta
우리 어머니의 요리솜씨는 누구 못지않다.
…… **母の料理の腕前は誰にも劣らない。**

★「比較の対象となる名詞＋못지않다(게)」の形で使う。

리가 없다

「〜はずがない」(理不尽)

意味の解説

初級

1 「〜するはずがない」(理不尽)

kal liga opsumnida
갈 리가 없습니다.（가+ㄹ 리가 없+습니다）……行くはずがありません。

nujul liga opsoyo
늦을 리가 없어요.（늦+을 리가 없+어요）……遅れるはずがありません。

a nwassul liga opsumnida
안 왔을 리가 없습니다.（오+았+을 리가 없+습니다）
……来ていないはずがありません。

al liga opsumnida
알 리가 없습니다.（알+리가 없+습니다）
……分かるはずがありません。

kurol liga opsumnida
그럴 리가 없습니다.（그렇+을 리가 없+습니다）
……そんなはずがありません。

使い方

動詞・形容詞・있다/없다のパッチム有語幹 ＋ 을 리가 없다
動詞・形容詞のパッチム無語幹 ＋ ㄹ 리가 없다

밖에 없다/안 하다/못하다

「～しか～ない/しない/できない」

058

意味の解説

★ 初級

1 「～しか～ない/しない/できない」

sigani chogumbakke opsumnida
시간이 조금밖에 없습니다.（조금+밖에 없+습니다）
……時間が少ししかありません。

chonun undong-ul sippun jongdobakke a namnida
저는 운동을 10분 정도밖에 안 합니다.
（정도+밖에 안+하+ㅂ니다）
……私は運動を10分ぐらいしかしません。

chonun suyong-ul chogumbakke motamnida
저는 수영을 조금밖에 못합니다.（조금+밖에 못하+ㅂ니다）
……私は水泳を少ししか出来ません。

使い方 **少量を表す名詞 + 밖에 없다/안 하다/못하다**

별로 없다/안 하다/못하다

「あまり〜ない/しない/できない」

▼ 意味の解説

★ 初級

1 「あまり〜ない／しない／できない」

sigani pyollo opsumnida
시간이 별로 없습니다.（별로 없＋습니다）
……時間があまりありません。

chonun undong-ul pyollo a namnida
저는 운동을 별로 안 합니다.（별로 안＋하＋ㅂ니다）
……私は運動をあまりしません。

suyong-un pyollo motamnida
수영은 별로 못합니다.（별로 못하＋ㅂ니다）
……水泳はあまりできません。

수밖에 없다

「〜するしかない（行動・状態の限定）」「〜せざるを得ない」

059

▼ 意味の解説

★ 初級

1 「〜するしかない（行動の限定）」➡「動詞＋ㄹ/을 수 밖에 없다」

kunyang torаol subakke opsotsumnida
그냥 돌아올 수밖에 없었습니다.
（돌아오＋ㄹ 수밖에 없＋었＋습니다）
…… そのまま帰ってくるしかありませんでした。

chonun amu maldo motago kogie so issul subakke opsotsumnida
저는 아무 말도 못하고 거기에 서 있을 수밖에 없었습니다.
（서 있＋을 수밖에 없＋었＋습니다）
…… 私は何も言えずそこに立っているしかありませんでした。

中級・上級

2 「～く(で)ないはずない」➡「形容詞＋ㄹ/을 수밖에 없다」

chinjorage tehe junika ichokto chinjoral subakke
친절하게 대해 주니까 이쪽도 친절할 수밖에.
…… 親切に接してくれるからこっちも親切にするしかないよね。

kurotke chongsongduryo manduni masissul subakke opchiyo
그렇게 정성들여 만드니 맛있을 수밖에 없지요.
…… あんなに丹精こめて作るのだから美味しくないはずないんですよね。

chasigi monjo chugossuni sulpul subakkeyo
자식이 먼저 죽었으니 슬플 수밖에요.
…… 子供に先立たれたのだから悲しくないはずないんですよね。

3 「～いるしかない」➡「있을 수밖에 없다」

neil samusire issul sarami opsoyo ottoke hajiyo
A：내일 사무실에 있을 사람이 없어요. 어떻게 하지요?
…… 明日事務室にいる人がいないんですよ。どうしましょうか。

sarami opsumyon chega issul subakke opchanayo
B：사람이 없으면 제가 있을 수밖에 없잖아요.
…… 人がいないのであれば私がいるしかないじゃありませんか。

使い方

動詞・形容詞パッチム有・있다/없다の語幹 ＋ 을 수밖에 없다
動詞・形容詞のパッチム無語幹 ＋ ㄹ 수밖에 없다

意味のまとめ

動詞 ➡ 「～するしかない」「～せざるを得ない」
形容詞 ➡ 「～く(で)ないはずない」「～く(に)なる」
있다 ➡ 「～いるしかない」

수 있다/없다

可能・不可能

060

意味の解説

初級

1 「動詞語幹＋ㄹ/을 수 있다」➡ 可能

neil tonal su issoyo
내일 떠날 수 있어요.（떠나＋ㄹ 수 있＋어요）
…… 明日出発できます。

oje kal sudo issosoyo
어제 갈 수도 있었어요.（가＋ㄹ 수＋도 있＋었어요）
…… 昨日行くこともできました。

2 「動詞語幹＋ㄹ/을 수 없다」➡ 不可能

yogie tul sunun opsoyo
여기에 둘 수는 없어요.（두＋ㄹ 수＋는＋없＋어요）
…… ここに置くことはできません。

igon padul su opsumnida
이건 받을 수 없습니다.（받＋을 수＋없＋습니다）
…… これは受け取れません。

中級・上級

3 「形容詞語幹＋ㄹ/을 수도 있다」➡ ある状態・状況が予見範囲内であることを表す。

kidarinun saramduri manul sudo issoyo
기다리는 사람들이 많을 수도 있어요.
…… 待っている人が多い可能性もあります。

pekwajomun pissal sudo issul koeyo
백화점은 비쌀 수도 있을 거예요.
…… デパートは高いこともあると思います。

4 「形容詞語幹＋ㄹ/을 수가 없다」「形容詞語幹＋ㄹ/을 수가 있겠어(요)?」➡ ある状態・状況が予見を超えていることを表す。

ilbonsaramdurun kurotke chinjoral suga opsoyo
일본사람들은 그렇게 친절할 수가 없어요.
……日本人はとても親切です。

che kibuni choul suga itkessoyo
제 기분이 좋을 수가 있겠어요?
……私の気分がいいはずがないでしょう？

5 「있을 수 있다 ➡ あり得る」「있을 수 없다 ➡ あり得ない」

olmadunji issul su innun irimnida
얼마든지 있을 수 있는 일입니다.
……いくらでもあり得ることです。

chongmal issul su omnun irimnida
정말 있을 수 없는 일입니다.
……本当にあり得ないことです。

6 「없을 수 있다」➡ ない/いないこと（可能性）もある

「없을 수 없다」➡ ～ないことはあり得ない

ku chibiramyon madopsul suga opchiyo
그 집이라면 맛없을 수가 없지요.
……その店ならおいしくないことはないですね。

7 「일 수 있다」➡であること（可能性）もあり得る

「일 수 없다」➡であること（可能性）はあり得ない

ku sarami pominil sudo itsumnida
그 사람이 범인일 수도 있습니다.
……その人が犯人の可能性もあります。

kuron sarami pominil sunun opchiyo
그런 사람이 범인일 수는 없지요.
……そんな人が犯人であることはあり得ません。

使い方

動詞・形容詞パッチム有・있다/없다の語幹 ＋ 을 수 있다/없다
動詞・形容詞のパッチム無・이다の語幹 ＋ ㄹ 수 있다/없다

意味のまとめ

動詞	「(e)る（可能動詞）/(e)ない」 「れる・られる（可能）/れない・られない」 「～することができる/できない」

形容詞	ㄹ/을 수 있다	～こと(可能性)もある
	ㄹ/을 수 없다	文全体を意訳
있다/없다	있을 수 있다	あり得る
	있을 수 없다	あり得ない
	없을 수 있다	ない/いないこと(可能性)もある
	없을 수 없다	ないことはあり得ない
이다	일 수 있다	であること(可能性)もある
	일 수 없다	であること(可能性)はない

아니다

「～ではない」(名詞の否定)

061

意味の解説

初級

1 名詞の否定

kugosun che chegi anieyo
그것은 제 책이 아니에요. (책+이 아니+에요)
…… それは私の本ではありません。

cho saramun chinguga animnida
저 사람은 친구가 아닙니다. (친구+가 아니+ㅂ니다)
…… あの人は友達ではありません。

2 「～은/는 아니다」➡「～ではない」

seng-il onje-eyo samworieyo
A : 생일 언제예요? 3월이에요? …… 誕生日いつですか? 3月ですか?

samworun animnida
B : 3월은 아닙니다. (은+아니+ㅂ니다) …… 3月ではありません。

3 「～도 아니다」➡「～でもない」

A：그럼(kurom) 4월이에요?(saworieyo) …… じゃ、4月ですか？

B：아닙니다(animnida). 4월도(sawoldo) 아닙니다(animnida).（도＋아니＋ㅂ니다）
…… いいえ。4月でもありません。

使い方
パッチム有の名詞 ＋ 이 아니다/은 아니다/도 아니다
パッチム無の名詞 ＋ 가 아니다/는 아니다/도 아니다

바 아니다

「～ところではない」

意味の解説

中級・上級

1 「～ところではない」➡ 一部の動詞に限定されて使われる。

우리가(uriga) 걱정할(kokchong-hal) 바가(paga) 아닙니다(animnida).
…… われわれが心配するところではありません。

그(ku) 문제는(munjenun) 우리가(uriga) 상관할(sanggwanal) 바가(paga) 아닙니다(animnida).
…… その問題はわれわれが関わるところではありません。

내가(nega) 알(al) 바(pa) 아니지요(anijiyo).
…… 私の知るところではないですよ。

使い方
알다/상관하다/걱정하다などの語幹 ＋ ㄹ 바 아니다

아니라

「～ではなくて」「～じゃなくて」(名詞の否定接続)

意味の解説

062

初級

1 名詞の否定接続

kugosun che chegi anira hyong chegieyo
그것은 제 책이 아니라 형 책이에요. (책+이 아니+라)
…… それは私の本ではなくて兄の本です。

cho saramun chinguga anira sonsengnimimnida
저 사람은 친구가 아니라 선생님입니다. (친구+가 아니+라)
…… あの人は友達じゃなくて先生です。

使い方

パッチム有の名詞 + 이 아니라
パッチム無の名詞 + 가 아니라

아무 ～나/이나 ～

「どこにでも」「何でも」「誰にでも」「誰でも」「誰とも」「いつでも」

意味の解説

中級・上級

1 「どこにでも～」➡「아무 데나」

amu dena anchi maseyo
아무 데나 앉지 마세요.
…… ちゃんと見て座って下さい。
(ところかまわずどこにでも座る行為は止めて下さい)

amu dena tambekongchorul porimyon andwemnida
아무 데나 담배꽁초를 버리면 안됩니다.
……ところかまわずタバコの吸い殻を捨ててはいけません。
(ところかまわずタバコの吸い殻を捨てる行為をしてはいけません)

2 「何でも～」➡「아무 것, 아무 일」

amu irina sikyo juseyo
아무 일이나 시켜 주세요. ……仕事なら何でもやらせてください。

amu kona juseyo
아무 거나 주세요. ……何でもいいから下さい。(ものなら何でも下さい)

3 「誰に～ても～」「誰にでも～」➡「아무한테나, 아무에게나」

tallanun saramimyon amuhantena chwodo twenun gomnika
달라는 사람이면 아무한테나 줘도 되는 겁니까?
……ほしいと言われたら誰にあげてもいいんですか？

amuhantena chumyon andweji
아무한테나 주면 안되지.
……誰にあげてもいいというわけではないよ。
(誰にでもあげるということをしてはいけない)

uri ainun amuhantena chal usoyo
우리 아이는 아무한테나 잘 웃어요.
……うちの子は誰にでもよく笑いますよ。

4 「誰が～ても～」「誰でも～」➡「아무나」

kwenchansumnida amuna padado twemnida
괜찮습니다. 아무나 받아도 됩니다.
……大丈夫です。どなたが受け取ってもかまいません。

yoginun amuna turoomyon andwenun gosimnida
여기는 아무나 들어오면 안되는 곳입니다.
……ここは誰が入ってもいいというところではありません。
(誰でも入るということをしてはいけないところです)

ne chingu amuna terigo wado twenda
네 친구 아무나 데리고 와도 된다.
……君の友達なら誰でも連れてきていいよ。

5 「誰と～ても～」「誰とも～」➡「아무하고나」

hakkyo kamyon amuhagona saijoke noraya handa
학교 가면 아무하고나 사이좋게 놀아야 한다.
……学校に行ったらお友達みんなと仲よくするんだよ。

chingurago amuhagona nolmyon andwe
친구라고 아무하고나 놀면 안돼.
……友達だからって誰と遊んでもいいというわけではないよ。
(誰とでも遊ぶということをしてはいけないよ)

uri aidurun amuhagona chal norayo
우리 아이들은 아무하고나 잘 놀아요.
……うちの子達は誰とでもよく遊びます。

6 「いつ〜ても〜」「いつでも」➡「아무 때나」

amu tena chonwahedo twejiyo
아무 때나 전화해도 되지요? …… いつ電話してもいいですよね？

amu tena chonwahamyon andwejiyo
아무 때나 전화하면 안되지요.
…… いつ電話してもいいというわけではありませんよ。
（いつでも電話するということをしてはいけません）

amu tena chonwahaseyo
아무 때나 전화하세요. …… いつでもいいからお電話下さい。

使い方 **아무 + 名詞 + 助詞 + 나/이나~**

아무 ~도 ~없다/아니다

「何も〜ない」「誰も〜いない」「どこにも〜ない」「何でも〜ない」

063

意味の解説

中級・上級

1 「何も〜ない」➡「아무 것/아무 일」+「없다」

amu ildo opsoyo
아무 일도 없어요. …… 何（事）もありませんよ。

2 「誰も〜いない」➡「아무」+「없다」

amudo opsossoyo
아무도 없었어요. …… 誰もいませんでした。

3 「どこにも〜ない」➡「아무 데」+「없다」

amu dedo opsoyo
아무 데도 없어요. …… どこにもありません。

4 「何でも〜ない」➡「아무 일/아무 것」+「아니다」

amu kotto anieyo
아무 것도 아니에요. …… 何でもありません。

使い方 아무 + 名詞 + 도+없다·아니다

아무 ~도 안 ~/~지 않/못 ~

「何も～しない」「誰にも～しない、誰とも～しない」「誰にも～できない、誰とも～できない」

意味の解説

中級・上級

1 「何も～しない」➡「아무 말/아무 것/아무 일/아무 짓」+「안 하다」

we amu maldo a naseyo
왜 아무 말도 안 하세요? …… どうして何も言わないのですか？

sasildero mare tangsini hetchi
A：사실대로 말해. 당신이 했지?
…… 本当のことを言いなさい。あなたがやったんだよな？

anieyo chonun amu jitto a nessoyo
B：아니에요. 저는 아무 짓도 안 했어요.
…… 違います。私は何もやっていません。

2 「誰にも～しない」➡「아무에게도/아무한테도」+「안～」

amuhantedo an jul koeyo
아무한테도 안 줄 거예요. …… 誰にもあげません。

3 「誰とも～しない」➡「아무하고도/아무와도」+「안～/～지 않다」

na amuhagodo marago sipchi ana
나 아무하고도 말하고 싶지 않아.
…… 僕、誰ともしゃべりたくないんだ。

4 「何も～できない」➡「아무 ～」+「못～」

chigum amu sorido mot turossoyo
지금 아무 소리도 못 들었어요?
…… 今何か音がしませんでした？（何の音も聞き取れませんでしたか）

5 「誰にも～できない」➡「아무에게도/아무한테도」+「못～」

igon amuhantedo mal moteyo
이건 아무한테도 말 못해요. …… これは誰にも言えません。

6 「誰とも〜できない」➡「아무하고도/아무와도」＋「못〜」

ijenun amuhagodo mon masigessoyo
이제는 아무하고도 못 마시겠어요. …… もう誰とも飲めません。

使い方 **아무 ＋ 名詞 ＋ 도＋안 하다/못 하다/하지 않다**

잖아(요)

「〜じゃないですか(〜じゃありませんか)」

064

意味の解説

中級・上級

1 「〜じゃないですか(〜じゃありませんか)」➡「〜지 않아요」の略。

yong-o odi kasso
A：영호, 어디 갔어? …… ヨンホ、どこ行った？

kosireso terebi pojanayo
B：거실에서 테레비 보잖아요.
…… リビングでテレビ見てるじゃないですか。

ora ne kopinun
A：어라? 내 커피는? …… おや？ 僕のコーヒーは？

ne kopi nega ta masyotchana
B：네 커피? 네가 다 마셨잖아.
…… 君のコーヒー？ 君が全部飲んだじゃない。

i chibun nul sarami mana
A：이 집은 늘 사람이 많아. …… この店はいつも人が多いよ。

masitchanayo
B：맛있잖아요. …… おいしいじゃないですか。

使い方 **動詞・形容詞・있다/없다・이다の語幹 ＋ 잖아요**

적이 있다/없다

「～したことがある/ない」

意味の解説

初級

1 「～したことがある/ない」

miguge kan jogi opsumnida
미국에 간 적이 없습니다.（가+ㄴ 적이 없+습니다）
……アメリカに行ったことがありません。

ku chegun ilgun jogi itsumnida
그 책은 읽은 적이 있습니다.（읽+은 적이 있+습니다）
……その本は読んだことがあります。

ijekaji irotke ssan jogi opsossoyo
이제까지 이렇게 싼 적이 없었어요.
……今までこんなに安かったことがありません。

2 常時経験過去「던」＋적이 있다/없다
➡「～していたことがある/ない」

一時経験過去「았던/었던」＋적이 있다/없다
➡「～したことがある/ない」「～していたことがある/ない」

使い方

動詞・形容詞のパッチム有語幹 ＋ 은 적이 있다/없다
動詞・形容詞のパッチム無語幹 ＋ ㄴ 적이 있다/없다
던(常時経験過去) ＋ 적이 있다/없다
았던/었던(一時経験過去) ＋ 적이 있다/없다

줄 알다/모르다

「〜することができる/できない（技能の可能・不可能）」

065

▼ 意味の解説

★ 初級

★ある出来事が成り立つラインを知っている（知らない）。「줄」は「線、ライン」などの意味。

1 「ㄹ/을 줄 알다/모르다」（技能の可能）➡「(e) る/(e) ない」「〜し方が分かる/分からない」「〜ことを知っている/知らない」。

kolpu chil chul arayo
A：골프 칠 줄 알아요?（칠＋줄 알＋아요）
…… **ゴルフできますか？**（ゴルフのやり方知っていますか）

aniyo chil chul morumnida
B：아니오, 칠 줄 모릅니다.（칠＋줄 모르＋ㅂ니다）
…… **いいえ、できません。**（知りません）

★ゴルフのやり方、つまり技能の可能を聞くもの。単純にゴルフができる状況にいるのかを聞きたい場合には、「골프 칠 수 있어요？」という。

ne chingunun on nibul churul mollayo
내 친구는 옷 입을 줄을 몰라요.（입＋을 줄을＋모르＋아요）
…… **私の友達は本当にダサいです。**（服の着こなし方が分かりません）

中級・上級

2 2·3人称主語文「動詞・있다/없다＋ㄹ/을 줄 알았다(몰랐다)」

➡「〜だろうなと思った（思わなかった）」

chonun takumi ssiga pija mogul chul arassoyo
저는 다쿠미 씨가 피자 먹을 줄 알았어요.
…… 私はタクミさんがピザを食べるだろうなと思っていました。

（待ち合わせ場所に出かけた人からの電話で）

chinguga ajik a nwassoyo
A：친구가 아직 안 왔어요. …… 友達がまだ来ていません。

kureyo kuron jul mollassoyo
B：그래요? 그런 줄 몰랐어요.
…… そうですか？ そうとは思いませんでした。

chibe issul chul arassoyo
집에 있을 줄 알았어요. …… 家にいるだろうなと思っていました。

3 「形容詞＋ㄹ/을 줄 알았다(몰랐다)」➡ 性質状態の予測判断。

kwengjang-i chuul chul arassoyo
굉장히 추울 줄 알았어요. …… すごく寒いだろうなと思いました。

ku bun kurotke chinjoral churun mollassoyo
그 분 그렇게 친절할 줄은 몰랐어요.
…… あの方、あんなに親切だとは思いませんでした。

4 「이다＋ㄹ/을 줄 알았다(몰랐다)」➡ 同一予測判断。

chonun cho sarami pominil chul mollassoyo
저는 저 사람이 범인일 줄 몰랐어요.
…… 私はあの人が犯人とは思いませんでした。

5 1人称主語＋「動詞＋ㄹ/을 줄 몰랐다」

➡「不可能/〜することを知らないでいた」。

chonun oril te suyong-al chul mollassoyo
저는 어릴 때 수영할 줄 몰랐어요.
…… 私は小さい時、泳げませんでした（泳ぐことを知らないでいました）。

使い方

動詞語幹 ＋
- ㄹ/을 줄 알다(모르다)
- ㄹ/을 줄 알았다(몰랐다)
- 았을/었을 줄 알았다(몰랐다)
- ㄴ/은 줄 알다(모르다) ➡ 過去

動詞・있다/없다の語幹 ＋ 는 줄 알다(모르다) ➡ 現在

形容詞・이다の語幹 ＋ ㄴ/은 줄 알다(모르다) ➡ 現在

意味のまとめ

★ 初級

主語条件	形態	意味
無	動詞＋ㄹ/을 줄 알다	技能の可能「（e）る」 「～し方が分かる」
無	動詞＋ㄹ/을 줄 모르다	技能の不可能「（e）ない」 「～し方が分からない」

中級・上級

1人称	動詞＋ㄹ/을 줄 알았다	技能の可能「（e）た」 「～し方が分かっていた」
1人称	動詞＋ㄹ/을 줄 몰랐다	技能の不可能「（e）なかった」 「～し方が分からなかった」
その他	動詞＋ㄹ/을 줄 알았다	移行予測判断 「～だろうなと思った」
その他	動詞＋ㄹ/을 줄 몰랐다	移行の未予測判断 「～だろうとは思わなかった」
無	形容詞＋ㄹ/을 줄 알았다	性質状態の予測判断 「～だろうなと思った」
無	形容詞＋ㄹ/을 줄 몰랐다	性質状態の未予測判断 「～だろうとは思わなかった」
無	있다/없다＋을 줄 알았다	存在予測判断 「～だろうなと思った」
無	있다/없다＋을 줄 몰랐다	存在の未予測判断 「～だろうとは思わなかった」
無	이다＋ㄹ 줄 알았다	同一予測判断 「～だろうなと思った」
無	이다＋ㄹ 줄 몰랐다	同一の未予測判断 「～だろうとは思わなかった」

지 알다/모르다

「～か分かる/分からない」

066

意味の解説

初級

1 「～するのか分かる/分からない」「～しているのか分かる/分からない」

chigum odi kanunji arayo
지금 어디 가는지 알아요?（가+는+지）
……今どこに行くのか分かりますか？

mwo hanunji morumnida
뭐 하는지 모릅니다.（하+는+지）……何をしているのか分かりません。

2 「～か分かる/分からない」「～なのか分かる/分からない」

kwenchanunji chal morugetta
괜찮은지 잘 모르겠다.（괜찮+은+지）
……大丈夫なのかよく分からない。

we chinjoranji arayo
왜 친절한지 알아요?（친절하+ㄴ지）……なぜ親切なのか分かりますか？

3 「～なのか分かる/分からない」

nega nuguinji amnika
내가 누구인지 압니까?（누구+이+ㄴ지）
……私が誰なのか分かりますか？

4 「～たのか分かる/分からない」

omoni odi kannunji ara
어머니 어디 갔는지 알아?（가+았+는+지）
……お母さん、どこ行ったのか分かる？

5 「～だったのか分かる/分からない」

nuga uisayonnunji mollayo
누가 의사였는지 몰라요?（의사+이+었+는+지）
……誰が医者だったのか知りませんか？

6 「～するかどうか分かる/分からない」

onje hanguge kalchi morugetsumnida
언제 한국에 갈지 모르겠습니다.（가+ㄹ지）
……いつ韓国に行くか分かりません。

使い方

動詞・있다/없다の現在 ➡ 는지 알다/모르다
形容詞の現在 ➡ ㄴ/은지 알다/모르다
動詞・形容詞・있다/없다の過去 ➡ 았는지/었는지 알다/모르다
名詞の現在 ➡ 인지 알다/모르다
名詞の過去 ➡ 이었는지/였는지 알다/모르다
動詞・形容詞・있다/없다の未来 ➡ ㄹ/을지 알다/모르다

지 말다, 지 마세요, 지 마십시오, 지 마

「〜しないで下さい(禁止命令)」「〜するな(禁止命令)」

067

意味の解説

★ 初級

1 「〜しないで下さい」

kaji maseyo
가지 마세요. (가+지 말+세요)……行かないで下さい。

sul masiji masipsio
술 마시지 마십시오. (마시+지 말+십시오)
……お酒飲まないで下さい。

2 「〜するな」

todulji ma
떠들지 마. (떠들+지 말다)……うるさい!(騒ぐな)

poji ma
보지 마. (보+지 말다)……見るな。

말고

「～を(は)やめて(禁止命令接続)」「～じゃなくて」
「～しないで(～するのをやめて)」

意味の解説

★ 初級

1 「～はやめて」「～じゃなくて」➡「名詞＋말고」

uyumalgo jusu chuseyo
우유말고 주스 주세요.（우유＋말고）
……牛乳じゃなくてジュース下さい。

sojumalgo mekchu tuseyo
소주말고 맥주 드세요.（소주＋말고）
……焼酎はやめてビールをお飲みください。

2 「～するのはやめて」➡「動詞＋지 말고」

honja kaji malgo kachi kayo
혼자 가지 말고 같이 가요.（가＋지 말고）
……一人で行かないで（行くのをやめて）一緒に行きましょう。

terebijon poji malgo kongbuhera
텔레비전 보지 말고 공부해라.（보＋지 말고）
……テレビ見ないで（見るのをやめて）勉強しなさい。

3 「～を除いては」➡「名詞＋말고는」

na malgonun modu hwesawoniotta
나 말고는 모두 회사원이었다.
……私以外（を除いて）は全員会社員だった。

ㄹ/을지도 모르다

「～かもしれない」

068

意味の解説

★ 初級

1 「～かもしれない」

tepung-i ol chido morumnida
태풍이 올지도 모릅니다.（오＋ㄹ지도 모르＋ㅂ니다）
…… 台風が来るかも知れません。

mojaralchido morumnida
모자랄지도 모릅니다.（모자라＋ㄹ지도 모르＋ㅂ니다）
…… 足りないかもしれません。

an mogulchido mollayo
안 먹을지도 몰라요.（안 먹＋을 지도 모르＋아요）
…… 食べないかもしれません。

kurolchido mollayo
그럴지도 몰라요.（그렇＋을지도 모르＋아요）
…… そうかもしれません。

使い方

動詞・形容詞のパッチム有・있다/없다の語幹 ＋ 을지도 모르다
動詞・形容詞のパッチム無語幹 ＋ ㄹ지도 모르다

바를 모르다

「～のか分からない」

意味の解説

中級・上級

ochihal parul morugo hodungjidung-handa
어찌할 바를 모르고 허둥지둥한다.
…… どうすればいいのか分からずてんやわんやする。

momdul parul morugetsumnida
몸둘 바를 모르겠습니다.
…… 光栄です。（身の置きどころが分かりません。）

하나도 없다/안 하다/못하다

「一つも～ない」「全然～しない/できない」

069

意味の解説

中級・上級

1 「一つもない」

pogo sipun yong-hwaga hanado opsotta
보고 싶은 영화가 하나도 없었다. …… 見たい映画が一つもなかった。

onurun hanado an bapuda
오늘은 하나도 안 바쁘다. …… 今日は全然（一つも）忙しくない。

onurun we kongbu hanado a nago dora
오늘은 왜 공부 하나도 안 하고 놀아?
…… 今日はどうしてまったく勉強せずに遊んでいるの？

ojenun chonwa hanado a nwatsumnida
어제는 전화 하나도 안 왔습니다.
…… 昨日は電話が一本も来ませんでした。

nanun yong-orul hanado mo tamnida
나는 영어를 하나도 못 합니다.
…… 私は英語がまったくできません。

nanun suyong-ul hanado mo tamnida
나는 수영을 하나도 못 합니다. …… 私は水泳が全然できません。

使い方

名詞 + 이/가 하나도 없다
하나도 ～안 ～
名詞 + 을/를 하나도 안 하다
名詞 + 을/를 하나도 못 하다

한(번, 사람, 마리, 장, 잔, 명, 개)도 없다/안 하다/못하다

「一(回、人、匹、枚、杯、名、個)も～ない/しない/できない」

▼ 意味の解説

中級・上級

1 「一(回、人、匹、枚、杯、名、個)も～ない/しない/できない」

yogienun han myong saram do opsoyo
여기에는 한 명(사람)도 없어요.
……ここには一人もいません。

tambenun han bondo an piwotsumnida
담배는 한 번도 안 피웠습니다.
……タバコは一回も吸っていません。

sajin han jangdo an chigoyo
사진 한 장도 안 찍어요? ……写真一枚も撮らないのですか。

koyang-i han marido an kiwoyo
고양이 한 마리도 안 키워요? ……猫一匹も飼わないのですか？

yoheng han bon mot katsumnida
여행 한 번 못 갔습니다.
……一回の旅行すら行くことが出来ませんでした。

han saramdo mon mannassoyo
한 사람도 못 만났어요. ……一人も会えませんでした。

sajindo han jang mot chigossoyo
사진도 한 장 못 찍었어요. ……写真一枚撮れませんでした。

yojumun sul han jando hagi himdumnida
요즘은 술 한 잔도 하기 힘듭니다.
……最近はお酒一杯飲むのもままなりません。

使い方 한 + 単位名詞 + 도 없다/안 하다/못하다

韓国語学習の落とし穴　学習コラム④

안녕하세요を家族に言う？

「안녕하세요?」は、どういう時に使う挨拶なのだろうか。「おはようございます」にも「こんにちは」にも「こんばんは」にも当てはまる挨拶だろうか。結論から言うと、答えは、ノーである。

「안녕하세요?」は、一言で言うと、他人行儀の挨拶である。従って、家族に対して「안녕하세요?」という挨拶をすることはない。離れて生活をしている祖父母や親戚などと久しぶりに会った時に、「안녕하세요?」や「안녕하셨어요?」と言うことはあっても、朝起きた時に、自分のお父さんやお母さん、あるいは同居する祖父母やお父さん、お母さんの兄弟に対して、「안녕하세요?」という挨拶をすることは決してないのである。韓国語は、日本語や英語のように、時間帯による挨拶の使い分けが存在しないので、家族に対して「안녕하세요?」と言わないのは、朝起きた時だけではなく、昼も夜も一緒ということになる。

では、なぜそのようなことが起きるのだろうか。「안녕」という言葉は、「安寧」という漢字語の音読みである。これは、挨拶をする相手が安寧の状態にいるのか否かを聞く習慣が挨拶語として定着して来たということを意味する。同じ屋根の下で生活している家族にとって相手の「安寧」はいちいち聞くまでもなく分かっていることである。従って、家族に対しては、「안녕하세요?」という挨拶がしにくくなるのである。離れて生活する祖父母や親戚に対して、「안녕하세요?」という挨拶が可能になるということがこのような事実を物語る。

「안녕하세요?」という挨拶をしないのは、実は、会社などのオフィスなどでもよく起きる。毎日のように接していて、相手の安寧がいつでも分かる体制にいると、そのような挨拶を使う意義を喪失してしまうのである。ところで、先生に対しては、毎日会ったとしても「안녕하세요?」とよく挨拶をする。それは、先生の安寧を常に気遣う生徒の気持ちを反映するもので、「안녕하세요?」のルールを破るものではない。

모음
5

終結表現関連

ここでは、終結語尾について解説していきます。

POINT

捉えにくいものもありますが、意味をイメージでつかむのが覚えるコツです。

아/어 가다

「～していく」

意味の解説

070

★ 初級

1 「～していく」

sonmurul pada gatta
선물을 받아 갔다.（받＋아 가＋았다）…… お土産をもらっていった。

usan kajyo gaseyo
우산 가져 가세요.（가지＋어 가＋세요）…… 傘、持っていってください。

使い方

動詞の陽母音語幹 ＋ 아 가다
動詞の陰母音語幹 ＋ 어 가다

아/어 오다

「～してくる」

意味の解説

★ 初級

1 「～してくる」

chek kajyo oseyo
책 가져 오세요.（가지＋어 오＋세요）…… 本、持ってきてください。

onjena twio omnida
언제나 뛰어 옵니다.（뛰＋어 오＋ㅂ니다）…… いつも走ってきます。

使い方

動詞の陽母音語幹 ＋ 아 오다
動詞の陰母音語幹 ＋ 어 오다

아/어 보다

「～してみる」

意味の解説

★ 初級

1 「～してみる」

kakum ka bomnida
가끔 가 봅니다.（가+아 보+ㅂ니다）……時々行ってみます。

yogi anja boseyo
여기 앉아 보세요.（앉+아 보+세요）……ここに座ってみてください。

使い方

動詞の陽母音語幹 ＋ 아 보다
動詞の陰母音語幹 ＋ 어 보다

아/어 놓다

「～しておく」(一時収納)

意味の解説

★ 初級

1 「～しておく」

igo pada nouseyo
이거 받아 놓으세요.（받+아 놓+으세요）
……これ、もらっておいてください。

mun tada noassoyo
문 닫아 놓았어요?（닫+아 놓+았+어요?）
……ドア、閉めておきましたか。

中級・上級

2 「～아/어 놓다」➡ ものを一時的な場所に置く。
「～아/어 두다」➡ ものを収めるべき場所に置く。

使い方

動詞の陽母音語幹 + 아 놓다
動詞の陰母音語幹 + 어 놓다

아/어 두다

「～しておく」(帰属収納)

意味の解説

071

初級

1 「～しておく」

miri yagul masyo duotsumnida
미리 약을 마셔 두었습니다. (마시+어 두+었습니다)
…… 前もって薬を飲んでおきました。

osul poso duotsumnida
옷을 벗어 두었습니다. (벗+어 두+었습니다)
…… 服を脱いでおきました。

中級・上級

2 「～아/어 두다」➡ ものを収めるべき場所に置く。
「～아/어 놓다」➡ ものを一時的な場所に置く。

使い方

動詞の陽母音語幹 + 아 두다
動詞の陰母音語幹 + 어 두다

아/어 주다

「〜してやる・〜してあげる・〜してくれる」

意味の解説

初級

1 「〜してやる・〜してあげる・〜してくれる」

nahante hangugorul karuchyo jumnida
나한테 한국어를 가르쳐 줍니다. （가르치＋어 주＋ㅂ니다）
……私に韓国語を教えてくれます。

neilkaji kidaryo juseyo
내일까지 기다려 주세요. （기다리＋어 주＋세요）
……明日まで待ってください。

ku saramante uso jumnida
그 사람한테 웃어 줍니다. （웃＋어 주＋ㅂ니다）
……その人に笑ってあげます。

中級・上級

2 「〜아/어 주다」➡「〜してやる」「〜してあげる」「〜してくれる」
「〜아/어 드리다」➡ 丁寧な「〜してあげる」「〜してさしあげる」

使い方
動詞の陽母音語幹 ＋ 아 주다
動詞の陰母音語幹 ＋ 어 주다

아/어 드리다

「～してあげる・～してさしあげる」「お＋動詞＋する」

072

意味の解説

初級

1 「～してあげる・～してさしあげる」

chusowa chonwabonorul karuchyo duryotsumnida
주소와 전화번호를 가르쳐 드렸습니다.
（가르치＋어 드리＋었습니다）……住所と電話番号をお伝えしました。

tonul ne duryotsumnida
돈을 내 드렸습니다.（내＋어 드리＋었습니다）
……お金を払ってあげました。

中級・上級

2 「～아/어 드리다」➡丁寧な「～してあげる」「～してさしあげる」
「～아/어 주다」➡「～してやる」「～してあげる」「～してくれる」

使い方
動詞の陽母音語幹 ＋ 아 드리다
動詞の陰母音語幹 ＋ 어 드리다

아/어 보이다

「～て見える・～く見える・～に見える・～てみせる」

意味の解説

初級

1 「～て見える・～く見える・～に見える」

nanun malla boimnida
나는 말라 보입니다.（마르＋아 보이＋ㅂ니다）……私は細く見られます。

cho bunun chinjore boimnida
저 분은 친절해 보입니다.（친절＋해 보이＋ㅂ니다）
……あの方は親切に見えます。

2 「〜てみせる」

sso boyotsumnida
써 보였습니다.……書いてみせました。

hullyung-hage kiwo boigetsumnida
훌륭하게 키워 보이겠습니다.……立派に育ててみせます。

使い方

動詞・形容詞の陽母音語幹 ＋ 아 보이다

動詞・形容詞の陰母音語幹 ＋ 어 보이다

아/어 버리다

「〜してしまう」（普通の「〜してしまう」）（捨て型終結）

073

意味の解説

初級

1 「〜してしまう」➡ 普通の「〜してしまう」・捨て型終結

monjo chibe ka boryotsumnida
먼저 집에 가 버렸습니다.（가＋아 버리＋었＋습니다）
……先に家に帰ってしまいました。

honjaso ta masyo borimnida
혼자서 다 마셔 버립니다.（마시＋어 버리＋ㅂ니다）
……一人で全部飲んでしまいます。

中級・上級

2 「〜아/어 버리다」➡ 捨て型終結

「〜고 말다」➡ 追い込み完遂型終結

「〜아/어 치우다」➡ 片付け型終結

mogo　boryotsumnida
A 먹어 버렸습니다.（○）……食べてしまいました。

mokko　maratsumnida
B 먹고 말았습니다.（○）……食べてしまいました。

mogo　chiwotsumnida
C 먹어 치웠습니다.（○）……食べてしまいました。

★Aは捨て台詞のような心境の時に、Bは来るべきものが来たという時に使われる。Cはようやく片付いたという意味合いが強い。

使い方

動詞の陽母音語幹 + 아 버리다

動詞の陰母音語幹 + 어 버리다

아/어 치우다

「〜してしまう」(片付け型終結)

意味の解説

中級・上級

1 「〜してしまう」➡ 片付け型終結

cho　nomdurul　he　chiwora
저 놈들을 해 치워라.……あいつらをやっちまえ。

kuron　iyaginun　chibo　chiuseyo
그런 이야기는 집어 치우세요.……そんな話はお止め下さい。

使い方

動詞の陽母音語幹 + 아 치우다

動詞の陰母音語幹 + 어 치우다

고 말다

「～してしまう」(追い込み完遂型終結)「～てみせる」

074

意味の解説

初級

1 「～してしまう」➡ 追い込み完遂型終結

kunne tonago marassoyo
끝내 떠나고 말았어요. (떠나+고 말+았+어요)
…… とうとう去ってしまいました。

kyolguk ulgo maratsumnida
결국 울고 말았습니다. (울+고 말+았+습니다)
…… 結局泣いてしまいました。

中級・上級

2 「～て見せる」➡「1人称主語+고 말겠다」

neil musun niri issodo kok igigo malgetsumnida
내일 무슨 일이 있어도 꼭 이기고 말겠습니다.
…… 明日何があっても必ず勝ってみせます。

kok hapkyokago malgetsumnida
꼭 합격하고 말겠습니다. …… 必ず合格してみせます。

아/어지다

「～くなる・～になる・」「～(ら)れる・つい～ようになる(自発)」

意味の解説

初級

1 「～くなる・～になる」

nalssiga chuwojimnida
날씨가 추워집니다. (춥+어지+ㅂ니다) …… 天気が寒くなります。

chomjom yepojimnida
점점 예뻐집니다.（예쁘＋어지＋ㅂ니다）
……だんだんきれいになります。

mulgongapsi mani ssajossoyo
물건값이 많이 싸졌어요.（싸＋아지＋었＋어요）
……物の値段がだいぶ安くなりました。

中級・上級

2 「動詞＋아/어지다」➡「〜(ら)れる・つい〜ようになる(自発)」

➡「自然に、おのずとそうなる」

ku nari kidaryojimnida
그 날이 기다려집니다. …… その日が待たれます。

ku chibe chakku kajinda
그 집에 자꾸 가진다. …… あの店についつい行ってしまう。

★自然に、意識しないうちにあの店にまた行ってしまうという意味。

使い方

動詞・形容詞の陽母音語幹 ＋ 아지다

動詞・形容詞の陰母音語幹 ＋ 어지다

게 되다

「〜ことになる・〜くなる・〜になる」

075

意味の解説

初級

1 「動詞語幹＋게 되다」➡「〜ことになる」

nenyonbuto hangugeso kunmuhage tweotta
내년부터 한국에서 근무하게 되었다.（근무하＋게 되＋었다）
……来年から韓国で勤務することになった。

ku saramun nega mannage twemnida
그 사람은 내가 만나게 됩니다.（만나＋게 되＋ㅂ니다）
……その人には私が会うことになります。

2 「形容詞語幹＋게 되다」➡「〜くなる・〜になる」

chonjeng temune sogyugapsi pissage tweotta
전쟁 때문에 석유값이 비싸게 되었다.
（비싸＋게 되＋었다）…… **戦争のせいで石油の値段が高くなった。**

kyoyugul patko chonboda to chinjorage tweotta
교육을 받고 전보다 더 친절하게 되었다.
（친절하＋게 되＋었다）…… **教育を受け、前よりもっと親切になった。**

中級・上級

3 「게 되다」➡ 周りの状況がそうさせるという意味。
「아/어지다」➡ 自然に、おのずとそうなるという意味。

kochuga turowaso kimchiga mepke twetsumnida
A 고추가 들어와서 김치가 맵게 됐습니다.（○）

kochuga turowaso kimchiga mewojotsumnida
B 고추가 들어와서 김치가 매워졌습니다.（○）
…… **唐辛子が入ってきてキムチが辛くなりました。**

★Aは唐辛子が入ってきた状況がキムチを辛くさせたという意味で、Bは唐辛子が入ってきた結果、自然に、おのずとキムチが辛くなったという意味。

yolsimi kongbuheso hangungmarul hal su itke tweotsumnida
A 열심히 공부해서 한국말을 할 수 있게 되었습니다.（○）

yolsimi kongbuheso hangungmarul hal su issojotsumnida
B 열심히 공부해서 한국말을 할 수 있어졌습니다.（×）
…… **一生懸命に勉強して韓国語ができるようになりました。**

★Bが使えないのは自然に、おのずと韓国語ができるようになったという意味ではないからである。

使い方 **動詞・形容詞・있다/없다の語幹 ＋ 게 되다**

게 하다

「～(さ)せる・～ようにする・～くする・～にする」

076

意味の解説

初級

1 「動詞語幹＋게 하다」➡「～(さ)せる・～ようにする」

ku saramun moruge haseyo
그 사람은 모르게 하세요. (모르＋게 하＋세요)
……その人は知らないようにして下さい。

chegul pandusi ilke hamnida
책을 반드시 읽게 합니다. (읽＋게 하＋ㅂ니다)
……本を必ず読ませます。(読むようにします)

2 「形容詞語幹＋게 하다」➡「～くする・～にする」

pang-ul tatutage hamnida
방을 따뜻하게 합니다. (따뜻하＋게 하＋ㅂ니다)
……部屋を暖かくします。

korirul kekutage hamnida
거리를 깨끗하게 합니다. (깨끗하＋게 하＋ㅂ니다)
……町をきれいにします。

中級・上級

3 「게 하다」➡「～(さ)せる・～ようにする・～くする・～にする」
「게 되다」➡「～ことになる・～くなる・～になる」

使い方 **動詞・形容詞・있다/없다の語幹 ＋ 게 하다**

게 만들다

「～ようにさせる・～くさせる・～にさせる」

077

▼ 意味の解説

★ 初級

1 「動詞語幹＋게 만들다」➡「～ようにさせる」

ne charul tage mandulgetsumnida
내 차를 타게 만들겠습니다.（타＋게 만들＋겠습니다）
…… 私の車に乗るようにさせます。

neil kok oge mandul komnida
내일 꼭 오게 만들 겁니다.（오＋게 만들 겁니다）
…… 明日必ず来るようにさせるつもりです。

2 「形容詞語幹＋게 만들다」➡「～くさせる・～にさせる」

saramul kipuge mandunun turamaga chotsumnida
사람을 기쁘게 만드는 드라마가 좋습니다.
（기쁘＋게 만드＋는）…… 人を喜ばせるドラマがいいです。

ku iyagiga narul sulpuge mandurotsumnida
그 이야기가 나를 슬프게 만들었습니다.
（슬프＋게 만들＋었습니다）
…… その話が私を悲しい気持ちにさせました。

中級・上級

3 「게 하다」➡「～(さ)せる・～ようにする・～くする・～にする」
「게 만들다」➡「～ようにさせる・～くさせる・～にさせる」

使い方 **動詞・形容詞・있다/없다の語幹 ＋ 게 만들다**

답다

「～らしい」

▼ 意味の解説

🔈 078

★ 初級

1 「名詞＋답다」➡ らしい

purosonsudapta
프로선수답다.（프로선수＋답다）……… プロ選手らしい。

cho saramun chongmal namjadapta
저 사람은 정말 남자답다.（남자＋답다）…… あの人は本当に男らしい。

2 「답다」➡「～らしい」

「같다」➡「～のようだ、～みたいだ」

yojadapta
여자답다. ……… 女性らしい。

yojagatta
여자같다. ……… 女みたいだ。

고 싶다

「～たい」(希望)

▼ 意味の解説

★ 初級

1 「動詞語幹＋고 싶다」➡「～たい（希望）」

hangugorul peugo sipoyo
한국어를 배우고 싶어요.（배우＋고 싶＋어요）
……韓国語を習いたいです。

pyongwone kago sipoyo
병원에 가고 싶어요.（가＋고 싶＋어요）……病院に行きたいです。

yogie itko sipsumnida
여기에 있고 싶습니다. (있＋고 싶＋습니다)
…… ここにいたいです。

2 「〜が〜たい」➡「〜가 〜싶다」
「〜を〜たい」➡「〜을/를 〜싶다」

kimchiga mokko sipoyo
김치가 먹고 싶어요. …… キムチが食べたいです。

kimchirul mokko sipoyo
김치를 먹고 싶어요. …… キムチを食べたいです。

kopiga masigo sipoyo
커피가 마시고 싶어요. …… コーヒーが飲みたいです。

kopirul masigo sipoyo
커피를 마시고 싶어요. …… コーヒーを飲みたいです。

使い方 **動詞・있다(いる)の語幹 ＋ 고 싶다**

나 싶다

「〜のかなと思う・〜のかが気になる」(気がかりな思い)

079

意味の解説

中級・上級

1 「動詞語幹＋나 싶다」➡「〜のかなと思う・〜だろうと思う」

★気がかりな出来事を思い出し、その成り行きが気になっていることを表す。

chigum kamyon onje to bona sipta
지금 가면 언제 또 보나 싶다.
…… 今行ったらいつまた会うのかなと思う。

todeche hakkyoeso mwol peuna sipsumnida
도대체 학교에서 뭘 배우나 싶습니다.
…… いったい学校で何を習っているのかなと思います。

onurun nuga inna siposo chonwahetsumnida
오늘은 누가 있나 싶어서 전화했습니다.
…… 今日は誰がいるのかが気になって電話しました。

2 「動詞語幹＋았나/었나 싶다」

➡「～たのかなと思う・～ただろうと思う」

igosuro ta kunnanna sipsumnida
이것으로 다 끝났나 싶습니다.
……これですべてが終わったのかなと思います。

chibe wanna siposo chonwahetta
집에 왔나 싶어서 전화했다.
……家に帰っているのかなと思って電話したんだ。

sopo chal padanna sipoyo
소포 잘 받았나 싶어요.
……小包、ちゃんと受け取ったのかが気になります。

나 보다

「～みたいだ」

▼ 意味の解説

中級・上級

★物事に対して一方的に「～のようだ、～みたいだ」と決め付ける時に使われる。

1 「動詞・있다・없다の語幹＋(았/었)나 보다」➡「～みたいだ」

ajik chana bomnida
아직 자나 봅니다. ……まだ寝ているみたいです。

suri mojarana bwayo
술이 모자라나 봐요. ……お酒が足りないみたいです。

polsso kanna bwayo
벌써 갔나 봐요. ……もう行ったみたいです。

ironanna bwayo
일어났나 봐요. ……起きたみたいです。

2 「～나 보다」「～가 보다」(～みたいだ)を過去形にする場合、「보다」を過去形にして「～나 보았다」「～가 보았다」にすることは許されない。「～みたいだった」は、「것 같았다」。

는가 보다, ㄴ/은가 보다

「～みたいだ」

080

意味の解説

中級・上級

★物事の状況を見て「～のようだ、～みたいだ」と判断する時に使われる。

1 「動詞語幹＋는가 보다」➡「～みたいだ」

chibe an gesinga bwayo
집에 안 계신가 봐요. ……… 家にいらっしゃらないみたいです。

ichoguro onunga bomnida
이쪽으로 오는가 봅니다. ……… こちらに来るみたいです。

2 「形容詞語幹＋ㄴ/은가 보다」➡「～みたいだ」

ku sanun aju nopunga bomnida
그 산은 아주 높은가 봅니다. … その山はとても高いみたいです。

ku nara saramdurun aju chinjoranga bomnida
그 나라 사람들은 아주 친절한가 봅니다.
……… あの国の人たちはとても親切みたいです。

3 「있다/없다の語幹＋는가 보다」➡「～みたいだ」

doni omnunga bomnida
돈이 없는가 봅니다. ……… お金がないみたいです。

4 「이다の語幹＋ㄴ가보다」➡「～みたいだ」

abojiinga bwayo
아버지인가 봐요. ……… お父さんみたいです。

使い方

動詞 ＋ 는가 보다
形容詞パッチム有語幹 ＋ 은가 보다
形容詞パッチム無語幹 ＋ ㄴ가 보다
있다/없다の語幹 ＋ 는가 보다
이다の語幹 ＋ ㄴ가 보다

기

「名詞形語尾」

▼ 意味の解説

★ 初級

1 「動詞語幹＋기」➡ 動詞の名詞化

chukkiboda silta
죽기보다 싫다.（죽＋기）……死ぬほど嫌だ。（死ぬことより嫌だ）

chonwa-hagiboda chikchop kanun ge chotta
전화하기보다 직접 가는 게 좋다.（전화하＋기＋보다）
……電話するより直接行ったほうがいい。

maragi tutki sugi ilki
말하기/듣기/쓰기/읽기
……スピーキング/リスニング/ライティング/リーディング

yolsikaji ta kunnegi
10시까지 다 끝내기.（끝내＋기）……10時までにすべて終わらせること。

choltero terebi an bogi
절대로 테레비 안 보기.（보＋기）……絶対にテレビを見ないこと。

👑 中級・上級

2 「기」➡ ある出来事をみんなの共有のものとして具体名詞化する。
「ㅁ/음」➡ 自分固有の経験的出来事を抽象名詞化する。

palli mokki tehwe
A 빨리 먹기 대회（○）……早食い大会

palli mogum tehwe
B 빨리 먹음 대회（×）

★大会はみんなの共有のものなので、「먹＋음」は成立しない。

3 出来事を共有のものとして名詞化するので、「～기」は動きのある名詞になることが多い。
スポーツの名称➡「～기」

oredalligi mollitwigi nopitwigi
오래달리기（持久走）、멀리뛰기（走り幅跳び）、높이뛰기（走り高跳び）

pengmitotalligi changdonjigi
100M달리기（100M走）、창던지기（やり投げ）

使い方 **動詞・形容詞・있다/없다・이다の語幹 ＋ 기**

ㅁ/음

「名詞形語尾」(状態の名詞化)

081

意味の解説

★ 初級

1 「動詞・形容詞・있다/없다・이다の語幹＋ㅁ/음」➡ 名詞化

i chibi to masissum
이 집이 더 맛있음.（맛있＋음）……この店がもっと美味。

neirun to chuum
내일은 더 추움.（춥＋음）……明日はもっと寒い。

kuron gosun chal morum
그런 것은 잘 모름.（모르＋ㅁ）……そのようなことはよく分からない。

yosotsie ilbone tochakam
6시에 일본에 도착함.（도착하＋ㅁ）……6時に日本に到着。

onuri magamnarim
오늘이 마감날임.（마감날＋이＋ㅁ）……今日が締切日。

2 「ㅁ/음」➡ 自分固有の経験的な出来事を抽象名詞化する。

「기」➡ ある出来事をみんなの共有のものとして具体名詞化する。

yosotsikaji kam
A 6시까지 감.（○）……6時までに行く。

yosotsikaji kagi
B 6시까지 가기.（○）……6時までに行くこと。

★Aは6時までに行くのが特定の人の固有の出来事であるという意味で、Bは6時までに行くのがみんなの課題であるという意味。

3 特定の人の固有の経験的な出来事を名詞化するものなので、経験の積み重ねにより状態名詞を作ることが多い。

sulpum kipum cholmum chugum sam
슬픔(슬프＋ㅁ：悲しみ)、기쁨(기쁘＋ㅁ：嬉しさ)、젊음(젊＋음：若さ)、죽음(죽＋음：死)、삶(살＋ㅁ：生)

使い方

動詞・形容詞パッチム有・있다/없다の語幹 ＋ 음

動詞・形容詞パッチム無・이다の語幹 ＋ ㅁ

기는(요)

「～するはずないだろう」「～だなんて」(不移行)

⏬ 意味の解説

中級・上級

1 「動詞・形容詞・있다/없다の語幹＋기는」➡「～するはずないだろう」「～だなんて」

kaginunyo ajik an gassoyo
가기는요. 아직 안 갔어요.
……行くはずないでしょう。まだ行っていません。

★「行く」という行為ができるはずがないという意味。

insado a nago tonaginunyo
인사도 안 하고 떠나기는요.
……挨拶もしないで発つはずないでしょう。

★「挨拶もしないで発ってしまう」という行為ができるはずがないという意味。

mannaginunyo sangdedo a ne judondeyo
만나기는요. 상대도 안 해 주던데요.
……会えるはずないでしょう。相手にもしてもらえなかったですから。

★「相手に会う」という出来事が成立しようはずもないという意味。

기는 하다

「～するの(こと)はする」「～の(こと)は～」「～ではある」

082

⏬ 意味の解説

中級・上級

1 「動詞語幹＋기는 하다」➡「～するの(こと)はする」

yolsimi iraginun hamnida
열심히 일하기는 합니다.（일하＋기는 하＋ㅂ니다）
……一生懸命に働くことは働きます。

mannaginun hanundeyo
만나기는 하는데요.（만나＋기는 하＋는데＋요）
……会うことは会いますけど。

2 「形容詞語幹＋기는 하다」➡「～の（こと）は～」

mianaginun hamnida
미안하기는 합니다.（미안하＋기는 하＋ㅂ니다）
……申し訳ないことは申し訳ないです。

chokinun hamnida
좋기는 합니다.（좋+기는 하+ㅂ니다）……いいのはいいです。

3 「名詞＋기는/이기는 하다」➡「～ではある」

ne chaiginun hamnidaman chigumun an tamnida
내 차이기는 합니다만 지금은 안 탑니다.（차＋이기는 하＋ㅂ니다만）
……私の車ではありますが、今は乗っていません。

기도 하다

「～したりもする・～かったりもする・～でもある」

意味の解説

中級・上級

1 「動詞語幹＋기도 하다」➡「～したりもする」

kakumun surul masigido hamnida
가끔은 술을 마시기도 합니다.（마시＋기도 하＋ㅂ니다）
……たまにはお酒を飲んだりもします。

utkido hago ulgido he
웃기도 하고 울기도 해.（웃+기도 하+고　울+기도 해）
……笑ったり泣いたりしている。

2 「形容詞語幹＋기도 하다」➡「～かったりもする」

tee taraso topkido hamnida
때에 따라서 덥기도 합니다.（덥+기도 하+ㅂ니다）
……時によって暑かったりもします。

3 「名詞＋기도/이기도 하다」➡「〜でもある」

ku bunun kochiigido hamnida
그 분은 코치이기도 합니다.（코치＋이기도 하＋ㅂ니다）
…… その方はコーチでもあります。

ne himang-igido hamnida
내 희망이기도 합니다.（희망＋이기도 하＋ㅂ니다）
…… 私の希望でもあります。

使い方
動詞・形容詞・있다/없다・이다の語幹 ＋ 기도 하다

기로 하다

「〜ことにする」

083

意味の解説

★ 初級

1 「動詞・있다の語幹＋기로 하다」➡「〜ことにする」

ibon suhang-nyoheng-un hanguguro kagiro hetsumnida
이번 수학여행은 한국으로 가기로 했습니다.（가＋기로 했＋습니다）
…… 今度の修学旅行は韓国に行くことにしました。

neil mannagiro hetsumnida
내일 만나기로 했습니다.（만나＋기로 했＋습니다）
…… 明日会うことにしました。

chonwon igose itkiro hetsumnida
전원 이곳에 있기로 했습니다.（있＋기로 했＋습니다）
…… 全員ここにいることにしました。

使い方
動詞・있다の語幹 ＋ 기로 하다

도록 하다

「～ようにする」

意味の解説

★ 初級

1 「動詞・있다の語幹＋도록 하다」➡「～ようにする」

ibon suhang-nyoheng-un hanguguro kadorok haseyo
이번 수학여행은 한국으로 가도록 하세요.（가＋도록 하＋세요）
……今度の修学旅行は韓国に行くようにしてください。

neil mannadorok heyo
내일 만나도록 해요.（만나＋도록 하＋어요）
……明日会うようにしてください。

chonwon igose ittorok hagetsumnida
전원 이곳에 있도록 하겠습니다.（있＋도록 하＋겠＋습니다）
……全員ここにいるようにします。

使い方 **動詞・있다の語幹 ＋ 도록 하다**

기 시작하다

「～し始める」

084

意味の解説

★ 初級

1 「動詞語幹＋기 시작하다」➡「～し始める」

onulbuto yong-okongburul hagi sijaketsumnida
오늘부터 영어공부를 하기 시작했습니다.（하＋기 시작＋했＋습니다）
……今日から英語の勉強をやり始めました。

saramduri toragagi sijaketta
사람들이 돌아가기 시작했다. (돌아가+기 시작+했+다)
…… 人々が帰り始めた。

使い方 **動詞語幹 + 기 시작하다**

기 쉽다

「～しやすい」(低難易度)

意味の解説

★ 初級

1 「動詞・있다の語幹+기 쉽다」➡「～しやすい」(低難易度)

tulligi swipta
틀리기 쉽다. …… 間違えやすい。

tachigi swipta
다치기 쉽다. …… 怪我しやすい。

기 어렵다

「～しにくい」(高難易度)

意味の解説

★ 初級

1 「動詞・있다の語幹+기 어렵다」➡「～しにくい」(高難易度)

iragi oryopta
일하기 어렵다. …… 働きにくい。

algi oryopta
알기 어렵다. …… 分かりにくい。

기 편하다

「〜しやすい」(利便性がいい)

▼ 意味の解説

★ 初級

1 「動詞・있다の語幹＋기 편하다」➡「〜しやすい」(利便性がいい)

iragi pyonada
일하기 편하다. ……… 働きやすい。

tanigi pyonada
다니기 편하다. ……… 通いやすい。

기 좋다

「〜のにいい」(好都合)

085

▼ 意味の解説

★ 初級

1 「動詞の語幹＋기 좋다」➡「〜するのにいい」(好都合)

i manwanun ikki choayo
이 만화는 읽기 좋아요. …… この漫画は(暇な時に)読むのにいいです。

i chegun konbuhagi chotsumnida
이 책은 공부하기 좋습니다. …… この本は勉強するのにいいです。

★「勉強する」のに好都合なものだという意味。例えば、「살기 좋은 동네예요」➡「住むのにはいい町です」

i soputunun soryu mandulgi choayo
이 소프트는 서류 만들기 좋아요.
…… このソフトは書類作るのにいいです。

★「書類を作る」のにこのソフトが向いているという意味。

中級・上級

2 「～기 좋다」➡「好都合」

「～기 편하다」➡「利便性がいい」

A 살기 좋은 동네 (salgi choun tongne) ➡町が住むのには都合がいいという意味。

B 살기 편한 동네 (salgi pyonan tongne) ➡利便性がいいという意味。

使い方

動詞語幹 + 기 좋다

기 싫다

「～するのが嫌だ」「～したくない」（嫌いな気持ち）

086

意味の解説

初級

1 「動詞語幹＋기 싫다」➡「～するのが嫌だ」「～したくない」

그런 드라마는 보기 싫습니다. (kuron turamanun pogi silsumnida) …… そんなドラマは見たくありません。

이 차는 타기 싫어요. (i chanun tagi siroyo) …… この車には乗りたくありません。

거기에 가기 싫어요. (kogie kagi siroyo) …… そこに行きたくありません。

使い方

動詞・있다の語幹 + 기 싫다

기 마련이다

「〜するものだ・〜たりするものだ」(一般的に)

意味の解説

★ 初級

1 「動詞語幹＋기 마련이다」➡「〜するものだ」

sul masimyon silsuhagi maryonimnida
술 마시면 실수하기 마련입니다. (실수하+기 마련이+ㅂ니다)
……お酒を飲めば過ちを犯すものです。

yolsimi hamyon song-gong-hagi maryonida
열심히 하면 성공하기 마련이다. (성공하+기 마련이다)
……一生懸命にやれば成功するものだ。

2 「形容詞語幹＋기 마련이다」➡「〜たりするものだ」

chongso a namyon chijobunagi maryonida
청소 안 하면 지저분하기 마련이다. (지저분하+기 마련이다)
……掃除をしなければ汚れたりするものだ。

kuron saramun ta silki maryonida
그런 사람은 다 싫기 마련이다. (싫+기 마련이다)
……そんな人はみんなが嫌がったりするものだ。

3 「名詞＋기/이기 마련이다」➡「〜たりするものだ」

pipanul pannun gon kamdogigi maryonida
비판을 받는 건 감독이기 마련이다. (감독+이기 마련이다)
……批判されるのは監督だったりするものだ。

使い方 **動詞・形容詞・있다/없다・이다の語幹 ＋ 기 마련이다**

법이다

「～するものだ」(ほぼ間違いなく)

🔊 087

意味の解説

中級・上級

1 「動詞語幹＋는 법이다」➡「～するものだ」

nulgumyon kohyang-uro toraganun pobida
늙으면 고향으로 돌아가는 법이다.
……年を取れば故郷に帰るものだ。

2 「形容詞語幹＋ㄴ/은 법이다」➡「～い・なものだ」

choun seng-gagul heya maumi yepun pobida
좋은 생각을 해야 마음이 예쁜 법이다.
……きれいな心はいい考えから出てくるもの。

셈이다

「～というわけだ(計算になる)」「～ということ」「～のと同然だ」

意味の解説

中級・上級

1 「動詞語幹＋는 셈이다」➡「～というわけだ(計算になる)」

igosuro ne iri modu kunnanun semida
이것으로 내 일이 모두 끝나는 셈이다.
……これで私の仕事がすべて終わるというわけだ。

2 「動詞語幹＋ㄴ/은 셈이다」➡「～たわけだ」

kyolguk urinun han pe-e tan semieyo
결국 우리는 한 배에 탄 셈이에요.
……結局われわれは同じ船に乗ったというわけです。

yoheng-han sem chimyon twemnida
여행한 셈 치면 됩니다. …… 旅行したことにすればいいんですよ。

3 「形容詞語幹＋ㄴ/은 셈이다」➡「～ということ」「～い(な)わけだ」

i jongdomyon nolbun semiya
이 정도면 넓은 셈이야. …… これは、広いね。

onul jongdoramyon pyonan semiji
오늘 정도라면 편한 셈이지.
…… 今日ぐらいだったら楽ということだよね。

使い方

動詞・있다/없다の語幹 ＋ 는 셈이다
動詞・形容詞パッチム有語幹 ＋ 은 셈이다
動詞・形容詞パッチム無・이다の語幹 ＋ ㄴ 셈이다

편이다

「～する方だ」

088

意味の解説

★ 初級

1 「動詞・있다/없다の語幹＋는 편이다」➡「～する方だ」

nanun pigyojok surul an masinun pyonida
나는 비교적 술을 안 마시는 편이다. (마시＋는 편이다)
…… 私は比較的お酒を飲まない方だ。

mwodunji yolsimi hanun pyonimnida
뭐든지 열심히 하는 편입니다. (하＋는 편이＋ㅂ니다)
…… 何でも一生懸命にやる方です。

2 「形容詞・이다の語幹＋ㄴ/은 편이다」➡「～い(な)方だ」

i chongdomyon kekutan pyonida
이 정도면 깨끗한 편이다. (깨끗하＋ㄴ 편이다)
…… このぐらいならきれいな方だ。

i pang-un nolbun pyonida
이 방은 넓은 편이다. (넓＋은 편이다)
…… この部屋は広い方だ。

使い方

動詞・있다/없다の語幹 ＋ 는 편이다
形容詞パッチム有語幹 ＋ 은 편이다
形容詞パッチム無語幹・이다の語幹 ＋ ㄴ 편이다

것 같다(같아요/같습니다)

「～ようだ」「～しそうだ」「～ただろうと思う」(近似判断)

意味の解説

★ 初級

1 「動詞語幹＋는 것 같다」➡「～するようだ」

chigum chanun got katta
지금 자는 것 같다.（자＋는 것 같다）
……今寝ているようだ。

pekwajomeso kidarinun got katta
백화점에서 기다리는 것 같다.（기다리＋는 것 같다）
……デパートで待っているようだ。

2 「形容詞語幹＋ㄴ/은 것 같다」➡「～い（な）ようだ」

ku sihomun tedani oryoun got kattayo
그 시험은 대단히 어려운 것 같아요.（어렵＋은 것 같＋아요）
……その試験はかなり難しいようです。

ku saramun chongjikan got katsumnida
그 사람은 정직한 것 같습니다.（정직하＋ㄴ 것 같＋습니다）
……あの人は正直者のようです。

3 「動詞語幹＋ㄴ/은 것 같다」➡「～したようだ」

polso tonan got katta
벌써 떠난 것 같다.（떠나＋ㄴ 것 같다）……すでに発ったようだ。

chomsim mogun got kattayo
점심 먹은 것 같아요.（먹＋은 것 같＋아요）
……昼ご飯を食べたようです。

4 「形容詞語幹＋았/었던 것 같다」➡「〜かった（だった）ようだ」

ku chip masissotton got kattayo
그 집 맛있었던 것 같아요.（맛있＋었＋던 것 같＋아요）
……あの店、おいしかったように思います。（自分の経験）
……あの店、おいしかったようです。（他人の経験）

onchoni choatton got katta
온천이 좋았던 것 같다.（좋＋았＋던 것 같다）
……温泉がよかったかな。（自分の経験）
……温泉がよかったようだ。（他人の経験）

5 「名詞＋이＋ㄴ 것 같다」➡「〜のようだ」

ne gosin got katta
내 것인 것 같다.（것＋이＋ㄴ 것 같다）……私のもののようだ。

abojiin got katta
아버지인 것 같다.（아버지＋이＋ㄴ 것 같다）……親父のようだ。

6 「動詞語幹＋ㄹ/을 것 같다」➡「〜しそうだ」

chigumun chal got katta
지금은 잘 것 같다.（자＋ㄹ＋것 같다）……今は寝そうだ。

pekwajomeso kidaril got katta
백화점에서 기다릴 것 같다.（기다리＋ㄹ＋것 같다）
……デパートで待っていそうだ。

7 「形容詞語幹＋ㄹ/을 것 같다」➡「〜そうだ」

ku sihomun tedani oryoul got kattayo
그 시험은 대단히 어려울 것 같아요.（어렵＋을 것 같＋아요）
……その試験はかなり難しそうです。

ku saramun chongjikal got katsumnida
그 사람은 정직할 것 같습니다.（정직하＋ㄹ 것 같＋습니다）
……あの人は正直そうです。

8 「動詞語幹＋았/었을 것 같다」➡「〜していそうだ」

polso tonassul got katta
벌써 떠났을 것 같다.（떠나＋았을 것 같다）
……すでに出発していそうだ。

chomsim mogossul got kattayo
점심 먹었을 것 같아요.（먹＋었을 것 같＋아요）
……昼ご飯食べていそうです。

9 「形容詞語幹＋았/었을 것 같다」➡「〜かっただろうな」

ku jip masissosul got kattayo
그 집 맛있었을 것 같아요.（맛있＋었＋을 것 같＋아요）
……あの店、おいしかったでしょうね。

onchoni choassul got katta
온천이 좋았을 것 같다.（좋＋았＋을 것 같다）
……温泉がよかったかも。

10 「名詞＋이＋ㄹ 것 같다」➡「〜みたいだ」

ne gosil got katta
내 것일 것 같다. （것＋이＋ㄹ 것 같다）……… 私のものみたいだ。

aboji-il got katta
아버지일 것 같다. （아버지＋이＋ㄹ 것 같다）…… 親父みたいだ。

中級・上級

11 「〜는・ㄴ/은 것 같다」➡ ある情報に基づいて判断をする時。

「〜ㄹ/을 것 같다」➡ 情報に頼らず直感的に判断する時。

chigum chanun got katta
지금 자는 것 같다. ……… 今寝ているようだ。

chigum chal kot katta
지금 잘 것 같다. ……… 今寝そうだ。

使い方

動詞・있다/없다の語幹 ＋ 는 것 같다
動詞・形容詞パッチム有語幹 ＋ 은 것 같다
動詞・形容詞パッチム無・이다の語幹 ＋ ㄴ 것 같다
動詞・形容詞パッチム有・있다/없다の語幹 ＋ 을 것 같다
動詞・形容詞パッチム無・이다の語幹 ＋ ㄹ 것 같다
形容詞陽母音語幹 ＋ 았던 것 같다
形容詞陰母音語幹 ＋ 었던 것 같다
パッチム有名詞 ＋ 이었던 것 같다/이었을 것 같다
パッチム無名詞 ＋ 였던 것 같다/였을 것 같다

意味のまとめ

動詞・있다/없다の語幹 ＋ 는 것 같다 ➡「〜するようだ」
形容詞パッチム有語幹 ＋ 은 것 같다 ➡「〜ようだ」
形容詞パッチム無・이다の語幹 ＋ ㄴ 것 같다 ➡「〜ようだ」
動詞パッチム有語幹 ＋ 은 것 같다 ➡「〜たようだ」
動詞パッチム無語幹 ＋ ㄴ 것 같다 ➡「〜たようだ」
動詞・形容詞パッチム有・있다/없다の語幹 ＋ 을 것 같다
➡「〜しそうだ」

動詞・形容詞パッチム無・이다の語幹 ＋ ㄹ 것 같다
➡「～しそうだ」
動詞・形容詞陽母音語幹 ＋ 았던 것 같다 ➡「～たようだ」
動詞・形容詞陰母音語幹 ＋ 었던 것 같다 ➡「～たようだ」
動詞・形容詞陽母音語幹 ＋ 았을 것 같다 ➡「～ていそうだ」
動詞・形容詞陰母音語幹 ＋ 었을 것 같다 ➡「～ていそうだ」
パッチム有名詞 ＋ 이었던 것 같다 ➡「～たようだ」
パッチム無名詞 ＋ 였던 것 같다 ➡「～たようだ」
パッチム有名詞 ＋ 이었을 것 같다 ➡「～だったのだろうと思う」
パッチム無名詞 ＋ 였을 것 같다 ➡「～だったのだろうと思う」

같다, 같습니다(같아요)

「～のようだ」(近似判断)

089

▼ 意味の解説

★ 初級

1 「名詞＋같다」➡「～のようだ・～みたいだ」

kok sonsengnim katta
꼭 선생님 같다.（선생님＋같다）…… まるで先生のようだ。

yoginun yuwonji katta
여기는 유원지 같다.（유원지＋같다）…… ここは遊園地みたいだ。

使い方 **名詞 ＋ 같다**

듯하다

「～ようだ」「～しそうだ」「～ただろうと思う」(近似判断)

意味の解説

中級・上級

「～것 같다」と意味は同じ。

1 「動詞語幹＋는 듯하다」➡「～しているようだ」

ajik chanun dutetta
아직 자는 듯했다. ……… まだ寝ているようだった。

moduga unun dutetta
모두가 우는 듯했다. ……… みんなが泣いているようだった。

2 「形容詞語幹＋ㄴ/은 듯하다」➡「～いようだ・～なようだ」

ku chibun sarami manun dutetta
그 집은 사람이 많은 듯했다. … その店は人が多いようだった。

ku saramun chagiga yong-orul charanun dun maretta
그 사람은 자기가 영어를 잘하는 듯 말했다.
……… その人は自分の英語が上手かのようにいった。

3 「動詞語幹＋ㄹ/을 듯하다」➡「～しそうだ」

chal seng-gake bomyon al tutto hamnida
잘 생각해 보면 알 듯도 합니다.
……… よく考えれば分かりそうな気もします。

butakamyon chul tutamnida
부탁하면 줄 듯합니다. ……… 頼めばくれそうです。

4 「듯」だけの特殊な使い方 ➡「～것 같다」は使えない。

「～는 듯 마는 듯 ➡ ～ているんだか～んだか (分からないようにして)」

「～ㄴ/은 듯 만 듯 ➡ ～たんだか～んだか (分からないようにして)」

「～ㄹ/을 듯 말 듯 ➡ ～んだか～んだか (分からないようにして)」

monnun dun manun du tago hakkyoe katsumnida
먹는 듯 마는 듯 하고 학교에 갔습니다.
……… 食べているんだかいないんだか分からない状態で学校に行きました。

munul tadun dun man du tago twicho nagatsumnida
문을 닫은 듯 만 듯 하고 뛰쳐 나갔습니다.
……… ドアを閉めたんだか閉めていないんだか分からない状態で飛び出して行きました。

ol tun mal tu tamyonso erul teunda
올 듯 말 듯 하면서 애를 태운다.
……来るんだか来ないんだか分からないようにして人をいらいらさせる。

5 「～는 듯하다」➡ 文章体
「～는 것 같다」➡ 会話体

使い方

動詞・있다/없다の語幹 ＋ 는 듯하다
動詞・形容詞パッチム有語幹 ＋ 은 듯하다
動詞・形容詞パッチム無・이다の語幹 ＋ ㄴ 듯하다
動詞・形容詞パッチム有・있다/없다の語幹 ＋ 을 듯하다
動詞・形容詞パッチム無・이다の語幹 ＋ ㄹ 듯하다
形容詞陽母音語幹 ＋ 았던 듯하다
形容詞陰母音語幹 ＋ 었던 듯하다
パッチム有名詞 ＋ 이었던 듯하다/이었을 듯하다
パッチム無名詞 ＋ 였던 듯하다/였을 듯하다

意味のまとめ

動詞・있다/없다の語幹 ＋ 는 듯하다 ➡「～するようだ」
形容詞パッチム有語幹 ＋ 은 듯하다 ➡「～ようだ」
形容詞パッチム無・이다の語幹 ＋ ㄴ 듯하다 ➡「～ようだ」
動詞パッチム有語幹 ＋ 은 듯하다 ➡「～たようだ」
動詞パッチム無語幹 ＋ ㄴ 듯하다 ➡「～たようだ」
動詞・形容詞パッチム有・있다/없다の語幹 ＋ 을 듯하다
➡「～しそうだ」
動詞・形容詞パッチム無・이다の語幹 ＋ ㄹ 듯하다
➡「～しそうだ」
動詞・形容詞陽母音語幹 ＋ 았던 듯하다 ➡「～たようだ」
動詞・形容詞陰母音語幹 ＋ 었던 듯하다 ➡「～たようだ」
動詞・形容詞陽母音語幹 ＋ 았을 듯하다 ➡「～ていそうだ」
動詞・形容詞陰母音語幹 ＋ 었을 듯하다 ➡「～ていそうだ」

パッチム有名詞 + 이었던 듯하다 ➡「〜たようだ」
パッチム無名詞 + 였던 듯하다 ➡「〜たようだ」
パッチム有名詞 + 이었을 듯하다 ➡「〜だったのだろうと思う」
パッチム無名詞 + 였을 듯하다 ➡「〜だったのだろうと思う」

모양이다

「〜模様だ・〜ようだ」

090

意味の解説

★ 初級

1 「2・3人称主語の動詞語幹＋ㄹ/을 모양이다」
➡「〜する模様だ・〜するようだ」

to charul sal moyang-imnida
또 차를 살 모양입니다.（사＋ㄹ 모양＋이＋ㅂ니다）
…… **また車を買うようです。**

ijenun a nol moyang-ieyo
이제는 안 올 모양이에요.（오＋ㄹ 모양＋이에요）
…… **もう来ないようです**（来ない模様です）。

2 「形容詞語幹＋ㄹ/을 모양이다」➡「〜くなる模様だ・〜になる模様だ」

neildo toul moyang-ida
내일도 더울 모양이다.（덥＋을 모양＋이다）
…… **明日も暑い模様だ。**

3 「있다/없다の語幹＋ㄹ/을 모양이다」➡「〜模様だ・〜ようだ」

onurun chibe issul moyang-ida
오늘은 집에 있을 모양이다.（있＋을 모양＋이다）
…… **今日は家にいる模様だ**（いるようだ）。

nenyonenun opsul moyang-ida
내년에는 없을 모양이다.（없＋을 모양＋이다）
…… **来年はいない模様です**（いないようです）。

中級・上級

4 「ㄹ/을 모양이다」➡ ある根拠を持って「～のようだ」と判断する時。
「ㄹ/을 것 같다」➡ 情報に頼らずに「～のようだ・～しそうだ」と直感的に判断する時。

A 혼자 집에 있을 모양입니다.（honja chibe issul moyang-imnida）
…… 一人で家にいるようです。（何かの情報など根拠がある場合）

B 혼자 집에 있을 것 같습니다.（honja chibe issul kot katsumnida）
…… 一人で家にいそうです。（直感的な様態判断）

使い方
動詞・形容詞パッチム有語幹・있다/없다の語幹 ＋ 을 모양이다
動詞・形容詞パッチム無語幹 ＋ ㄹ 모양이다

뿐이다

「～だけだ・～のみだ」

意味の解説

初級

1 「動詞語幹＋ㄹ/을 뿐이다」➡「～するだけだ・～するのみだ」

그저 열심히 할 뿐입니다.（kujo yolsimi hal punimnida）（하＋ㄹ 뿐＋이＋ㅂ니다）
…… ひたすら一生懸命にやるだけです（やるのみです）。

차만 마실 뿐 말이 없다.（chaman masil pun mari opta）（마시＋ㄹ 뿐）
…… お茶を飲んでいるだけでしゃべらない。

2 「名詞＋이＋ㄹ 뿐이다」➡「～であるだけ」

그 사람하고는 친구일 뿐이에요.（ku saramagonun chinguil punieyo）（친구＋이＋ㄹ 뿐＋이에요）
…… 彼とは友達（だという関係）であるだけです。

3 「있다/없다＋을 뿐이다」➡「〜だけだ・〜のみだ」

toni opsul pun choun saramimnida
돈이 없을 뿐 좋은 사람입니다.（없＋을＋뿐）
……お金がないだけでいい人です。

使い方
動詞・形容詞パッチム有語幹・있다/없다の語幹 ＋ 을 뿐이다
動詞・形容詞パッチム無・이다の語幹 ＋ ㄹ 뿐이다

길이다

「〜するところだ」(実行動中)

091

意味の解説

★ 初級

1 「動詞語幹＋는 길이다」➡「〜するところだ」

★実際に行動している真っ最中の時に使われる。

chigum wechuranun kirida
지금 외출하는 길이다.（외출하＋는 길이다）……今出かけるところだ。

saopcha ilbonuro chulchang-ganun kirida
사업차 일본으로 출장가는 길이다.（가＋는 길이다）
……仕事で日本に出張に行くところだ。

hangugeso toraonun kirieyo
한국에서 돌아오는 길이에요.（돌아오＋는 길이＋에요）
……韓国から帰ってくるところです。

2 「〜는 길이다」➡ **実際行動を起こして途上にいる時に使われる。**

「〜는 참이다」➡ **何かを実行しようとする状態にいる時に使われる。**

참이다

「～するところだ」「～しているところだ」「～していたところだ」

意味の解説

中級・上級

1 「動詞語幹＋ㄹ/을 참이다」➡「～するところだ」

chingu mannaro nagal chamida
친구 만나러 나갈 참이다.
……これから友達に会いに出かけるところです。

mogyokal chamiossoyo
목욕할 참이었어요. ……お風呂に入るところでした。

2 「動詞語幹＋는 참이다」➡「～しているところだ」

ije mak sijakaryonun chamieyo
이제 막 시작하려는 참이에요.
……もうすぐで始めようとしているところです。

chigum ssunun chamiya
지금 쓰는 참이야. ……今書いているところだよ。

3 「動詞語幹＋던 참이다」➡「～していたところだ」

yollakaryodon chamimnida
연락하려던 참입니다. ……連絡しようとしていたところです。

putakaryodon chamimnida
부탁하려던 참입니다. ……お願いしようとしていたところです。

chigum ku iyagirul hadon chamimnida
지금 그 이야기를 하던 참입니다.
……今その話をしていたところです。

4 「ㄹ/을 참이었다」➡ そういう予定になっていたという意味。
「ㄹ/을 뻔했다」➡ 大事に到らなくてよかったという安堵の意味。

sagonal ponetta
A 사고날 뻔했다. (○)……事故になるところだった。

sagonal chamiyotta
B 사고날 참이었다. (×)

★Bが成立しないのは事故になる予定だったという、普通あり得ない意味になるからである。

chingu mannaro nagal chamiossoyo
A 친구 만나러 나갈 참이었어요. (○)

chingu mannaro nagal ponessoyo
B 친구 만나러 나갈 뻔했어요. (×)

★友達に会わないでよかったという安堵感は、特殊な状況でないと生まれないものなので、普通Bは成立しない。

使い方

動詞パッチム有語幹 + 을 참이다/는 참이다/던 참이다
動詞パッチム無語幹 + ㄹ 참이다/는 참이다/던 참이다

意味のまとめ

動詞語幹 + ㄹ/을 참이다 ➡「～するところだ」
動詞語幹 + 는 참이다 ➡「～しているところだ」
動詞語幹 + 던 참이다 ➡「～していたところだ」

뻔하다

「～するところだった」(安堵)

🔊 092

⯯ 意味の解説

★ 初級

1 「動詞語幹＋ㄹ/을 뻔했다」➡「～するところだった」

chae chi-il ponessoyo
차에 치일 뻔했어요. (치이＋ㄹ 뻔했＋어요)
…… 車にひかれるところでした。

hamatomyon kunyang kal ponessoyo
하마터면 그냥 갈 뻔했어요. (가＋ㄹ 뻔했＋습니다)
…… 下手したらこのまま行くところでした。

kunnillal ponessoyo
큰일날 뻔했어요. (큰일나＋ㄹ 뻔했＋어요)
…… 大変なことになるところでした。

2 「ㄹ/을 뻔했다」➡ 常に「뻔했다(過去形)」で使われる。
「ㄹ/을 뻔했다」➡ 大事に到らなくてよかったという安堵の意味。

「ㄹ/을 참이었다」➡ そういう予定になっていたという意味。

A 사고날(sagonal) 뻔했다(ponetta). （○）……事故になるところだった。

B 사고날(sagonal) 참이었다(chamiotta). （×）

★Bが成立しないのは事故になる予定だったという変な意味になるからである。

A 친구(chingu) 만나러(mannaro) 나갈(nagal) 참이었어요(chamiossoyo).（○）

B 친구(chingu) 만나러(mannaro) 나갈(nagal) 뻔했어요(ponessoyo). （×）

★友達に会わないでよかったという安堵感は特殊な状況でない限り生まれないものなので、普通Bは成立しない。

使い方

動詞パッチム有語幹 ＋ 을 뻔하다

動詞パッチム無語幹 ＋ ㄹ 뻔하다

지경이다

「～ほどだ」（圧迫程度判断）

意味の解説

中級・上級

1 「動詞語幹＋ㄹ/을 지경이다」➡「～ほどだ」

너무(nomu) 매워서(mewoso) 눈물이(nunmuri) 날(nal) 지경이다(chigyong-ida).

……あまりにも辛くて涙が出るほどだ。

바빠서(papaso) 죽을(chugul) 지경이다(chigyong-ida). ……忙しくて死ぬほどだ。

은행(uneng) 강도라도(kangdorado) 하고(hago) 싶을(sipul) 지경이다(chigyong-ida). ……銀行強盗でもしたいほどだ。

2 「ㄹ/을 지경이다」➡ 圧迫程度判断

「ㄹ/을 만하다」➡ 価値程度判断

「ㄹ/을 정도이다」➡ 無価値程度判断

nega kwanyohal chigyong-imnida
A 내가 관여할 지경입니다. ……… 私が口出しするほどです。

nega kwanyohal manan irimnida
B 내가 관여할 만한 일입니다. ……… 私が口出しするぐらいのことです。

nega kwanyohal chongdoe irimnida
C 내가 관여할 정도의 일입니다. … 私が口出しする程度のことです。

★Aは口出しをしなければならないぐらい追い込まれているという意味で、Bは口出しする価値のあることだという意味。Cはせいぜい私が口出しする程度のものだという意味。

使い方

動詞パッチム有語幹 ＋ 을 지경이다
動詞パッチム無語幹 ＋ ㄹ 지경이다

정도이다

「～ほどだ」(無価値程度判断)

093

▼ 意味の解説

★ 初級

1 「動詞・形容詞・있다/없다・이다＋ㄹ/을 정도이다」➡「～ほどだ」

i kagyogimyon nuguna sal chongdoimnida
이 가격이면 누구나 살 정도입니다. (사＋ㄹ 정도＋이＋ㅂ니다)
…… **これくらいの値段なら誰でも買えるでしょう。**

★価格があまり価値のあるものではないという意味。

kokchonghal chongdoga animnida
걱정할 정도가 아닙니다. (걱정하＋ㄹ 정도)
…… **心配するほどではありません。**

iron terebiga issul chongdoimnida
이런 테레비가 있을 정도입니다. (있＋을 정도＋이＋ㅂ니다)
…… **こんなテレビがあるぐらいです。**

使い方

動詞・形容詞パッチム有・있다/없다の語幹 ＋ 을 정도이다
動詞・形容詞パッチム無・이다の語幹 ＋ ㄹ 정도이다

만하다

「〜ぐらいなら〜できる・〜ほど」(価値程度判断)

意味の解説

★ 初級

1 「動詞語幹＋ㄹ/을 만하다」➡「〜ぐらいなら〜できる」

i kagyogimyon sal manamnida
이 가격이면 살 만합니다.(사＋ㄹ 만하＋ㅂ니다)
…… **この値段ぐらいなら買えます。**

★ 価格が「買う」ことを成立させ得るレベル(만)になっているという意味。

kokchonghal manan iri animnida
걱정할 만한 일이 아닙니다.(걱정하＋ㄹ 만＋하＋ㄴ)
…… **心配するほどのことではありません。**

i terebinun pol manamnida
이 테레비는 볼 만합니다.(보＋ㄹ 만하＋ㅂ니다)
…… **このテレビなら見られます。**

★ テレビが「見る」ことを満足させ得るレベル(만)になっているという意味。

使い方

動詞パッチム有語幹 ＋ 을 만하다
動詞パッチム無語幹 ＋ ㄹ 만하다

척하다

「～ふりをする」

094

意味の解説

初級

1 「動詞語幹＋는 척하다」➡「～ふりをする」

morunun chokkanda
모르는 척한다.（모르＋는 척하＋ㄴ다）……知らないふりをする。

ku saramun mwodunji anun chokkanda
그 사람은 뭐든지 아는 척한다.（알＋는 척하＋ㄴ다）
……あの人は何でも知っているふりをする。

2 「動詞語幹＋ㄴ/은 척하다」➡「～たふりをする」

komul mannamyon chugun chokkanda
곰을 만나면 죽은 척한다.（죽＋은 척하＋ㄴ다）
……熊に遭ったら死んだふりをする。

monjo kan chokketsumnida
먼저 간 척했습니다.（가＋ㄴ 척했＋습니다）
……先に行ったふりをしました。

3 「形容詞語幹＋ㄴ/은 척하다」➡「～い(な)ふりをする」

apun chokkessoyo
아픈 척했어요.（아픈＋ㄴ 척했＋어요）……痛いふりをしました。

musoun chokketsumnida
무서운 척했습니다.（무섭＋은 척했＋습니다）……怖いふりをしました。

4 「名詞＋이＋ㄴ 척하다」➡「～のふりをする」

chinguin chokkessoyo
친구인 척했어요.（친구＋이＋ㄴ 척했＋어요）……友達のふりをしました。

中級・上級

5 「척하다」➡「自信満々にそのふりをする時」

「체하다」➡「状況に順応しているふりをする時」

narul pon chokkdo a nago anuro turogatta
A 나를 본 척도 안 하고 안으로 들어갔다.
……私に見向きもしないで（を見るふりもしないで）中に入った。

narul pon che man chehago anuro turogatta
B 나를 본 체 만 체하고 안으로 들어갔다.
……私を見て見ぬふりをして中に入った。

★Aは堂々と見向きもしないですたすた中に入ってしまったという意味で、Bはこちらを意識はしているようだけど見ているのか見ていないのか今一つはっきりしないまま中に入ったという意味。

使い方

動詞・있다/없다の語幹 ＋ 는 척하다
動詞・形容詞のパッチム有語幹 ＋ 은 척하다
動詞・形容詞のパッチム無語幹・이다の語幹 ＋ ㄴ 척하다

체하다

「～ふりをする」

▼ 意味の解説

中級・上級

1 「動詞語幹＋는 체하다」➡「～ふりをする」

kongbuhanun che hetchiman aniotta
공부하는 체 했지만 아니었다.（공부하＋는 체 했＋지만）
……勉強しているふりをしたけど違った。

2 「動詞語幹＋ㄴ/은 체하다」➡「～たふりをする」

pon che man chehanda
본 체 만 체한다.（보＋ㄴ 체, 말＋ㄴ 체 하＋ㄴ다）
……見て見ぬふりをする。

3 「形容詞語幹＋ㄴ/은 체하다」➡「～い（な）ふりをする」

sulpun chehedo an soga
슬픈 체해도 안 속아.（슬프＋ㄴ 체＋해도）
……悲しいふりをしてもだまされないよ。

4 「名詞＋이＋ㄴ　체하다」➡「〜のふりをする」

kyongcharin chehago turogatta
경찰인 체하고 들어갔다.（경찰＋이＋ㄴ　체하＋고）
……警察のふりをして入った。

使い方

動詞・있다/없다の語幹 ＋ 는 체하다
動詞・形容詞パッチム有語幹 ＋ 은 체하다
動詞・形容詞パッチム無語幹・이다の語幹 ＋ ㄴ　체하다

려고/으려고 하다

「〜しようと思う」（実行段階の意図）

095

意味の解説

★ 初級

1 「動詞語幹＋려고/으려고　하다」➡「〜しようと思う」

chinguhante putakaryogo hamnida
친구한테 부탁하려고 합니다.（부탁하＋려고　하＋ㅂ니다）
……友達に頼もうと思います。

kehwegul pakuryogo heyo
계획을 바꾸려고 해요.（바꾸＋려고　하＋어요）
……計画を変えようと思っています。

中級・上級

2 「려고/으려고　하다」➡実行段階の意図
「ㄹ/을까　하다」➡思案段階の意図

hyuga karyogo hamnida
A 휴가 가려고 합니다. ……休みを取ろうと思っています。

hyuga kalka hamnida
B 휴가 갈까 합니다. ……休みを取ろうかなと思っています。

★ Aは休みを取ることに対して具体的に動いている段階のもので、Bはまだ暗中模索の段階。

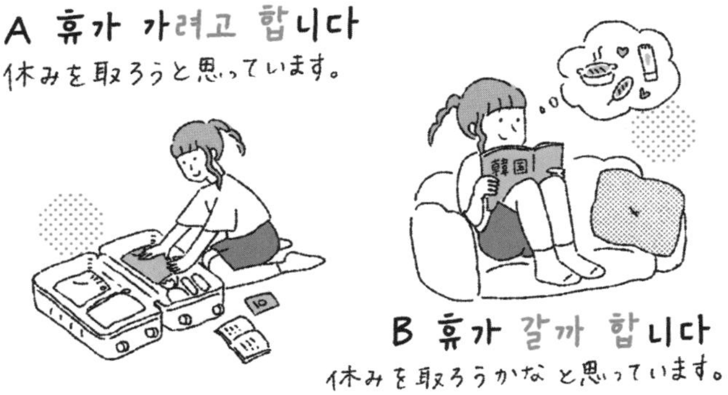
A 휴가 가려고 합니다
休みを取ろうと思っています。
韓国
B 휴가 갈까 합니다
休みを取ろうかなと思っています。

使い方

動詞パッチム有・있다の語幹 ＋ 으려고 하다
動詞パッチム無語幹 ＋ 려고 하다

까 하다

「〜しようかなと思う」(計画段階の意図)

▼ 意味の解説

★ 初級

1 「動詞語幹＋ㄹ/을까 하다」➡「〜しようかなと思う」

yoheng-galka hamnida
여행갈까 합니다.（가＋ㄹ까 하＋ㅂ니다）
……旅行に行こうかなと思っています。

umagul turulka hamnida
음악을 들을까 합니다.（듣＋을까 하＋ㅂ니다）
……音楽を聴こうかなと思っています。

使い方

動詞パッチム有・있다の語幹 ＋ 을까 하다
動詞パッチム無語幹 ＋ ㄹ까 하다

고자 하다

「〜したいと・〜(さ)せていただきたいと思う」(公衆的意図)

意味の解説

中級・上級

1 「〜したいと思う・〜(さ)せて頂きたいと思う」

onurun yorobungwa hosimtanwehage uigyonul nanugoja hamnida
오늘은 여러분과 허심탄회하게 의견을 나누고자 합니다.
……今日は皆様とフラットに意見を交わしたいと思います。

chwegune hyonane tehe malssumdurigoja hamnida
최근의 현안에 대해 말씀드리고자 합니다.
……最近の懸案について述べさせて頂きたいと思います。

i dare kyongje tong-hyang-e tehe pogodurigoja hamnida
이 달의 경제 동향에 대해 보고드리고자 합니다.
……今月の経済動向についてご報告申し上げたいと思います。

2 「고자 하다」➡ 公衆的な意図なので、個人相手の場合には使わない。

使い方 動詞・있다の語幹 + 고자 하다

다시피 하다

「〜するのと同じだ・ほとんど〜した」

意味の解説

中級・上級

★ほとんどその状態になるぐらい何かをやるという意味。

ne chingunun uri chibeso saldasipi handa
내 친구는 우리 집에서 살다시피 한다.
……私の友達は我が家に住んでいるのと同じだ。

pamul seudasipi heso kyou kunnetta
밤을 새우다시피 해서 겨우 끝냈다.
……ほとんど徹夜してやっと終わらせた。

honjaso chongsorul ta hadasipi hetta
혼자서 청소를 다 하다시피 했다.
……一人でほとんど全部掃除をした。

使い方
動詞語幹 + 다시피 하다

★本来そのはずじゃなかったのが、期待はずれ、ほぼその状態になっている様。

면/으면 되다

「～すればいい」

096

意味の解説

★ 初級

1 「動詞語幹+면/으면 되다」➡「～すればいい」

tasotsikaji kamyon twemnida
5시까지 가면 됩니다.（가+면 되+ㅂ니다）
……5時までに行けばいいです。

neilkaji nemyon tweyo
내일까지 내면 돼요.（내+면 되+어요）
……明日までに出せばいいです。

noman almyon twe
너만 알면 돼.（알+면 되+어）……お前だけ知っていればいい。

使い方
動詞パッチム有・있다/없다の語幹 + 으면 되다
動詞パッチム無語幹 + 면 되다

면/으면 안되다

「～してはならない」

意味の解説

★ 初級

1 「～してはならない」

tamberul piumyon andwemnida
담배를 피우면 안됩니다.（피우+면 안되+ㅂ니다）
…… タバコを吸ってはなりません。

yogiesonun usumyon andweyo
여기에서는 웃으면 안돼요.（웃+으면 안되+어요）
…… ここでは笑ってはなりません。

使い方
動詞パッチム有・있다/없다の語幹 + 으면 안되다
動詞パッチム無語幹 + 면 안되다

아도/어도 되다

「～してもいい」

意味の解説

★ 初級

1 「～してもいい」

cho ot sado dweyo
저 옷 사도 돼요?（사+아도 되+어요?）
…… あの服、買ってもいいですか？

chonchol tado dwemnida
전철 타도 됩니다.（타＋아도 되＋ㅂ니다）
……電車乗ってもいいです。

中級・上級

2 「아도/어도 좋다」➡相手の行動が自分に都合のよいものと感じる時。
「아도/어도 되다」➡ 相手が行動することによって、その流れで出来事が成立すると思う時。

turowado choayo
들어와도 좋아요.（들어와도 됩니다）……入ってきてもいいです。

chonwa a nedo choayo
전화 안 해도 좋아요.（안 해도 됩니다）……電話しなくてもいいです。

使い方

動詞の陽母音語幹 ＋ 아도 되다

動詞の陰母音・있다/없다の語幹 ＋ 어도 되다

아야/어야 되다

「～しなければならない」

097

意味の解説

初級

1 「～しなければならない」

onulkaji kidaryoya dwemnida
오늘까지 기다려야 됩니다.（기다리＋어야 되＋ㅂ니다）
……今日まで待たなければなりません。

cho charul taya dwemnida
저 차를 타야 됩니다.（타＋아야 되＋ㅂ니다）
……あの電車に乗らなければなりません。

2 「〜아야/어야 되다」と「〜아야/어야 하다」は同じ意味。

ku yong-hwanun kok pwaya dwemnida
그 영화는 꼭 봐야 됩니다. （보＋아야 되＋ㅂ니다）

ku yong-hwanun kok pwaya hamnida
그 영화는 꼭 봐야 합니다. （보＋아야 하＋ㅂ니다）

…… その映画は絶対見なければいけません（なりません）。

使い方

動詞の陽母音語幹 ＋ 아야 되다

動詞・形容詞の陰母音・있다/없다・이다の語幹 ＋ 어야 되다

아야/어야 하다

「〜しなければいけない」

意味の解説

★ 初級

1 「〜しなければいけない」

onulkaji kidaryoya hamnida
오늘까지 기다려야 합니다. （기다리＋어야 하＋ㅂ니다）

…… 今日まで待たなければいけません。

cho charul taya hamnida
저 차를 타야 합니다. （타＋아야 하＋ㅂ니다）

…… あの電車に乗らなければいけません。

2 「〜아야/어야 하다」と「〜아야/어야 되다」は同じ意味。

ku chegul kok saya heyo
그 책을 꼭 사야 해요. （사＋아야 하＋어요）

…… その本を絶対買わなければなりません。

ku chegul kok saya dweyo
그 책을 꼭 사야 돼요. （사＋아야 되＋어요）

…… その本を絶対買わなければなりません。

使い方
動詞の陽母音語幹 ＋ 아야 하다
動詞・形容詞の陰母音・있다/없다・이다の語幹 ＋ 어야 하다

아야지/어야지(요)

「〜しなきゃいけない」

意味の解説

★ 初級

1 「動詞語幹＋아야지/어야지」➡「〜しなきゃいけない」

★そうするのが当然の流れなんだという意識が働く時に使われる。

mullon kayajiyo
물론 가야지요.（가＋아야지요）……もちろん行かなきゃいけませんね。

pumonika he juoyajiyo
부모니까 해 주어야지요.（주＋어야지요）
……親だからやってあげなきゃいけませんね。

taum talkajinun torawayajiyo
다음 달까지는 돌아와야지요.（돌아오＋아야지요）
……来月までには帰って来なきゃいけませんね。

使い方
動詞陽母音語幹 ＋ 아야지(요)
動詞陰母音・있다/없다・이다の語幹 ＋ 어야지(요)

것

「～すること」

▼ 意味の解説

098

★ 初級

1 「動詞語幹＋ㄹ/을 것」➡「～すること」

★命令の意味合いを込めて言う時に使われる。

achime ilchik ironal kot
아침에 일찍 일어날 것.（일어나＋ㄹ 것）……朝早く起きること。

pame ilchik turo-ol kot
밤에 일찍 들어올 것.（들어오＋ㄹ 것）……夜早く帰ってくること。

yogie charul seuji mal kot
여기에 차를 세우지 말 것.（세우＋지 말＋ㄹ 것）
……ここに車を止めないこと。

2 「～すること」➡「기」「ㄹ/을 것」

「기」➡ 約束事を作るような意味合いを持つ。

「ㄹ/을 것」➡ 相手に命令調で言う意味合いを持つ。

yolsienun chagi
A 10시에는 자기.……10時には寝ること。

yolsie chal kot
B 10시에 잘 것.

★「10시에는 자기」と言うと「10時には寝るようにしよう」という約束事の意識が働き、「10시에는 잘 것」と言うと「10時には寝なさい」という命令の意識が働く。

것(거) 있지(요)

「～していたんだよ、全く」

▼ 意味の解説

中級・上級

1 「動詞語幹＋는 것(거) 있지(요)」➡「～ていたのだ」

★「全く呆れてものが言えないですよ」という意識が働く時に使われる。

ku saram aka posu aneso chanun got go itchi
그 사람 아까 버스 안에서 자는 것(거) 있지.
……あの人、さっきバスの中で寝ていたんだよ。(全く)

honjaso challan chokkanun got go itchiyo
혼자서 잘난 척하는 것(거) 있지요.
……一人で自惚れていましたよ。(全く)

chonchol aneso kun soriro chonwahanun got go itchi
전철 안에서 큰 소리로 전화하는 것(거) 있지.
……電車の中で大声で電話していたんだよ。(全く)

2 「形容詞・動詞語幹＋ㄴ/은 것(거) 있지(요)」

chagi honjaso ta mogo borin go itchiyo
자기 혼자서 다 먹어 버린 거 있지요.
……自分一人で全部食べてしまったんですよ。(全く)

使い方

動詞語幹 ＋ 는 것(거) 있지(요)

動詞・形容詞パッチム有語幹 ＋ 은 것(거) 있지(요)

動詞・形容詞パッチム無語幹 ＋ ㄴ 것(거) 있지(요)

겸

「～兼」「～兼ねて」

意味の解説

★ 初級

1 「名詞＋겸＋名詞」➡「～兼～」

achim kyom chomsimul mogotta
아침 겸 점심을 먹었다.
……朝食兼昼食を食べた。

ku saramun kochi kyom sonsuida
그 사람은 코치 겸 선수이다.…あの人はコーチ兼選手だ。

2 「動詞語幹＋ㄹ/을 겸」➡「～兼ねて」

kimchido sal kyom sijang-e katta
김치도 살 겸 시장에 갔다.（사＋ㄹ 겸）
……キムチ買うのを兼ねて市場に行った。

chingudo mannal kyom pekwajome katta
친구도 만날 겸 백화점에 갔다.（만나＋ㄹ 겸）
……友達に会うのを兼ねてデパートに行った。

使い方

名詞 ＋ 겸

動詞パッチム有語幹 ＋ 을 겸

動詞パッチム無語幹 ＋ ㄹ 겸

거든(요)

「～んだ」「～んです」(主張の根拠)

意味の解説

中級・上級

1 「～んだ」「～んです」➡ 主張の根拠

han jan haja
A: 한 잔 하자. …… 一杯やろう。

andwe pumonimi osyotkodun
B: 안돼. 부모님이 오셨거든. …… だめ。両親が来てるんだよ。

monjo kalkeyo yaksogi itkodunyo
먼저 갈게요. 약속이 있거든요.
…… 先に行きます。約束があるんですよ。

nujoso chwesong-hamnida nutchamul chatkodunyo
늦어서 죄송합니다. 늦잠을 잤거든요.
…… 遅れてすみません。寝坊をしたんです。

monjo chalke neil ilchi gironaya hagodun
먼저 잘게. 내일 일찍 일어나야 하거든.
…… 先に寝るよ。明日早く起きなければならないんだ。

chinkuga ol kogodun
친구가 올 거거든. …… 友達が来る予定なんだ。

使い方 **動詞・形容詞・있다/없다・이다の語幹 + 거든**

韓国語学習の落とし穴　学習コラム⑤

부탁드립니다の意味

日本語では、お互いによく「よろしくお願いします」という挨拶を交わす。その「よろしくお願いします」は、本当にお願いをしなければならない時でも、そうじゃない時でも、時と場合によっては、こちらが世話をする立場にあったとしても使われる。その日本語の「よろしくお願いします」の訳として登場するのが、「잘 부탁드립니다」「잘 부탁합니다」である。では、その二つの使い方は、どうなのだろうか。日本と韓国との間で交流会を持っている組織、団体があって、今回は韓国の人たちが日本を訪れ、その歓迎のための懇親会の時に次のような挨拶を交わすとしよう。

ホスト側の日本人：～会長の中村です。今回もよろしくお願いします。
～회장 나카무라입니다. 이번에도 잘 부탁드립니다.
来日した韓国人：～代表の李です。よろしくお願いします。
～대표 이민수입니다. 잘 부탁드리겠습니다.

日本語文では何の違和感もないが、韓国語の会話を見ると、どちらがホストでどちらが世話を受ける立場なのかが分からない。その理由は「잘 부탁드립니다」という表現にある。「부탁」は、「付託」の音読みで、その意味は、お願いである。社交辞令ではなく、本当にお願いをしなければならない立場の人が使う表現なのである。従って、世話をする立場の日本人が、「잘 부탁드립니다」というのは、適切な使い方にはならない。この場合、挨拶として適切なのは、「잘 오셨습니다. ようこそいらっしゃいました」「체재하시는 동안 좋은 시간 되시길 빕니다. 滞在期間中、楽しくお過ごし下さい」などになる。

모음

6

接続表現関連

ここでは、接続語尾について解説していきます。

POINT

複雑な形を形成していますが、個々の意味はあまり重要ではありません。全体で何を意味するのか、そこが重要なのです。

전에

「～前に」

099

意味の解説

★ 初級

1 「～前に」

pabul mokki jone kidohamnida
밥을 먹기 전에 기도합니다. (먹+기 전에)
…… ご飯を食べる前に祈ります。

mun tatki jone palli kayo
문 닫기 전에 빨리 가요. (닫+기 전에)
…… 店を閉める前に早く行きましょう。

使い方 **動詞・形容詞・이다の語幹 + 기 전에**

길에

「～途中で」「～途中に」

意味の解説

★ 初級

1 「～途中で」「～途中に」

naganun gire ssuregi poryo juseyo
나가는 길에 쓰레기 버려 주세요. (나가+는 길에)
…… 出かける途中にゴミを捨てて下さい。

yogi onun gire chingu mannasso
여기 오는 길에 친구 만났어. (오+는 길에)
…… ここに来る途中で友達に会ったよ。

使い方 **動詞語幹 ＋ 는 길에**

길에

「〜ついでに」

▼ 意味の解説

100

★ 初級

1 「〜ついでに」➡「〜는 길에」「〜ㄴ/은 길에」

on imnun gime simburum jom hera
옷 입는 길에 심부름 좀 해라. (입＋는 길에)
…… 服を着るついでにちょっとお使い行ってきなさい。

yong-orul peunun gime togirodo peugo itta
영어를 배우는 길에 독일어도 배우고 있다. (배우＋는 길에)
…… 英語を習うついでにドイツ語も習っている。

sijang-e kan gime panchanul satta
시장에 간 길에 반찬을 샀다. (가＋ㄴ 길에)
…… 買い物に行っておかずも買った。

★「반찬」は韓国では一般的に買い物の対象にならないことからこの表現が使われる。

使い方

動詞語幹 ＋ 는 길에　　**形容詞 ＋ ㄴ/은 길에**

動詞語幹 ＋ ㄴ/은 길에　　**있다/없다の語幹 ＋ 는 길에**

意味のまとめ

動詞・있다/없다の語幹 ＋ 는 길에 ➡〜するついでに

動詞語幹 ＋ ㄴ/은 길에 ➡〜したついでに

통에

「～したために」(急な発生)

▼ 意味の解説

中級・上級

1 「～したために」➡「急な発生」

monjo ka borinun tong-e honjaso korogaya hetta
먼저 가 버리는 통에 혼자서 걸어가야 했다.
……(皆が) 先に帰ってしまったために一人で歩いていかなければならなかった。

kapchagi piga onun tong-e ta chojotta
갑자기 비가 오는 통에 다 젖었다.
……急に雨が降ったためにすっかり濡れてしまった。

使い方 **動詞語幹 + 는 통에**

바람에

「～したがために」(～の勢いで)

101

▼ 意味の解説

中級・上級

★予想だにしなかったことが起きて、その煽りを受けてある行動を余儀なくされたという意味。

1 「～したために」➡「～の煽りを受けて、～の勢いで、～の流れの中で」の意味。

sihabe chinun parame modu urotta
시합에 지는 바람에 모두 울었다.
…… 試合に負けたためにみんな泣いた。

ku munjerul tullinun parame torojyotta
그 문제를 틀리는 바람에 떨어졌다.
…… その問題を間違ったために落ちた。

시합에 지는 통에［×］➡急な発生にならないので成立しない。

그 문제를 틀리는 통에 떨어졌다［×］

➡急な発生にならないので成立しない。

무렵에

「～頃」

▼ 意味の解説

★ 初級

1 「名詞＋무렵」➡「～頃」

chonyok muryobe sonnimi chajawatta
저녁 무렵에 손님이 찾아왔다. （저녁＋무렵）
…… 夕方頃お客さんが訪ねてきた。

chajong muryobe kapchagi chonwaga kollyowatta
자정 무렵에 갑자기 전화가 걸려왔다. （자정＋무렵）
…… 夜中の12時ごろ突然電話がかかってきた。

2 「動詞語幹＋ㄹ/을 무렵에」➡「～する頃」

uriga kyoronal muryobenun amu gotto opsossoyo
우리가 결혼할 무렵에는 아무 것도 없었어요. （결혼하＋ㄹ 무렵에）
…… 私たちが結婚する頃には何もありませんでした。

ollimpigi yollil muryobe chulchang-ul kamnida
올림픽이 열릴 무렵에 출장을 갑니다. （열리＋ㄹ 무렵에）
…… オリンピックが開かれる頃、出張に行きます。

듯이

「～かのように」「～たかのように」

🔊 102

▼ 意味の解説

中級・上級

1 「～かのように」➡「～는 듯이」

ku saramun chagiga yong-orul charanun dusi maretta
그 사람은 자기가 영어를 잘하는 듯이 말했다.
…… **その人は自分の英語が上手であるかのように言った。**

2 「～たかのように」➡「～ㄴ/은 듯이」

chi chugun dusi choyonghada
쥐 죽은 듯이 조용하다. …… **水を打ったように静かだ。**

★ 原文は「ねずみが死んだかのように静かだ」という意味で、絶えず動き回るねずみも全く動きがないぐらい静かだという意味。

machi chagi nunuro pon dusi iyagihanda
마치 자기 눈으로 본 듯이 이야기한다.
…… **まるで自分の目で見たかのように話している。**

3 「～かのように」➡「～ㄹ/을 듯이」

parami pulmyon naragal tusi kabyopta
바람이 불면 날아갈 듯이 가볍다.
…… **風が吹いたら飛ばされそうに軽い。**

★「날아가다（飛んでいく）：飛ばされそうな軽さだ」という意味。

omoninun twil tusi kipohasyotta
어머니는 뛸 듯이 기뻐하셨다.
…… **お母さんは飛び上がるように喜んだ。**

4 「～것처럼（～かのように）」➡「～것 같다」の連用形。

「～듯이（～かのように）」➡「～듯하다」の連用形。

★「마치 지금 공부하는 것처럼（듯이） 이야기했다（あたかも勉強している最中かのように言った）」や「나는 절대로 용서 안 할 것처럼（듯이） 그 사람을 노려 봤다（私は、絶対に許さないと言わんばかりにその人を睨んだ）」のように、話し手のプライベートを言う場合には、「～것처럼」を使うのがよく、「지금이라도 중지할 듯이（것처럼） 보였다（今にも中止

するかのように見えた)」のように、公共的・観察的な言い方の場合には、「～듯이」が望ましい。

채(로)

「～たまま」

意味の解説

★ 初級

1 「～たまま」

san chero mokchi annun ge chotta
산 채로 먹지 않는 게 좋다. (사+ㄴ 채로)
…… 生で（生きたまま）食べないのがいい。

sonul maju chabun che amu maldo motetta
손을 마주 잡은 채 아무 말도 못했다. (잡+은 채)
…… 手を握り合ったまま何も言えなかった。

chae tan che amu maldo a netta
차에 탄 채 아무 말도 안 했다. (타+ㄴ 채)
…… 車に乗ったまま何も言わなかった。

使い方
動詞パッチム有語幹 ＋ 은 채(로)
動詞パッチム無語幹 ＋ ㄴ 채(로)

대로

「～通りに」「～たらそのまま」

意味の解説

103

★ 初級

★何かを行った、その状態をそのまま保ちながらの意味

1 「動詞語幹＋는 대로」➡「～する通りに」

nega maranun dero he
내가 말하는 대로 해. ……… 私の言うとおりにしなさい。

moinun dero soullo tonaseyo
모이는 대로 서울로 떠나세요.
……集まったらそのままソウルへ出発して下さい。

2 「動詞語幹＋ㄴ/은 대로」➡「～した通りに」

turun dero kudero haseyo
들은 대로 그대로 하세요. ……… 聞こえてきた通りにやって下さい。

3 「～ㄹ/을 대로」➡ 一部の動詞・形容詞に

choul tero he
좋을 대로 해. ……… 好きなようにしなさい。

4 「～ㄹ/을 대로 ～하다」➡「～しに～する」(極限)

chichil tero chichotta
지칠 대로 지쳤다. ……… 疲れに疲れた。

inkiga torojil tero torojyotta
인기가 떨어질 대로 떨어졌다.
……人気が落ちるところまで落ちた。

使い方

動詞語幹 ＋ 는 대로

動詞パッチム有語幹 ＋ 은·을 대로

動詞パッチム無語幹 ＋ ㄴ·ㄹ 대로

정도로

「〜するほど(程度)」

意味の解説

初級

1 「〜する程度」「〜するくらい」

meilgachi kyong-gijang-e kal chongdoro chukkurul choahanda
매일같이 경기장에 갈 정도로 축구를 좋아한다.（가+ㄹ 정도로）
……毎日のように競技場に行くくらいサッカーが好きだ。

ku saramun tarun saramul karuchil chongdoro chonmungaida
그 사람은 다른 사람을 가르칠 정도로 전문가이다.
（가르치+ㄹ 정도로）……あの人は他人を教えられるくらいの専門家だ。

achimjonyoguro chuul chongdoro ondoga torojotta
아침저녁으로 추울 정도로 온도가 떨어졌다.（춥+을 정도로）
……朝夕寒いぐらい気温が下がった。

使い方

動詞パッチム有語幹 ＋ 을 정도로

動詞パッチム無語幹 ＋ ㄹ 정도로

기만 하면

「〜さえ〜すれば」「〜と決まって〜する」

104

意味の解説

中級・上級

1 「〜さえ〜すれば」「〜と決まって〜する」「〜と必ず〜する」

harue samsippunssik twigiman hamyon sarul pel su itta
하루에 30분씩 뛰기만 하면 살을 뺄 수 있다.（뛰+기만 하면）
……一日30分ずつ走りさえすればやせられる。

chingurul mannagiman hamyon surul masyoyo
친구를 만나기만 하면 술을 마셔요. (만나+기만 하면)
……友達に会うと決まって（ほぼ欠かさず）お酒を飲みます。

charie ankiman hamyon chorayo
자리에 앉기만 하면 졸아요. (앉+기만 하면)
……席に座ったら決まって（必ず）居眠りをします。

使い方 **動詞語幹 + 기만 하면**

기에는(기는)

「～するには」

105

意味の解説

中級・上級

1 「～するには」

ije kumandugienun nomu nujotta
이제 그만두기에는 너무 늦었다. (그만두+기에는)
……もうやめるには遅すぎる。

kogieso hwiballyurul notkienun nomu molda
거기에서 휘발유를 넣기에는 너무 멀다. (넣+기에는)
……あそこでガソリンを入れるには遠すぎる。

yong-orul peugienun ajik iruda
영어를 배우기에는 아직 이르다. (배우+기에는)
……英語を習うにはまだ早い。

使い方 **動詞語幹 + 기에는(기는)**

기에 앞서

「～に当たって」「～に際して」

意味の解説

初級

1 「～に当たって」「～に際して」

hweirul sijakagie apso sajangnim insamalssumi itketsumnida
회의를 시작하기에 앞서 사장님 인사말씀이 있겠습니다.
（시작하＋기에 앞서）
……会議を始めるにあたりまして社長のご挨拶があります。

palpyohagie apso che sogerul hagetsumnida
발표하기에 앞서 제 소개를 하겠습니다.（발표하＋기에 앞서）
……発表にあたりまして自己紹介をします。

使い方 **動詞語幹 ＋ 기에 앞서**

기(가) 무섭게

「～や否や」

意味の解説

初級

1 「～や否や」

suobi kunnagiga musopke arubaitu haro ganda
수업이 끝나기가 무섭게 아르바이트 하러 간다.（끝나＋기가 무섭게）
……授業が終わるや否やバイトに行く。

yong-uijaga natanagi musopke kyongchari tullossatta
용의자가 나타나기 무섭게 경찰이 둘러쌌다. (나타나+기 무섭게)
…… 容疑者が現れるや否や警察が囲んだ。

munul yolgiga musopke sonnimi turowatta
문을 열기가 무섭게 손님이 들어왔다.
…… 開店するや否やお客様が入ってきた。

使い方
動詞語幹 + 기(가) 무섭게

때마다

「～の度に」「～する度に」

106

意味の解説

★ 初級

1 「～の度に」➡「名詞＋때마다」

me komsa temada chijokpannunda
매 검사 때마다 지적받는다. (검사＋때마다)
…… 毎回の検査の度に指摘を受ける。

chonun chulchang temada kok i kabang-ul ssoyo
저는 출장 때마다 꼭 이 가방을 써요. (출장＋때마다)
…… 私は出張の度に必ずこのかばんを使います。

2 「～する度に」➡「動詞語幹＋ㄹ/을 때마다」

chonchorul tal temada mannanun sarami itta
전철을 탈 때마다 만나는 사람이 있다. (타＋ㄹ 때마다)
…… 電車に乗る度に会う人がいる。

osul ibul temada hwaginamnida
옷을 입을 때마다 확인합니다. (입＋을 때마다)
…… 服を着る度に確認します。

使い方
動詞パッチム有語幹 ＋ 을 때마다
動詞パッチム無語幹 ＋ ㄹ 때마다

데다가

「～する上に」「～い(な)上に」

意味の解説

中級・上級

1 「～する上に」➡「動詞語幹＋는 데다가」

yudorul peunun dedaga tekwondokaji hamnida
유도를 배우는 데다가 태권도까지 합니다. (배우＋는 데다가)
…… 柔道を習っている上にテコンドーまでやります。

chanobi kesoktwenun dedaga saramkaji churotta
잔업이 계속되는 데다가 사람까지 줄었다. (계속되＋는 데다가)
…… 残業が続く上に人まで減った。

2 「～た上に」➡「動詞語幹＋ㄴ/은 데다가」

omoniga toragasin dedaga samchonkaji toragasyotta
어머니가 돌아가신 데다가 삼촌까지 돌아가셨다. (돌아가시＋ㄴ 데다가)
…… 母が亡くなった上に叔父まで亡くなった。

3 「～い(な)上に」➡「形容詞語幹＋ㄴ/은 데다가」

moriga choun dedaga undongdo chareyo
머리가 좋은 데다가 운동도 잘해요. (좋＋은 데다가)
…… 頭がいい上に運動も得意だ。

i kagenun ssan dedaga umsikto masissoyo
이 가게는 싼 데다가 음식도 맛있어요. (싸＋ㄴ 데다가)
…… この店は安い上に料理もおいしいです。

4 「～上に」➡「있다/없다の語幹＋는 데다가」

i keimun chemi-innun dedaga hagi swiwoyo
이 게임은 재미있는 데다가 하기 쉬워요. (재미있＋는 데다가)
…… このゲームは面白い上にやりやすいです。

5 「～上に」➡「이다の語幹＋ㄴ 데다가」

ku saramun koinin dedaga momdo yuyonada
그 사람은 거인인 데다가 몸도 유연하다. (거인이＋ㄴ 데다가)
…… あの人は巨漢である上に体も柔らかい。

셈 치고(는)

「～割に」「～と思って」

▼ 意味の解説

107

中級・上級

1 「～割に」➡「動詞語幹＋는 셈 치고(는)」

iron goseso hanun sem chigonun charanda
이런 곳에서 하는 셈 치고는 잘한다.
…… こんなところでやっている割には上手くいっている。

hanjokan goseso changsahanun sem chigonun sonnimi manun semida
한적한 곳에서 장사하는 셈 치고는 손님이 많은 셈이다.
…… 閑静なところで商売をやっている割には客が多いというわけだ。

2 「～と思って」➡「動詞語幹＋ㄴ/은 셈 치고」

nanun tonan sem chigo haseyo
나는 떠난 셈 치고 하세요.
…… 私はここからいなくなったと思ってやって下さい。

3 「～だと思って」➡「이다＋ㄴ 셈 치고」

4 「動詞・있다/없다語幹＋는 셈 치다」➡「～ことにする」「～と思う」

chonun omnun sem chiseyo
저는 없는 셈 치세요. …… 私はいないと思って下さい。

使い方

動詞・있다/없다の語幹 ＋ 는 셈 치고(는)

이다の語幹 ＋ ㄴ 셈 치고(는)

動詞パッチム有語幹 ＋ 은 셈 치고

動詞パッチム無語幹 ＋ ㄴ 셈 치고

意味のまとめ

動詞 + 는 셈 치고(는) ➡「～割には」
動詞 + ㄴ/은 셈 치고 ➡「～たと思って」
있다/없다 + 는 셈 치고 ➡「～ある・いる/ない・いないと思って」
이다 + ㄴ 셈 치고 ➡「～であると思って」

쯤 해서

「ぐらいで、～の辺で、～あたりに」

▼ 意味の解説

中級・上級

1 「時間名詞＋쯤 해서」➡「～ぐらいで、～の辺で、～あたりに」

yolsichum heso sonnimi ol komnida
10시쯤 해서 손님이 올 겁니다.
……10時ぐらいにお客さんが来ると思います。

ichum heso kumandugetsumnida
이쯤 해서 그만두겠습니다. ……この辺でやめます。

neilchum heso han jan hapsida
내일쯤 해서 한 잔 합시다. ……明日あたりで一杯やりましょう。

고

「～て」(並べ立て)

108

意味の解説

★ 初級

1 「～て」➡ 二つの文の並べ立て

★前の文と後ろの文は引っくり返しても同じ内容になる。

nanun sinmunul pogo tongseng-un terebirul pomnida
나는 신문을 보고 동생은 테레비를 봅니다. (보＋고)
…… 私は新聞を見て弟はテレビを見ています。

tongseng-un terebirul pogo nanun sinmunul pomnida
동생은 테레비를 보고 나는 신문을 봅니다. (보＋고)
…… 弟はテレビを見、私は新聞を見ています。

ku saramun choroppetko chonun motetsumnida
그 사람은 졸업했고 저는 못했습니다. (졸업했＋고)
…… 彼は卒業して私はできませんでした。

chonun chorobul motetko ku saramun hetsumnida
저는 졸업을 못했고 그 사람은 했습니다. (못했＋고)
…… 私は卒業できず、彼はしました。

yoginun tatutago koginun chupsumnida
여기는 따뜻하고 거기는 춥습니다. (따뜻하＋고)
…… ここは暖かくて、あそこは寒いです。

koginun chupko yoginun tatutamnida
거기는 춥고 여기는 따뜻합니다. (춥＋고)
…… あそこは寒くて、ここは暖かいです。

2 「～て」➡ 二つの文の時間的な並べ立て。

★前の文と後ろの文は引っくり返すことができない。

uneng-eso tonul chatko chomsimul mogotta
은행에서 돈을 찾고 점심을 먹었다. (찾＋고)
…… 銀行でお金を下ろして（それから）お昼を食べた。

sukcherul hago noratta
숙제를 하고 놀았다. …… 宿題をして（それから）遊んだ。(하＋고)

pallerul kunnego charul masyotta
빨래를 끝내고 차를 마셨다.
…… 洗濯を終えて（それから）お茶を飲んだ。

中級・上級

3 「～고」➡ 並べ立て

「～아서/어서」➡ 継起の因果

★「은행에서 돈을 찾고 점심을 먹었다」と「은행에서 돈을 찾아서 점심을 먹었다」は両方とも銀行からお金を下ろし、それから お昼を食べたという意味になるが、下ろしたお金でお昼を食べたのは「찾아서」である。「아서/어서」が因果の意味を持つからである。

使い方 **動詞・形容詞・있다/없다・이다の語幹 ＋ 고**

고 보니

「～てみれば」

意味の解説

中級・上級

1 「～てみれば」

kurogo boni eduri omneyo
그러고 보니 애들이 없네요.
…… そういえば子供たちがいませんね。

irul machigo boni onudot pamiotta
일을 마치고 보니 어느덧 밤이었다.
…… 仕事を終えてみるといつのまにか夜だった。

maksang tonago boni kajogi kuripsumnida
막상 떠나고 보니 가족이 그립습니다.
…… いざ離れてみたら家族が懐かしいです。

使い方 **動詞・있다/없다の語幹 ＋ 고 보니**

다(가) 보니

「～していて～が分かる(に気付く)」

意味の解説

109

中級・上級

1 「～していたら」

seroun kigerul ssudaga boni munjega manta
새로운 기계를 쓰다가 보니 문제가 많다.
…… 新しい機械を使っていて問題が多いことが分かった。

sinmunul iltaga boni chingue kisaga sillyo issotta
신문을 읽다가 보니 친구의 기사가 실려 있었다.
…… 新聞を読んでいて友達の記事が載っていることに気付いた。

angyong-i opta poni kulssirul ilgul suga opta
안경이 없다 보니 글씨를 읽을 수가 없다.
…… メガネがないと字が読めない。

使い方

動詞・있다/없다の語幹 ＋ 다(가) 보니

고 해서

「～たのもあって」「～たこともあって」

意味の解説

中級・上級

1 「～たのもあって」「～たこともあって」

orenmane chingudo mannago heso han jan haryogo hamnida
오랫만에 친구도 만나고 해서 한 잔 하려고 합니다.
……久しぶりに友達に会ったのもあって一杯やろうと思います。

pido ogo heso ilchik kamnida
비도 오고 해서 일찍 갑니다.
……雨が降っていることもあって早く帰ります。

onurun ildo opko heso ilchik munul tadatsumnida
오늘은 일도 없고 해서 일찍 문을 닫았습니다.
……今日は仕事がないのもあって早く店を閉めました。

使い方 動詞・形容詞・있다/없다・이다の語幹 + 고 해서

고 하니까

「～ことだし」

意味の解説

中級・上級

1 「～ことだし」

pido ogo hanika ilchik kaseyo
비도 오고 하니까 일찍 가세요.
……雨も降っていることですし、早く帰って下さい。

고 나서

「〜してから」

110

意味の解説

★ 初級

1 「〜してから」

igo ta kunnego naso norara
이거 다 끝내고 나서 놀아라. (끝내+고 나서)
…… これを全部終わらせてから遊びなさい。

miri muro bogo naso kaseyo
미리 물어 보고 나서 가세요. (물어 보+고 나서)
…… 前もって聞いてみてから行ってください。

haruga chinago naso kokchongdwegi sijaketta
하루가 지나고 나서 걱정되기 시작했다. (지나+고 나서)
…… 一日が過ぎてから心配になり始めた。

使い方　動詞・있다の語幹 + 고 나서

아서/어서

「〜して」(継起の因果)

意味の解説

★ 初級

★Aの成立が「因」となり、それによってBの「果」が成立するという意味。

1 「〜て(原因)」

★ある出来事が成立したのを踏まえて次の出来事が成立する時に使われる。

chibe kaso mogupsida
집에 가서 먹읍시다. (가+아서) …… 家に帰って食べましょう。

neil waso poseyo
내일 와서 보세요. (오+아서) …… 明日来てみて下さい。

2 「〜て（原因）」

★ある出来事の動きや状態が成立している上で次の動きや状態が成立する時に使われる。

chipkaji soso wassoyo
집까지 서서 왔어요. (서+어서)
…… 家まで立ちっぱなしで帰ってきました。

uijae anjaso sinmunul pwatta
의자에 앉아서 신문을 봤다. (앉+아서)
…… 椅子に座って新聞を読んだ。

3 「〜て（原因理由）」

tariga apaso mot kayo
다리가 아파서 못 가요. (아프+아서) …… 足が痛くて行けません。

kega musowoso mot turogayo
개가 무서워서 못 들어가요. (무섭+어서) …… 犬が怖くて入れません。

4 「〜ので（原因理由）」

amudo opsoso simsimeyo
아무도 없어서 심심해요. (없+어서)
…… 誰もいないのでつまらないです。

ku chibun pissaso an gayo
그 집은 비싸서 안 가요. (비싸+아서)
…… あの店は高いので行きません。

中級・上級

5 「았어서/었어서」という表現は存在しない。

★後ろの文が過去形になっていれば「아서/어서」も過去のものと見なされる。

chusunun ta masyoso opsoyo
주스는 다 마셔서 없어요.
…… ジュースは全部飲んだのでありません。

nutcham jaso honnassoyo
늦잠 자서 혼났어요. …… 寝坊したので怒られました。

使い方

動詞・形容詞の陽母音語幹 + 아서

動詞・形容詞の陰母音語幹・있다/없다・이다の語幹 + 어서

아서/어서 그런지

「〜からか」

111

意味の解説

中級・上級

1 「〜するからか」「〜たからか」「〜い（だ）からか」

meil undong-ul heso kuronji yosenun himi an duroyo
매일 운동을 해서 그런지 요새는 힘이 안 들어요.
……毎日運動をしているせいか最近はあまり疲れません。

choun jibeso charaso kuronji sarami choayo
좋은 집에서 자라서 그런지 사람이 좋아요.
……いい家で育ったからか人がいいです。

sarami manaso kuronji pyollo an chinjoreyo
사람이 많아서 그런지 별로 안 친절해요.
……人が多いからなのかあまり親切じゃありません。

ommaga opsoso kuronji chibi ssollong-haguna
엄마가 없어서 그런지 집이 썰렁하구나.
……お母さんがいないせいか家が寂しいね。

使い方

動詞・形容詞の陽母音語幹 + 아서 그런지

動詞・形容詞の陰母音語幹・있다/없다・이다の語幹 + 어서 그런지

아/어 가지고

「～て、それで」

意味の解説

中級・上級

1 「～て、それで」

kapchagi piga wa gajigo kiri mani makinda
갑자기 비가 와 가지고 길이 많이 막힌다.
……急に雨が降って、それで道が混んでいる。

kibuni nomu choa gajigo han jan hetta
기분이 너무 좋아 가지고 한 잔 했다.
……気分がとてもいいので、それで一杯やった。

nomu kipo gajigo kongchungkongchung twinda
너무 기뻐 가지고 껑충껑충 뛴다.
……あまりにも嬉しくて跳びはねる。

使い方
動詞・形容詞の陽母音語幹 + 아 가지고
動詞・形容詞の陰母音語幹・있다/없다の語幹 + 어 가지고

아/어 보니까

「～してみたら」「～してみると」

意味の解説

初級

1 「～してみたら」「～してみると」

ka bonika ku yong-hwa aju chemi-ittora
가 보니까 그 영화 아주 재미있더라. (가+아 보니까)
……行ってみたらその映画はとても面白かったよ。

ku chip mogo bonika masittora
그 집 먹어 보니까 맛있더라. (먹+어 보니까)
……そのお店、食べてみたらおいしかったよ。

maksang ku sarami tona bonika aswipta
막상 그 사람이 떠나 보니까 아쉽다. (떠나+아 보니까)
……いざあの人がいなくなったら名残り惜しい。

twio bonika mot twil korido anida
뛰어 보니까 못 뛸 거리도 아니다. (뛰+어 보니까)
……走ってみると走れない距離でもない。

使い方

動詞の陽母音語幹 + 아 보니까
動詞の陰母音語幹・있다 + 어 보니까

지만

「〜けど」「〜が」

意味の解説

★ 初級

1 「〜けど」「〜が」

nanun kajiman i saramun an gamnida
나는 가지만 이 사람은 안 갑니다. (가+지만)
……私は行くけどこの人は行きません。

i saramun an gajiman nanun kamnida
이 사람은 안 가지만 나는 갑니다. (가+지만)
……この人は行かないけど私は行きます。

ojenun pwatchiman onurun mot pwatsumnida
어제는 봤지만 오늘은 못 봤습니다. (보+았+지만)
……昨日は見たけど今日は見ていません。

onurun mot pwatchiman ojenun pwatsumnida
오늘은 못 봤지만 어제는 봤습니다. (보+았+지만)
……今日は見ていないけど、昨日は見ました。

★「못 봤습니다」➡ 不可能ではなく、不許容の意味。「안 봤습니다」は自

分の意志で見ていないという意味になってしまうので、見るということが自分に許されていないという意味を込め、「못 봤습니다」という。

ku pekwajomun pissajiman mulgonun chotta
그 백화점은 비싸지만 물건은 좋다.（비싸＋지만）
……あのデパートは高いけどものはいい。

yoginun chinjorajiman pyollo masi opta
여기는 친절하지만 별로 맛이 없다.（친절하＋지만）
……ここは親切だけどあまりおいしくない。

ojenun towotchiman onurun pyollo an dopta
어제는 더웠지만 오늘은 별로 안 덥다.（덥＋었＋지만）
……昨日は暑かったけど今日はあまり暑くない。

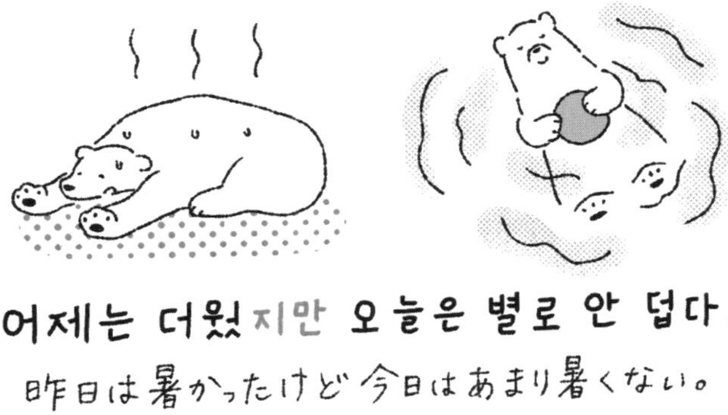
어제는 더웠지만 오늘은 별로 안 덥다.
昨日は暑かったけど今日はあまり暑くない。

nanun chodunghakseng-ijiman kiga pekchilsipsenchi-ida
나는 초등학생이지만 키가 170센티이다.（초등학생＋이＋지만）
……私は小学生だけど身長が170センチだ。

使い方 **動詞・形容詞・있다/없다・이다の語幹 ＋ 지만**

아도/어도

「～ても」

112

意味の解説

初級

1 「～ても」

onul kado tweyo
오늘 가도 돼요? （가＋아도）……今日行ってもいいですか。

ije norado choa
이제 놀아도 좋아.（놀＋아도）……もう遊んでもいいよ。

chemiopsodo unnunda
재미없어도 웃는다.（재미없＋어도）……面白くなくても笑う。

amuri mosi issodo an mannal koeyo
아무리 멋이 있어도 안 만날 거예요.（있＋어도）
……どんなにカッコよくても会わないつもりです。

使い方
動詞・形容詞の陽母音語幹 ＋ 아도
動詞・形容詞の陰母音語幹・있다/없다・이다の語幹 ＋ 어도

나/으나

「～ても」（低価値）

意味の解説

中級・上級

1 「～ても」➡ 低価値

odil kana machangajida
어딜 가나 마찬가지다.……どこに行っても同じだ。

★どこに行ってもいい効果が期待できないのは同じだという意味。

chigum sijakana neil sijakana tokkatta
지금 시작하나 내일 시작하나 똑같다.
…… 今始めても明日始めても同じだ。

면/으면

「～ば」「～たら」「～と」

▼ 意味の解説

★ 初級

1 「～ば」「～たら」「～と」

neil kamyon onje omnika
내일 가면 언제 옵니까?（가＋면）
…… 明日行ったらいつ戻って来ますか？

igo mani samyon kakka jumnika
이거 많이 사면 깎아 줍니까?（사＋면）
…… これ、たくさん買ったらまけてくれますか？

onul chonwahamyon padul komnida
오늘 전화하면 받을 겁니다.（전화하＋면）
…… 今日電話すれば出ると思います。

使い方

動詞・形容詞パッチム有語幹・있다/없다の語幹 ＋ 으면
動詞・形容詞パッチム無語幹・이다の語幹 ＋ 면

려면/으려면

「〜するには」「〜たければ」

▼ 意味の解説

🔈113

★ 初級

1 「〜するには」「〜たければ」

kogi karyomyon ottoke heya dwemnika
거기 가려면 어떻게 해야 됩니까? (가+려면)
……あそこに行くにはどうすればいいのですか?

igo pallyomyon iyagihaseyo
이거 팔려면 이야기하세요. (팔+려면)
……これ、売りたかったら言ってください。

yong-o chararyomyon choun sonseng-nimi piryohamnida
영어 잘하려면 좋은 선생님이 필요합니다. (잘하+려면)
……英語が上手になるには(なりたかったら)いい先生が必要です。

使い方

動詞パッチム有・있다の語幹 + 으려면

動詞パッチム無語幹 + 려면

러/으러

「～しに」(目的)

意味の解説

★ 初級

1 「～しに」の意味。

mwo haro kamnika
뭐 하러 갑니까? (하+러) 何しに行きますか?

chingu mannaro kamnida
친구 만나러 갑니다. (만나+러) 友達に会いに行きます。

ton chajuro uneng-e kassoyo
돈 찾으러 은행에 갔어요. (찾+으러)
お金を下ろしに銀行に行きました。

使い方
動詞パッチム有語幹 + 으러
動詞パッチム無語幹 + 러

려고/으려고

「～しようと(思って)」

意味の解説

★ 初級

1 「～しようと(思って)」

koginun neil karyogo hago itsumnida
거기는 내일 가려고 하고 있습니다. (가+려고)
あそこには明日行こうと思っています。

kunyang sonmurul paduryogo hamnida
그냥 선물을 받으려고 합니다. (받+으려고)
…… そのままプレゼントを受け取ろうと思っています。

onurun honja issuryogo hamnida
오늘은 혼자 있으려고 합니다. (있+으려고)
…… 今日は一人でいようと思います。

使い方

動詞パッチム有語幹・있다の語幹 + 으려고

動詞パッチム無語幹 + 려고

려고/으려고 해도

「～しようと思っても」

114

意味の解説

★ 初級

1 「～しようと思っても」

kachi han jan haryogo hedo sarami opsoyo
같이 한 잔 하려고 해도 사람이 없어요. (하+려고 해도)
…… 一緒に一杯やろうと思っても人がいません。

umsigul mandullyogo hedo chejuga opsoyo
음식을 만들려고 해도 재주가 없어요. (만들+려고 해도)
…… 料理を作ろうと思っても（肝心の）腕がありません。

chibeso swiryogo hedo edul temune mot swioyo
집에서 쉬려고 해도 애들 때문에 못 쉬어요. (쉬+려고 해도)
…… 家で休もうと思っても子供たちのせいで休めません。

使い方

動詞パッチム有語幹・있다の語幹 + 으려고 해도

動詞パッチム無語幹 + 려고 해도

ㄹ래도/을래도

「～しようとしても」

意味の解説

中級・上級

1 「～しようとしても」

chigum kalledo chaga opta
지금 갈래도 차가 없다. (가+ㄹ래도) …… 今行こうとしても車がない。

challedo chal kosi opta
잘래도 잘 곳이 없다. (자+ㄹ래도)
…… 寝ようとしても寝るところがない。

yogie namulledo issul kosi opta
여기에 남을래도 있을 곳이 없다. (남+을래도)
…… ここに残ろうとしても居場所がない。

使い方

動詞パッチム有語幹・있다の語幹 ＋ 을래도

動詞パッチム無語幹 ＋ 래도

려거든/으려거든

「～しようと思うなら」「～するんだったら」

115

意味の解説

中級・上級

1 「～しようと思うなら」「～するんだったら」

chibe toragasiryogodun teksirul taseyo
집에 돌아가시려거든 택시를 타세요.
…… 家に帰られるのならタクシーに乗って下さい。

ohue nollyogodun sukche ta he
오후에 놀려거든 숙제 다 해.
…… 午後遊ぼうと思うなら宿題を全部やりなさい。

pap hasiryogodun i papsot ssuseyo
밥 하시려거든 이 밥솥 쓰세요.
…… ご飯を炊かれるんだったら、この炊飯ジャーを使って下さい。

使い方

動詞パッチム有語幹・있다の語幹 ＋ 으려거든
動詞パッチム無語幹 ＋ 려거든

면서/으면서(도)

「～ながら」(同時進行、同時状態)

▼ 意味の解説

★ 初級

1 「同時進行」➡「～ながら」

kopi masimyonso kongbuhamnida
커피 마시면서 공부합니다. (마시＋면서)
…… コーヒーを飲みながら勉強しています。

chamyonso korul komnida
자면서 코를 곱니다. (자＋면서) …… 寝ながらいびきをかきます。

2 「同時状態」➡「～ながらも」

chinguimyonso saiga an joayo
친구이면서 사이가 안 좋아요. (친구＋이＋면서)
…… 友達でありながら仲がよくありません。

mani mogumyonso tonul an nemnida
많이 먹으면서 돈을 안 냅니다. (먹＋으면서)
…… たくさん食べるのにお金を出しません。

使い方

動詞・形容詞のパッチム有・있다/없다の語幹 ＋ 으면서(도)
動詞・形容詞のパッチム無・이다の語幹 ＋ 면서(도)

며/으며

「〜していて」「〜で」「〜ながら」(同時に)

🔊 116

意味の解説

中級・上級

1 「動詞・있다・이다の語幹＋며/으며」

➡「〜していて」「〜ながら」(文章体)

nanun usumyo maretta
나는 웃으며 말했다. ……… 私は笑いながら言った。

omyo gamyo mannanun saramdul
오며 가며 만나는 사람들. ……… 行き交いながら会う人たち。

★行くことと来ることを皆が同時に行っているうちに会うという意味。

yonerul wonamyo kyoronul wonanda
연애를 원하며 결혼을 원한다. ……… 恋愛を欲しつつ結婚を欲する。

★恋愛を求めながらそれと同時に結婚を求めるという意味。

使い方

動詞パッチム有語幹・있다の語幹 ＋ 으며

動詞パッチム無語幹・이다の語幹 ＋ 며

수록

「〜ほど」

意味の解説

初級

1 「〜ば〜ほど」➡「〜면 〜ㄹ/을수록」

yongurul hamyon halsurok oryopta
연구를 하면 할수록 어렵다. (하+면 하+ㄹ수록)
…… 研究をすればするほど難しい。

yoksanun almyon alsurok chemi-itta
역사는 알면 알수록 재미있다. (알+면 알+ㄹ수록)
…… 歴史は知れば知るほど面白い。

chu-umyon chu-ulsurok chibeman issumyon andwenda
추우면 추울수록 집에만 있으면 안된다. (춥+으면 춥+을수록)
…… 寒ければ寒いほど家にばかりいてはいけない。

2 「～ほど」➡「～ㄹ/을수록」

ssalsurok chota
쌀수록 좋다. …… 安いほどいい。(싸+ㄹ수록)

saramun chulsehalsurok namul towa juoya handa
사람은 출세할수록 남을 도와 주어야 한다. (출세하+ㄹ수록)
…… 人間は出世するほど人を助けなければならない。

使い方

動詞・形容詞のパッチム有・있다/없다の語幹 + 을수록
動詞・形容詞のパッチム無・이다の語幹 + ㄹ수록

든지

「～か」(選択)

117

意味の解説

中級・上級

1 「～か」➡ 選択

ojone mannadunji ohue mannadunji onu chokto kwenchansumnida
오전에 만나든지 오후에 만나든지 어느 쪽도 괜찮습니다.
…… 午前会うか午後会うかはどちらでもかまいません。

kadunji maldunji maumdero haseyo
가든지 말든지 마음대로 하세요.
…… 行こうが行くまいが好きにしてください。

★行く方を選ぶのか行かない方を選ぶのか好きにしなさいという意味。

kekutadunji maldunji singyongssuji annunda
깨끗하든지 말든지 신경쓰지 않는다.
…… きれいだろうがきれいであるまいが気にしない。

使い方
動詞・形容詞・있다/없다・이다の語幹 + 든지

나 마나

「～ても」(無駄)

▼ 意味の解説

中級・上級

1 「～ても」(無駄)

★してもしなくても大勢には全く影響がないという意味。

chigum kana mana amu soyong-opta
지금 가나 마나 아무 소용없다. (가+나 마나)
…… 今行っても何の役にも立たない。

taioto hana mana sari an pajinda
다이어트 하나 마나 살이 안 빠진다. (하+나 마나)
…… ダイエットしてもやせない。

tehagul choropana mana chuijikto motago itta
대학을 졸업하나 마나 취직도 못하고 있다. (졸업하+나 마나)
…… 大学を卒業しても就職もできずにいる。

使い方
動詞パッチム有・있다の語幹 + 으나 마나
動詞パッチム無語幹 + 나 마나

거나

「～たり」

🔊 118

▼ 意味の解説

★ 初級

1 「～たり」

terebirul pogona chegul ilkona heyo
테레비를 보거나 책을 읽거나 해요. (보＋거나, 읽＋거나)
…… テレビを見たり本を読んだりします。

apugona hamyon himduroyo
아프거나 하면 힘들어요. (아프＋거나)
…… 具合が悪かったりすると大変です。

sarami mankona chokkona sanggwanopsoyo
사람이 많거나 적거나 상관없어요. (많＋거나, 적＋거나)
…… 人が多かったり少なかったりしても気にしません。

kibuni chotkona napul te kakum masyoyo
기분이 좋거나 나쁠 때 가끔 마셔요. (좋＋거나)
…… いいことがあったり落ち込んだりすると、時々(お酒を)飲みます。

sigani opkona hamyon kakum teksi tayo
시간이 없거나 하면 가끔 택시 타요. (없＋거나)
…… 時間がなかったりすると時折タクシーに乗ります。

使い方 動詞・形容詞語幹・있다/없다の語幹 ＋ 거나

자마자

「～てすぐに」

意味の解説

初級

1 「～てすぐに」「～や否や」

charie nupchamaja chami turotta
자리에 눕자마자 잠이 들었다.（눕＋자마자）
……席に横になってすぐに寝た。

abojiga nagajamaja terebirul kyotta
아버지가 나가자마자 테레비를 켰다.（나가＋자마자）
……お父さんが出かけたらすぐにテレビをつけた。

iyagiga kunnajamaja pakaturo nagatta
이야기가 끝나자마자 바깥으로 나갔다.（끝나＋자마자）
……話が終わってすぐに外に出た。

使い方 動詞語幹 ＋ 자마자

느니（차라리）

「～ぐらいだったらいっそのこと～する」

意味の解説

中級・上級

1 「～ぐらいだったらいっそのこと～する」

iron deso sanuni charari tentu-eso salgetta
이런 데서 사느니 차라리 텐트에서 살겠다.
……こんなところで暮らすぐらいだったらいっそのことホームレスになるわ。

iron gol mongnuni kumketta
이런 걸 먹느니 굶겠다.
…… こんなものを食べるぐらいだったらいっそのこと断食する。

★ 食べるに値しないものを与えられて立腹した時に使われるもので、こんなものを食べるぐらいだったら何も食べない方がましだという意味。

kumnuni amu korado mokketta
굶느니 아무 거라도 먹겠다.
…… お腹がすく思いをするぐらいなら何だって食べるね。

★お腹すいて飢えをおぼえるくらいだったら、それが何であろうが食べるねと言う意味。

使い方

動詞・있다/없다の語幹 ＋ 느니（차라리）

지언정

「〜したとしても」

119

意味の解説

中級・上級

1 「〜したとしても」

nega ogurage chugulchionjong mal mo tamnida
내가 억울하게 죽을지언정 말 못 합니다.
…… 私が悔しい死に方をしたとしても、言えません。

idero sarajilchionjong ne irumun namul kosida
이대로 사라질지언정 내 이름은 남을 것이다.
…… (私が) このまま消え去ったとしても私の名は語り継がれるだろう。

使い方

動詞パッチム有語幹 ＋ 을지언정

動詞パッチム無語幹 ＋ ㄹ지언정

다가

「～していて」「～しているうちに」「～している時に」「～していたが」

▼ 意味の解説

★ 初級

1 「～していて」「～しているうちに」「～している時に」「～していたが」

★ Aが展開している間にBに遭遇し、しまいにはBに移行することを表す。「공부하다가 잠이 들었다（勉強しているうちに寝た）」「영화를 보다가 울었다（映画を見ていて泣いた）」「계단을 내려가다가 넘어졌다（階段を降りる時に転んだ）」「같이 술을 마시다가 싸웠다（一緒にお酒を飲んでいて喧嘩した）」「서울에서 살다가 부산으로 이사갔다（ソウルに住んでいたがプサンに引っ越して行った）」などである。

uneng-e kadaga chingurul mannassoyo
은행에 가다가 친구를 만났어요.（가＋다가）
…… 銀行に向かう途中で友達に会いました。

chibe odaga kyotongsagorul pwatsumnida
집에 오다가 교통사고를 봤습니다.（오＋다가）
…… 家に帰ってくる時に交通事故を見ました。

chonwaro haryodaga chikchop chajagatsumnida
전화로 하려다가 직접 찾아갔습니다.（하＋려＋다가）
…… 電話で言おうとしていたが、直接訪ねて行きました。

hwarul neryodaga chamassoyo
화를 내려다가 참았어요.（내＋려＋다가）
…… 怒ろうと思ったが、堪えました。

使い方 動詞・形容詞・있다の語幹 ＋ 다가

다가는

「〜していたら」「〜していては」

120

意味の解説

中級・上級

1 「〜していたら」「〜していては」

★Aを展開し続けるとほぼ間違いなくBに遭遇し、しまいにはBに移行することを表す。

idero kadaganun ta pamyorida
이대로 가다가는 다 파멸이다.
……このまま進んでいってはみんな破滅だ。

iron chasero iradaganun chigoppyong-e kollimnida
이런 자세로 일하다가는 직업병에 걸립니다.
……こんな姿勢で働いていたら職業病にかかります。

kurotke hamburo maradaganun kunnillamnida
그렇게 함부로 말하다가는 큰일납니다.
……そんなに好き勝手に言っていたら大変なことになりますよ。

使い方 動詞・形容詞・있다の語幹 ＋ 다가는

았다가/었다가

「〜して〜(した)」「〜したが〜(した)」

意味の解説

中級・上級

1 「〜して〜(した)」「〜したが〜(した)」

★Aを展開した結果、Bに遭遇し、Bになってしまったことを表す。

surul mani masyottaga honnatsumnida
술을 많이 마셨다가 혼났습니다.
……お酒を飲みすぎて酷い目に合いました。

yojachingurul kidaryottaga kyolguk param majatsumnida
여자친구를 기다렸다가 결국 바람 맞았습니다.
……彼女を待っていたけど結局振られました。

yonguk poro gattaga hotangchotsumnida
연극 보러 갔다가 허탕쳤습니다.
……演劇を見に行ったけど空振りでした。

使い方

動詞陽母音語幹 ＋ 았다가

動詞陰母音語幹・있다の語幹 ＋ 었다가

았다/었다 았다/었다 하다

「〜たり〜たりする」

意味の解説

★ 初級

1 「〜たり〜たりする」

★相反する二つの行動を繰り返して行っているという意味。

we hetta a netta heyo
왜 했다 안 했다 해요? (하+었다 안 하+었다 하+어요?)
……どうしてやったりやらなかったりするのですか？

sonul no-otta petta hamnida
손을 넣었다 뺐다 합니다. (넣+었다 빼+었다 하+ㅂ니다)
……手を入れたり抜いたりしています。

kogerul sugyotta turotta heyo
고개를 숙였다 들었다 해요. (숙이+었다 들+었다 하+어요)
……頭を下げたり上げたりしています。

使い方

動詞・形容詞・있다/없다の語幹 ＋ 았/었다 았/었다 하다

더니

「〜なと思っていたら」(経験実行発見形：他人)

🔊 121

意味の解説

中級・上級

1 「〜なと思っていたら」(経験実行発見形：他人)

★第三者の行動・状態Aを見守っていたら、その結果によるBの出来事を発見したという意味。

meilgachi masidoni surojigo maratta
매일같이 마시더니 쓰러지고 말았다.
……毎日飲むなと思っていたら倒れてしまった。

★毎日のように飲んでいたのは、第三者で、倒れてしまったのも第三者。それを見守る話し手の言い方。

toni kurotke mantoni ta nallyosso
돈이 그렇게 많더니 다 날렸어?
……そんなにたくさんのお金を全部すったの？

chibi moroso koseng-hadoni chal twenne
집이 멀어서 고생하더니 잘 됐네.
……家が遠くて苦労しているんだと思っていたらよかったね。

使い方
動詞・形容詞・있다/없다・이다の語幹 + 더니

았더니/었더니

「～たら」(経験実行発見形：自分)

意味の解説

中級・上級

1 「～たら」(経験実行発見形：自分)

★話し手がある行動Aを起こしてみたらその結果としてBを発見することができたという意味。

samusire ilchik kattoni amudo opssota
사무실에 일찍 갔더니 아무도 없었다.
……事務室に早く行ったら誰もいなかった。

harujong-il terebirul pwattoni nuni apuda
하루종일 테레비를 봤더니 눈이 아프다.
……一日中テレビを見たら目が痛い。

naje chonwahettoni charie optora
낮에 전화했더니 자리에 없더라.
……昼電話したら席にいなかったよ。

★昼電話したのは話し手で、席にいなかったのは相手。「더니」は第三者の出来事に使われ、「았/었더니」は話し手の出来事に対する相手や第三者の出方を言いたい時に使われる。

使い方

動詞陽母音語幹 + 았더니

動詞陰母音語幹・있다の語幹 + 었더니

았더라면/었더라면

「〜たなら」「〜たら」(経験仮定願望形)

▼ 意味の解説

(🔊 122)

中級・上級

1 「〜たなら」「〜たら」(仮定願望形)

★もしもAを実行していたらBが得られたはずなのにという意味。

monjo arattoramyon kuron nirun opsossul koya
먼저 알았더라면 그런 일은 없었을 거야.
…… 前もって分かっていたなら、そんなことはなかったはずだ。

meil pwattoramyon choassul tende
매일 봤더라면 좋았을 텐데. …… 毎日見ていたらよかっただろうに。

ilchik ironattoramyon pol su issotta
일찍 일어났더라면 볼 수 있었다. …… 早く起きていたなら見られた。

使い方

動詞・形容詞の陽母音語幹 + 았더라면
動詞・形容詞の陰母音語幹・있다/없다の語幹 + 었더라면
パッチム有の名詞 + 이었더라면
パッチム無の名詞 + 였더라면

意味のまとめ

動詞・있다の語幹 + 았/었더라면 ➡「〜たなら」「〜たら」
形容詞・없다の語幹 + 았/었더라면
➡「〜かったなら(だったなら)」「〜かったら」
名詞 + 이었더라면/였더라면 ➡「〜だったなら」「〜だったら」

았었/었었

「～ていた」

意味の解説

★ 初級

1 「～ていた」

★過去のある時期に一時的に続いていたという意味。

changnyone kogie kassotta
작년에 거기에 갔었다.（가＋았＋었다）……去年そこに行っていた。

moduga chamgahessotta
모두가 참가했었다.（참가하＋었＋었다）……みんなが参加していた。

使い方

動詞・形容詞の陽母音語幹 ＋ 았었

動詞・形容詞の陰母音語幹 ＋ 었었

았으면/었으면 하다

「～てほしいのだ」「～してもらいたい」（強い願望）

意味の解説

中級・上級

1 「～てほしいのだ」「～してもらいたい」

★相手がそのようなことを実行することを強く望む時に使われる。

nanun nega kogie ka juossumyon he
나는 네가 거기에 가 주었으면 해.
……私はあなたにぜひそこに行ってもらいたいんだよ。

norado kok sarassumyon handa
너라도 꼭 살았으면 한다.
…… あなただけでも是非生きてほしいのだ。

chonun yorobuni chomdo chinjoressumyon hamnida
저는 여러분이 좀더 친절했으면 합니다.
…… 私はみなさんにもうちょっと親切であってほしいのです。

使い方

動詞・形容詞の陽母音語幹 + 았으면 하다
動詞・形容詞の陰母音語幹・있다/없다の語幹 + 었으면 하다
パッチム有の名詞 + 이었으면 하다
パッチム無の名詞 + 였으면 하다

ㄴ/은

動詞の過去連体形「〜た」「〜していた」

123

意味の解説

★ 初級

1 動詞の過去および過去進行の連体形。

oje mogun ramyon masissossoyo
어제 먹은 라면 맛있었어요.（먹+은）
…… 昨日食べたラーメン、おいしかったです。

changnyone on pyonji-imnida
작년에 온 편지입니다.（오+ㄴ） 去年来た手紙です。

kujoke ibun pajieyo
그저께 입은 바지예요.（입+은）
…… 一昨日はいた（はいていた）ズボンです。

hotereso mannan sarami nugueyo
호텔에서 만난 사람이 누구예요?（만나+ㄴ）
…… ホテルで会った（会っていた）人は誰ですか。

chega ilbonorul kongbuhan gosimnida
제가 일본어를 공부한 곳입니다.（공부하+ㄴ）
…… 私が日本語を勉強したところです。

中級・上級

2 「～고 있던」➡その出来事が継続中だったことを実際見かけたり想像したりする場合。「～고 있은」は使わない。

（ちょっと離れたところで談笑していた人を思い出して）

chogi-eso utko itton ku saram nuguya
저기에서 웃고 있던 그 사람 누구야?
……あそこで笑っていたあの人、誰なの？

（そこを歩いていた人を思い出して）

chogi korogago itton saram kim gwajang aniosso
저기 걸어가고 있던 사람, 김 과장 아니었어?
……あそこを歩いていた人、キム課長じゃなかった？

使い方
動詞パッチム有語幹 ＋ 은
動詞パッチム無語幹 ＋ ㄴ

ㄴ/은

形容詞の現在連体形「～い」「～な」

意味の解説

初級

1 形容詞の現在連体形。

chonun chobun pang-i siroyo
저는 좁은 방이 싫어요.（좁＋은）……私は狭い部屋がいやです。

siwonan kauri omnida
시원한 가을이 옵니다.（시원하＋ㄴ）……涼しい秋が来ます。

chongjikan sarami manun naraga chotsumnida
정직한 사람이 많은 나라가 좋습니다.（정직하＋ㄴ）（많＋은）
……正直な人が多い国がいいです。

hyongsikchogin insaimnida
형식적인 인사입니다.（형식적이＋ㄴ）……形式的な挨拶です。

使い方
形容詞パッチム有語幹 ＋ 은
形容詞パッチム無語幹 ＋ ㄴ

는

動詞の現在連体形「～る」「～している」

124

意味の解説

★ 初級

1 動詞・있다/없다の現在連体形。

unnun olguri choayo
웃는 얼굴이 좋아요. （웃＋는）……笑う顔がいいです。

meil onun chaga tarumnida
매일 오는 차가 다릅니다. （오＋는）……毎日来る車が違います。

onul yaksok innun saram
오늘 약속 있는 사람. （있＋는）……今日約束ある人。

2 動詞の現在進行連体形。

chogieso che ging-nun sarami nugueyo
저기에서 책 읽는 사람이 누구예요? （읽＋는）
……あそこで本を読んでいる人は誰ですか？

namjachingurul kidarinun sigani hengbokamnida
남자친구를 기다리는 시간이 행복합니다. （기다리＋는）
……彼を待っている時間が幸せです。

hangugo karuchinun sonsengnimieyo
한국어 가르치는 선생님이에요. （가르치＋는）
……韓国語を教えている先生です。

中級・上級

3 「～る」・「～ている」➡どちらも「는」でいえる。

chohantenun chingu mannanun sigani sojung-heyo
저한테는 친구 만나는 시간이 소중해요.
……私には友達に会う時間が大切です。
私には友達に会っている時間が大切です。

4 「～고 있는」➡その出来事が継続中であることを実際見かけたり想像したりする場合。

（ちょっと離れたところで談笑している人を見かけて）

chogieso utko innun cho saram nuguya
저기에서 웃고 있는 저 사람 누구야?
……あそこで笑っているあの人、誰なの？

（向こう側を歩いている人を指して）

chogi korogago innun saram kim gwajang anieyo
저기 걸어가고 있는 사람, 김 과장 아니에요?
……あそこを歩いている人、キム課長じゃないですか？

使い方 **動詞・있다/없다の語幹 + 는**

던

動詞・形容詞・있다/없다・이다の経験過去連体形「～た」「～していた」

意味の解説

★ 初級

1 「動詞語幹＋던」➡「～していた（経験過去）」の意味。

chaju kadon chibieyo
자주 가던 집이에요.（가＋던）……よく行っていたお店です。

chega ipton osimnida
제가 입던 옷입니다.（입＋던）……私が着ていた服です。

uri hyong-i mannadon chingueyo
우리 형이 만나던 친구예요.（만나＋던）
……私の兄がよく会っていた友達です。

chega ilbonorul kongbuhadon gosimnida
제가 일본어를 공부하던 곳입니다.（공부하＋던）
……私が日本語を勉強していたところです。

2 「形容詞・있다/없다・이다の語幹＋던」➡「～た（経験過去）」の意味

changnyonenun kudon osi orenun chaksumnida
작년에는 크던 옷이 올해는 작습니다. (크+던)
…… **去年は大きかった服が今年は小さいです。**

kurotke silton pianoga chigumun choayo
그렇게 싫던 피아노가 지금은 좋아요. (싫+던)
…… **あんなに嫌だったピアノが今は好きです。**

pang ane itton nengjanggo
방 안에 있던 냉장고. (있+던) …… **部屋の中にあった冷蔵庫。**

yagusonsuyotton ku saram
야구선수였던 그 사람. (야구선수+이+었+던)
…… **野球選手だったあの人。**

中級・上級

3 「経験過去」なので繰り返し起こったり経験したりするものでなければ使えない。一時的なものだったら「ㄴ/은」を使う。

(ちょっと離れたところで談笑していた人を思い出して)

chogieso usun ku saram nuguya
저기에서 웃은 그 사람 누구야? (一回限り)

chogieso uko itton ku saram nuguya
저기에서 웃고 있던 그 사람 누구야? (ずっと)
…… **あそこで笑ったあの人、誰なの?**
あそこで笑っていたあの人、誰なの?

4 「一時期的に繰り返し」の意味合いを持たせる時には「았던/었던」を使う。

sibuyaeso noratton saram
시부야에서 놀았던 사람. (一時的に繰り返し)
…… **渋谷で遊んでいた(遊んだ)人。**

sibuyaeso noldon saram
시부야에서 놀던 사람. (常時繰り返し)
…… **渋谷で遊んでいた人。**

sibuyaeso non saram
시부야에서 논 사람. (一回限り)
…… **渋谷で遊んだ人。**

使い方 **動詞・形容詞・있다/없다・이다の語幹 + 던**

ㄹ/을

動詞・形容詞・있다/없다・이다の未来連体形

125

意味の解説

初級

1 動詞・形容詞・있다/없다・이다の未来連体形。

tellebijon pol sigani opsoyo
텔레비전 볼 시간이 없어요. (보+ㄹ)
…… テレビを見る時間がありません。

sarami manul kanungsong-i nopayo
사람이 많을 가능성이 높아요. (많+을)
…… 人が多い可能性が高いです。

neilkajinun issul yejong-imnida
내일까지는 있을 예정입니다. (있+을)
…… 明日まではいる予定です。

ohuenun opsul kanungsong-i itsumnida
오후에는 없을 가능성이 있습니다. (없+을)
…… 午後はいない可能性があります。

todugil yomnyonun opsumnida
도둑일 염려는 없습니다. (도둑+이+ㄹ)
…… 泥棒の恐れはありません。

使い方

動詞・形容詞・パッチム有있다/없다の語幹 ＋ 을
動詞・形容詞・パッチム無이다の語幹 ＋ ㄹ

ㄹ/을 때

「〜する時」「〜している時」「〜い時」「〜な時」

▼ 意味の解説

★ 初級

1 「때（時）」につく時間連体形。

使い方

動詞・形容詞のパッチム有・있다/없다の語幹 ＋ 을 때
動詞・形容詞のパッチム無・이다の語幹 ＋ ㄹ 때

았던/었던

動詞・形容詞・있다/없다・이다の経験過去連体形「〜た」「〜していた」

126

▼ 意味の解説

★ 初級

1 「動詞語幹＋았던/었던」➡「〜た」「〜していた（経験過去）」の意味。

★「一時的な経験過去」と捉える時には「〜た」
「一時期的に繰り返し」と捉える時には「〜していた」になる。

chaju kassotton chibieyo
자주 갔었던 집이에요.（가＋았＋었던）……… **よく行っていたお店です。**

chega ibotton osimnida
제가 입었던 옷입니다.（입＋었＋던）……… **私が着た（ていた）服です。**

2 「形容詞・있다/없다・이다の語幹＋었＋던」➡「〜た（経験過去）」の意味。

changnyonenun kotton osi orenun chaksumnida
작년에는 컸던 옷이 올해는 작습니다.（크＋었＋던）
…… 去年は大きかった服が今年は小さいです。

kurotke sirotton pianoga chigumun choayo
그렇게 싫었던 피아노가 지금은 좋아요.（싫＋었＋던）
…… あんなに嫌だったピアノが今は好きです。

pang ane issotton nengjanggo
방 안에 있었던 냉장고.（있＋었＋던）
…… 部屋の中にあった冷蔵庫。

yagusonsuyossotton ku saram
야구선수였었던 그 사람.（야구선수＋이＋었＋었＋던）
…… 野球選手だったあの人。（「過去のある時期にずっと」の意味）

中級・上級

3 「았/었」と「던」の合成なので、①一時的な経験過去、②一時的かつ繰り返しの経験過去の二つの意味がある。

（ちょっと離れたところで談笑していた人を思い出して）

kute usotton ku saram nuguya
그때 웃었던 그 사람 누구야?（一回限り）
…… あの時、笑った（笑っていた）あの人、誰なの？

使い方

動詞・形容詞の陽母音語幹 ＋ 았던

動詞・形容詞の陰母音語幹
있다/없다・이다の語幹 **＋ 었던**

ㄴ/은 지 ~되다

「～してから～経つ」

127

意味の解説

★ 初級

1 「～してから～経つ」

yogi on ji olmana twessoyo
여기 온 지 얼마나 됐어요? (오+ㄴ 지)
……ここに来てからどのくらい経ちましたか。

ku saramul mannan ji han darina twessoyo
그 사람을 만난 지 한 달이나 됐어요. (만나+ㄴ 지)
……あの人に会ってから1ヶ月も経ちました。

urinun kyoronan ji simnyon mane sinonyoheng-ul katta
우리는 결혼한 지 십년 만에 신혼여행을 갔다. (결혼하+ㄴ 지)
……私たちは結婚してから10年ぶりに新婚旅行に行った。

使い方

動詞パッチム有語幹 + 은 지 ~되다

動詞パッチム無語幹 + ㄴ 지 ~되다

느라고

「～ので」(目的の因果)

意味の解説

中級・上級

1 「～ので」(目的の因果)

★Aの目的を実行する結果としてBが起きているという意味。

yojum ipsikongbuhanurago chongsini opta
요즘 입시공부하느라고 정신이 없다.
…… 最近受験勉強をしているので気が気でない。

meilgachi pyong-won kanurago toni mani dunda
매일같이 병원 가느라고 돈이 많이 든다.
…… 毎日のように病院に行くのでお金がたくさんかかる。

ai kirunurago chingu mannal sigani opta
아이 기르느라고 친구 만날 시간이 없다.
…… 子育てをしているので友達に会う時間がない。

2 Aは目的の意味になるので前に過去形が来ることはできない。
「았느라고/었느라고」(×)

使い方 **動詞語幹・있다の語幹 + 느라고**

니까/으니까

「～から」(意図の因果)

128

意味の解説

中級・上級

1 「～から」(意図の因果)

★結果となるBを起こす意図がAにある時に使われる。

ige sanika san goeyo
이게 싸니까 산 거예요. …… これ、安いから買ったのですよ。

koginun sarami manunika tarun dero kayo
거기는 사람이 많으니까 다른 데로 가요.
…… あそこは人が多いから別のところへ行きましょう。

yojumun chonwado a nanika sopsopanga bwayo
요즘은 전화도 안 하니까 섭섭한가 봐요.
…… 最近は電話もしないからすねているみたいです。

wolgup padassunika han tong nelkeyo
월급 받았으니까 한 턱 낼게요. …… 給料もらったからおごります。

2 Bに意志・命令・誘いの表現が来ることが多い。

使い方

動詞・形容詞のパッチム有・있다/없다の語幹 + 으니까
動詞・形容詞のパッチム無・이다の語幹 + 니까

때문에

「～のために」「～のせいで」「～ので」(帰納の因果)

▼ 意味の解説

★ 初級

1 「～のために」「～のせいで」➡「名詞＋때문에」

umsik temune himdurotsumnida
음식 때문에 힘들었습니다. …… 食べ物が合わず大変でした。

no temune andwesso
너 때문에 안됐어. …… 君のせいでだめだったよ。

中級・上級

2 「～ので」➡「動詞・形容詞・있다/없다・이다の語幹＋기 때문에」(帰納の因果)

★Aのある「因」があったからこそ必然的にBの「果」が存在するのだという意味。

choun gosun ta sagi temune kokchong a nedo twenda
좋은 것은 다 사기 때문에 걱정 안 해도 된다.
……(品質の) いいものはちゃんと買ってもらえるから心配しなくてもいい。

ilchik chagi temune ilchik ironanda
일찍 자기 때문에 일찍 일어난다.
…… 早く寝ているので早く起きる。

oje nyusurul pwatki temune al su issotta
어제 뉴스를 봤기 때문에 알 수 있었다.
…… 昨日ニュースを見たので気付くことが出来た。

ku sasirul mollatki temune tedapal suga opsotta
그 사실을 몰랐기 때문에 대답할 수가 없었다.
…… その事実を知らなかったので答えられなかった。

使い方

名詞 + 때문에

動詞・形容詞・있다/었다・이다の語幹 + 기 때문에

길래

「～ので」(状況の因果)

129

意味の解説

中級・上級

1 「名詞＋길래」➡「～ので」

ku sarami mwogille kureyo
그 사람이 뭐길래 그래요?
…… あの人は何様なのですか？

★ あなたの態度(結果)を引き起こしているあの人(原因)は一体どういう人なのですかという意味。

nugugille kurotke cholcholmeyo
누구길래 그렇게 쩔쩔매요?
…… 何でそんなに恐縮しちゃうんですか？

2 「動詞・形容詞・있다/없다の語幹＋길래」➡「～て」「～ので」

saramduli twigille nado twiota
사람들이 뛰길래 나도 뛰었다. …… 人が走るので私も走った。

★ 周りの人が走っている状況「因」があってそれにつられて自分も走る「果」が生まれているという意味。

ta twegunagille nado twegunetta
다 퇴근하길래 나도 퇴근했다.

…… **みんなが退社するので私も退社した。**

★ みんなが退社するという「因」があったのでそれにより自分も退社する「果」が生まれたという意味。

3 「名詞＋길래 망정이지」➡「〜だからいいものの」

「名詞＋나 하니까」と同じ意味。

nagille nana hanika mangjong-iji tarun saramimyon ochol po nesso
나길래(나나 하니까) 망정이지 다른 사람이면 어쩔 뻔 했어?

…… **私だからいいものの他の人だったらどうするつもりだったの？**

nogille no na hanika pwa junun goya
너길래(너나 하니까) 봐 주는 거야.

…… **あなただから見逃してやるんだよ。**

使い方

名詞 + 길래

動詞・形容詞・있다/없다の語幹 + 길래

意味のまとめ

名詞 + 길래 ➡ 「〜ので」（状況の因果）

動詞・形容詞・있다/없다の語幹 + 길래 ➡ 「〜て」「〜ので」（状況の因果）

데

「ところ」

▼ 意味の解説

★ 初級

1 「ところ」➡「〜는 데」「〜ㄴ/은 데」「〜ㄹ/을 데」

nega kanun de-e nodo kachi kalle
내가 가는 데에 너도 같이 갈래? （가+는 데+에）

…… **私が行くところにあなたも一緒に行く？**

napun dega animnida
나쁜 데가 아닙니다.（나쁘+ㄴ 데+가）
……悪いところではありません。

uri tongchangduri chaju moinun de-eyo
우리 동창들이 자주 모이는 데예요.（모이+는 데）
……われわれ同窓生がよく集まるところです。

使い方

動詞語幹・있다/없다の語幹 ＋ 는 데
動詞（過去）・形容詞パッチム有語幹 ＋ 은 데
動詞（過去）・形容詞パッチム無語幹 ＋ ㄴ 데

는데

「～のに」「～けど」「～している時に」「～ので」（前置き）

130

意味の解説

中級・上級

★ AにBの話の前提となる前置きをする時に使われる。前置きの内容はさまざまで「所用・対立・反転・時間・因果」などがある。前置きの意味を重視するのか、それとも本来の意味を重視するのかによって「는데」と他の接続表現との使い分けが決まる。

1 「～のに」（所用の前置き）

hanguge kanunde olma turoyo
한국에 가는데 얼마 들어요?
……韓国に行くのにどのくらいかかりますか？

igo mandununde mani kollyoyo
이거 만드는데 많이 걸려요?
……これ、作るのにたくさんかかりますか？

2 「～けど」（対立の前置き）

nanun kimchirul choahanunde uri edurun anieyo
나는 김치를 좋아하는데 우리 애들은 아니에요.
……私はキムチが好きだけど、うちの子達は違います。

ku saram yennarenun sirohennunde chigumun anieyo
그 사람 옛날에는 싫어했는데 지금은 아니에요.
…… あの人、昔は嫌いだったけど、今は違います。

3 「～している時に」(時間の前置き)

piga onunde wechuretta
비가 오는데 외출했다. …… 雨が降っている時に外出した。

terebirul ponunde chonwaga watta
테레비를 보는데 전화가 왔다.
…… テレビを見ている時に電話が来た。

kirul kanunde nuga pullotta
길을 가는데 누가 불렀다.
…… 道を歩いている時に誰かに声をかけられた。

4 「～のに」(反転の前置き)

sanun mosinnunde chom chijobunada
산은 멋있는데 좀 지저분하다. …… 山はすばらしいのに少し汚い。

使い方
動詞語幹・있다/었다の語幹 + 는데

ㄴ데/은데

「～けど」「～のに」(前置き)

意味の解説

中級・上級

1 「～けど」「～のに」(前置き)

★Bの話を引き出すためにAに前置きの内容を置く時に使われる。

yoginun chokinun chounde chom pissayo
여기는 좋기는 좋은데 좀 비싸요.
…… ここは、まあ、いいんですけど少し高いです。

★ 少し高いという話を引き出すために「いいことはいい」という内容をAで前説的な感じで言う表現。

kinun an kunde saramun mosissoyo
키는 안 큰데 사람은 멋있어요.
……背は高くないけど人はカッコいいです。

★AはBのカッコいいという話を引き出すための前置き。

chibun nolbunde kajogun pyollo opsoyo
집은 넓은데 가족은 별로 없어요.
……家は広いのに家族は少ないです。

使い方

形容詞パッチム有語幹 ＋ 은데
形容詞パッチム無語幹・이다の語幹 ＋ ㄴ데

게

「〜く」「〜に」（形容詞の連用形語尾）

131

意味の解説

★初級

1 「〜く」「〜に」の意味。

chingudulgwa chemiitke norassoyo
친구들과 재미있게 놀았어요.（재미있＋게）
……友達と楽しく遊びました。

pijarul masitke mokko issoyo
피자를 맛있게 먹고 있어요.（맛있＋게）
……ピザをおいしく食べています。

pang-ul kekutage chongsohamnida
방을 깨끗하게 청소합니다.（깨끗하＋게）
……部屋をきれいに掃除します。

hengbokage saseyo
행복하게 사세요.（행복하＋게）……幸せに暮らして下さい。

使い方

形容詞語幹 ＋ 게

지

「〜のか」(合意の疑問)

意味の解説

中級・上級

★相手と共有意識を保ちながら話の中で疑問を投げかける時に使われる。

1 「動詞・있다/없다の語幹＋는지」➡「〜するのか」

onje kanunji karucho juseyo
언제 가는지 가르쳐 주세요. ……いつ行くのか教えてください。

chal tochakennunji kunggumada
잘 도착했는지 궁금하다. ……無事に着いたのか気になる。

yaksogi innunji ilchik katta
약속이 있는지 일찍 갔다.
……約束があるのか早く帰ってしまった。

2 「形容詞の語幹＋ㄴ/은지」➡「〜い・なのか」

kibuni chounji singgulbongguranda
기분이 좋은지 싱글벙글한다.
……何かいいことがあるのかニコニコする。

ku siktang-un yumyong-hanji sonnimi manta
그 식당은 유명한지 손님이 많다.
……その食堂は有名なのか客が多い。

3 「名詞＋이＋ㄴ지」➡「〜なのか」

hyugainji chibe itta
휴가인지 집에 있다. ……休みなのか家にいる。

使い方

動詞・있다/없다 ＋ 는지
形容詞・이다 ＋ ㄴ/은지

지라도

「〜としても」

意味の解説

中級・上級

★ある物事があまり満足できるものでなくても、「それであっても」の意味。

1 「動詞・形容詞・있다/없다・이다の語幹＋ㄹ/을 지라도」

➡「〜としても」

amuri toktokalchirado noryokaji anumyon an dwenda
아무리 똑똑할지라도 노력하지 않으면 안 된다.
……いくら賢いといっても努力しなければならない。

papulchirado kyotongpopkyunun chikyoyajo
바쁠지라도 교통법규는 지켜야죠.
……忙しくても交通規則は守らなきゃだめですよ。

pabun kulmulchirado kongbunun heya handa
밥은 굶을지라도 공부는 해야 한다.
……ご飯は食べられなくても勉強はしなければいけない。

使い方

動詞・形容詞のパッチム有語幹・있다/없다の語幹 ＋ 을 지라도
動詞・形容詞のパッチム無語幹・이다の語幹 ＋ ㄹ 지라도

뿐만 아니라(아니고)

「～だけ(ばかり)でなく」(付け加え)

意味の解説

132

★ 初級

★ある出来事がそれだけで終わるのではなく、その他にも付け加えるべきものがある時に使われる。

1 「名詞＋뿐만 아니라(아니고)」➡「～だけでなく」

uripunman anira tarun saramduldo itta
우리뿐만 아니라 다른 사람들도 있다.
……私たちだけでなくほかの人たちもいる。

kompyutopunman anira kabangkaji humchogatta
컴퓨터뿐만 아니라 가방까지 훔쳐갔다.
……コンピュータだけでなくカバンまで盗んでいった。

2 「動詞・形容詞・있다/없다・이다の語幹＋ㄹ/을 뿐만 아니라」
➡「～だけでなく」

ondoga nopul punman anira suptodo nopta
온도가 높을 뿐만 아니라 습도도 높다.
……気温が高いばかりでなく湿度も高い。

使い方

動詞・形容詞のパッチム有語幹 있다/없다の語幹	**＋을 뿐만 아니라(아니고)**
動詞・形容詞のパッチム無語幹・ 이다の語幹	**＋ㄹ 뿐만 아니라(아니고)**

뿐더러

「～し」「～だけでなく」(付け加え)

▼ 意味の解説

中級・上級

★ある出来事がそれだけで終わるのではなく、その他にも付け加えるべきものがある時に使われる。話し手によって触れられる出来事は、話し手にとって思わしくない内容になることが多い。

1 「動詞・形容詞・있다/없다・이다の語幹＋ㄹ/을 뿐더러」

➡「～し」「～だけでなく」

kuron saram cha raljido motal pundoro
그런 사람 잘 알지도 못할 뿐더러

chigum tekago iyagihal sigando opsoyo
지금 댁하고 이야기할 시간도 없어요.

……そんな人は知らないし、今お宅と話をする時間もありません。

nanun kuron nil hajido anassul pundoro
나는 그런 일 하지도 않았을 뿐더러

kogi kajido anassumnida
거기 가지도 않았습니다.

……私はそのようなことはしてもいませんし、そこに行ったこともありません。

使い方

動詞・形容詞のパッチム有語幹
있다/없다の語幹 **＋ 을 뿐더러**

動詞・形容詞のパッチム無・이다の語幹 ＋ ㄹ 뿐더러

니/으니

「〜たら」(前提条件)「〜だし」(原因・理由の前提)

▼ 意味の解説

中級・上級

★新しい発見の条件となるものやある行動・判断の根拠となるものを挙げる時に使われる表現。

1 「〜たら」➡新しい発見の条件となるものを挙げる時。

chigum boni no miiniguna
지금 보니 너 미인이구나. …… 今見たらあなた美人だね。

chibe tochakani sebyogiotta
집에 도착하니 새벽이었다. …… 家に着いたら明け方だった。

nunul to boni pyong-woniotta
눈을 떠 보니 병원이었다. …… 目をあけたら病院だった。

2 「〜だし」➡原因・理由となる物事を挙げる時に使われる。

yaksokto itko hani kuman toragaseyo
약속도 있고 하니 그만 돌아가세요.
…… 約束もあることだし、もうお帰りください。

oredo itchianko yonachang-ul ponejusini kamsahamnida
올해도 잊지않고 연하장을 보내주시니 감사합니다.
…… 今年も忘れないで年賀状を送って頂き、ありがとうございます。

ajik chonmogini mwol algesso
아직 젖먹이니 뭘 알겠어? …… まだ赤ん坊だし、何も分からんよ？

pyong-wone ibwonettani ka bwayaji
병원에 입원했다니 가 봐야지.
…… 病院に入院したということだし、行ってみなきゃ。

kopikaji chusini komapsumnida
커피까지 주시니 고맙습니다.
…… コーヒーまで出して頂き、ありがとうございます。

韓国語学習の落とし穴　学習コラム⑥

不規則活用の種類

日本人の韓国語学習者を悩ませるものに不規則活用の問題がある。不規則活用には、下記のように三つのパターンがあるのだが、自分が学習したい動詞・形容詞が下記のどのパターンに属するかは、辞書を見て必ず確認する必要がある。その動詞・形容詞がどんな不規則活用をするかは、一律でないからである。

1.「～ㅂ니다/습니다」系不規則活用

これは、動詞・形容詞の後に「～ㅂ니다/습니다」をつける時に起きる不規則活用で、この系統の不規則活用を起こすものとしては、「ㅂ니다/습니다」「는」などがある。

例）걸(다)＋ㅂ니다➡겁니다, 돌(다)＋는➡도는

2.「～아요/어요」系不規則活用

これは、動詞・形容詞の後に「～아요/어요」をつける時に起きる不規則活用で、この系統の不規則活用を起こすものとしては、「았/었」や「아서/어서」のように、動詞・形容詞の語幹に語尾をつなぐ時に「아/어」の形を要求するすべての語尾がその対象となる。

例）덥(다)＋어요➡더워요, 모르(다)＋아요➡몰라요, 기쁘(다)＋어서➡기뻐서, 묻(다)＋었어요➡물었어요, 파랗(다)＋어지다➡파래지다, 굽(다)＋어먹다➡구워먹다

3.「～ㄹ/을, ～ㄴ/은」系不規則活用

これは、動詞・形容詞の後に「～ㄹ/을, ～ㄴ/은」をつける時に起きる不規則活用のことで、この系統の不規則活用を起こすものとしては、「～ㄹ/을 때」「～ㄴ/은 것 같다」のように、動詞・形容詞の語幹につなぐ時に「～ㄹ/을」や「～ㄴ/은」の形を要求するすべての語尾がその対象となる。

例）알(다)＋ㄹ 때➡알 때, 줍(다)＋ㄴ 것 같다➡주운 것 같다, 듣(다)＋은 척하다➡들은 척하다, 노랗(다)＋ㄴ색➡노란색, 긋(다)＋은 적 없다➡그은 적 없다

모음
7

話法関連

ここでは、見たこと、聞いたことを引用したり、
第三者に伝える表現について解説していきます。

POINT

①論理的に考えてみるとよく分かります。
②正確にその表現のイメージをつかんでおくのが上達のポイントです。

고 하다

「〜という（終止形の引用）」

🔊 133

▼ 意味の解説

★ 初級

1 「動詞＋고 하다」➡「ㄴ다/는다＋고 하다」

neil kandago hamnida
내일 간다고 합니다.（가＋ㄴ다＋고 하＋ㅂ니다）
……明日行くと言います。

ku osul imnundago hetsumnida
그 옷을 입는다고 했습니다.（입＋는다＋고 했＋습니다）
……その服を着ると言いました。

2 「形容詞・있다/없다＋고 하다」➡「다＋고 하다」

sigani chaptago hamnida
시간이 짧다고 합니다.（짧＋다＋고 하＋ㅂ니다）
……時間が短いと言います。

aju masittago hamnida
아주 맛있다고 합니다.（맛있＋다＋고 하＋ㅂ니다）
……とてもおいしいと言います。

sarami amudo optago hessoyo
사람이 아무도 없다고 했어요.（없＋다＋고 했＋어요）
……誰もいないと言いました。

3 「이다＋고 하다」➡「라/이라＋고 하다」

pyong-wonirago hamnida
병원이라고 합니다.（병원＋이라＋고 하＋ㅂ니다）
……病院だと言います。

posurago hamnida
버스라고 합니다.（라＋고 하＋ㅂ니다）……バスだと言います。

4 「ㄴ다/는다, 다, 라/이라＋고 했다」➡ 過去

neil kandago hessoyo
내일 간다고 했어요.（가＋ㄴ다＋고 했＋어요）
……明日行くと言いました。

aju masittago hessoyo
아주 맛있다고 했어요.（맛있＋다＋고 했＋어요）
……とてもおいしいと言いました。

5 「動詞・있다＋겠다고 하다」➡ 意志の引用

neil kagettago hamnida
내일 가겠다고 합니다. (가＋겠＋다＋고 하＋ㅂ니다)
……明日行くと言います。➡「行く」という意志

neildo itkettago hamnida
내일도 있겠다고 합니다. (있＋겠＋다＋고 하＋ㅂ니다)
……明日もいると言います。➡「いる」という意志

6 「形容詞・없다＋겠다고 하다」➡ 推量の引用

siwonetkettago hamnida
시원했겠다고 합니다. (시원＋했＋겠다＋고 하＋ㅂ니다)
……涼しかっただろうなと言います。

chemiopsotkettago hamnida
재미없었겠다고 합니다. (재미없＋었＋겠다＋고＋하＋ㅂ니다)
……おもしろくなかっただろうなと言います。

7 「動詞＋시/으신다고 하다」➡ 尊敬の引用

neil kasindago hamnida
내일 가신다고 합니다. (가＋시＋ㄴ다＋고 하＋ㅂ니다)
……明日行かれると言います。

단다, 답니다, 대(요), 댔습니다, 댔어(요)

「～んだ(です)って」「～そう(です)よ」「～と言っていました」(終止形の伝聞)

134

▼ 意味の解説

中級・上級

1 「단다/대」➡動詞・形容詞・있다/없다の終止伝聞形のパンマル表現。

chigum chandanda
지금 잔단다. ……今寝ているんだって。(第三者の話)
今寝ているんだ。(自分の話)

nalssiga chade
날씨가 차대. ……天気が寒いんだって。

chibe ittanda
집에 있단다. ……家にいるんだって。(第三者の話)
家にいるんだ。(自分の話)

ojenun　opsotte
어제는 없었대. ……… 昨日はいなかったんだって。

2 「답니다/대요」➡「단다/대」の丁寧形。

neil　chonwahandeyo
내일 전화한대요? ……… 明日電話すると言っていたんですか？

bang-i　kekutadamnida
방이 깨끗하답니다. ……… 部屋がきれいですって（きれいだそうです）。

uneng-e　itteyo
은행에 있대요. ……… 銀行にいるんですって（いるそうです）。

ajigun　optamnida
아직은 없답니다. ……… まだないんですって（ないそうです）。

3 「있는대（요）」➡状態継続の伝聞

uneng-e　innundeyo
은행에 있는대요? ……… 銀行に（継続して）いると言っているのですか？

4 「댔습니다/댔어요」➡「답니다/대요」の過去形。

neil　chonwahandetsumnida
내일 전화한댔습니다. ……… 明日電話すると言っていました。

uneng-e　innundessoyo
은행에 있는댔어요. ……… 銀行に（継続して）いると言っていました。

使い方

動詞の語幹 ＋ ㄴ/는단다(답니다)・ㄴ/는대(요)

形容詞・있다/없다の語幹 ＋ 단다(답니다)・대(요)

다면서(요)?

「〜って？/〜ですって？」（終止形の引用質問）

135

▼ 意味の解説

★ 初級

1 「〜って？」「〜ですって？」（終止形の引用質問）

sonmul　chundamyonsoyo
선물 준다면서요? （주＋ㄴ다면서요）……… プレゼントくれるんですって？

chal　morundamyonsoyo
잘 모른다면서요? （모르＋ㄴ다면서요）……… よく分かりませんって？

takkoginun sirohandamyonso
닭고기는 싫어한다면서? (싫어하＋ㄴ다면서) …… **鶏肉は嫌いって？**

oje sul masyottamyonsoyo
어제 술 마셨다면서요? (마시＋었＋다면서요)
…… **昨日お酒飲みましたって？**

ein optamyonso
애인 없다면서? (없＋다면서) …… **恋人いないって？**

中級・上級

2 伝聞事実の質問 ➡ 다면서 (요)？

伝聞事実の確認・念押し ➡ 다지요 (죠)？

oje sul masyottamyonsoyo
a 어제 술 마셨다면서요? …… **昨日お酒飲んだんですって？**

oje sul masyottajiyo
b 어제 술 마셨다지요? …… **昨日お酒飲んだんですってね？**

★aは昨日あったことを引用し、その真偽を単純に質問する時に使う表現で、bは引用内容が間違いないよねと相手に確認する時に使う表現。

使い方

動詞の語幹 ＋ ㄴ다면서(요)？/는다면서(요)？
形容詞・있다/없다の語幹 ＋ 다면서(요)？

다고는 ～는데(요)

「～とは～けど(しますが)」

136

意味の解説

中級・上級

1 「～とは～けど(しますが)」

morundagonun hanundeyo
모른다고는 하는데요. …… **知らないとは言いますけど。**

chugettagonun hamnidaman
주겠다고는 합니다만. …… **くれるとは言いますが。**

chinjorettagonun hanunde
친절했다고는 하는데. ……… 親切だったとは言うけど。

chemiittagonun hanundeyo
재미있다고는 하는데요. ……… 面白いとは言いますけど。

2 「~다고(는) ~았는데/었는데」➡「~したことは~したけど」

sihomul pondagonun pwannunde chal morugessoyo
시험을 본다고는 봤는데 잘 모르겠어요.
……試験を受けることは受けたけどよく分かりません。

karuchindago karuchonnunde kokchong-ieyo
가르친다고 가르쳤는데 걱정이에요.
……教えたことは教えたけど心配です。

channundago chajannunde kunne mot chajassoyo
찾는다고 찾았는데 끝내 못 찾았어요.
……探したことは探したけど結局見つけられませんでした。

使い方
動詞・形容詞・있다/없다の終止形 + 고는 하(았/었)+는데(요)

다던데(요)

「~と言ってたんだけど」

意味の解説

137

中級・上級

1 「~다고 하던데(~と言っていたけど)」の略で、会話体でよく使われる。

neil kandadonde
내일 간다던데. ……… 明日行くと言ってたけど。

sonsengnim hwanasyottadonde
선생님 화나셨다던데. ……… 先生、怒っていると言ってたけど。

얼마나 ~다고(요)

「ものすごく＋形容詞」

意味の解説

中級・上級

1 「ものすごく＋形容詞」➡ 状態性質が相当なレベルにあることを表す。

olmana masittagoyo
얼마나 맛있다고요. ……… ものすごくおいしいですよ。
(「どんなにおいしいか［あまりにもおいしくてその程度を量れない］と言っているのですよ)

olmana chemiittagoyo
얼마나 재미있다고요. ……… すごくおもしろいんですよ。
(「どんなにおもしろいか［あまりにもおもしろくてその程度を量れない］と言っているのですよ)

使い方 얼마나 ＋ 形容詞現在終止形 ＋ 고(요)

몇 (번, 명, 시간, 장, 일)이나 ~다고(요)

「何～も～たのだ(ですよ)」(行なった数量の強調)

意味の解説

中級・上級

1 「何(回・名・時間・枚・日)も～たのだ(ですよ)」
★行なった数量が充分すぎるほどのものであったことを表す。

chega myot ponina kattagoyo
제가 몇 번이나 갔다고요. ……… 私が何回も行ったのですよ。

kogieso　myot　siganina　kidaryottagoyo
거기에서 몇 시간이나 기다렸다고요.
…… そこで何時間も待ったのですよ。

chegul　myot　kwonina　ilgottagoyo
책을 몇 권이나 읽었다고요. ……… 本を何冊も読んだのですよ。

使い方

몇 + 単位名詞 + 나/이나 + 動詞+ 았/었+다고(요)

라고/이라고 하다

「〜だと言う(名詞文の引用)」

意味の解説

★ 初級

1 「名詞＋라/이라고 하다」➡「〜だと言う」

kamgirago　hetsumnida
감기라고 했습니다. (감기＋라고 했＋습니다)
…… 風邪だと言っていました。

kokchong-irago　hamnida
걱정이라고 합니다. (걱정＋이라고 하＋ㅂ니다)
…… 心配だと言います。

使い方

パッチム有の名詞+ 이라고 하다

パッチム無の名詞+ 라고 하다

(이)란다, (이)랍니다, (이)래(요), (이)랬습니다, (이)랬어요

「〜だ(です)って」「〜だそう(です)よ」「〜だと言っていました」(名詞文の伝聞表現)

138

意味の解説

中級・上級

1 란다/래 ➡ 이다のパンマル伝聞表現

cho kong-woniranda
저 공원이란다. (공원＋이＋라＋ㄴ다)
……あの公園だって。(第三者の話)　あの公園なんだよ。(自分の話)

ne kudure
내 구두래. (구두＋라＋어) ……私の靴だって。

2 「랍니다/래요」➡「란다/래」の丁寧形。

ige kimchiramnida
이게 김치랍니다. (김치＋라＋ㅂ니다)
……これがキムチですって。(第三者の話)
これがキムチなんだよ。(自分の話)

onurun hyuirireyo
오늘은 휴일이래요. (휴일＋이＋라＋어요)
……今日は休みですって。(休みだそうです)

3 「랬습니다/랬어요」➡「랍니다/래요」の過去形。

puiniretsumnida
부인이랬습니다. (부인＋이＋라＋었＋습니다)
……奥さんだと言っていました。

taum churessoyo
다음 주랬어요. (다음 주＋라＋었＋어요)
……来週だと言っていました。

使い方

パッチム有の名詞＋ (이)란다/(이)랍니다/(이)래(요)
パッチム無の名詞＋ 란다/랍니다/래(요)

라면서/이라면서(요)?

「～だってね(～ですってね)」(名詞文の引用質問)

意味の解説

139

★ 初級

1 「～だってね(ですってね)」(名詞文の引用質問)

aduriramyonso
아들이라면서? (아들＋이라면서?) …… 息子さんだってね？

sihom neiriramyonsoyo
시험 내일이라면서요? (내일＋이라면서요?)
…… テスト明日ですってね？

中級・上級

2 引用質問 ➡ 라/이라면서(요)?

引用内容の確認・念押し ➡ 라/이라지요(죠)?

ibon iryoiriramyonsoyo
a 이번 일요일이라면서요? …… 今度の日曜日ですって？

ibon iryoirirajiyo
b 이번 일요일이라지요? …… 今度の日曜日ですってね？

★aは聞いた内容をそのまま相手に聞き返す時に使う表現で、bは第三者がそう言っていることを相手に確認する時に使う表現。

使い方

パッチム有の名詞＋ 이라면서(요)?
パッチム無の名詞＋ 라면서(요)?

라고/이라고 ~는데(요)

「~だと~けど(しますが)」

▼ 意味の解説

中級・上級

1 「~だと~けど(しますが)」

miguksaramirago hanundeyo
미국사람이라고 하는데요. (미국사람+이라고 하+는데요)
……アメリカ人だと言っていますけど。

kuge sasirirago hanundeyo
그게 사실이라고 하는데요. (사실+이라고 하+는데요)
……それが事実だと言っていますけど。

chagi ommarago hanunde
자기 엄마라고 하는데. (엄마+라고 하+는데)
……自分のお母さんだと言ってるけど。

使い方
パッチム有の名詞+ 이라고 하는데(요)
パッチム無の名詞+ 라고 하는데(요)

라는데(요)/이라는데(요)

「~だと言っているんだけど」

140

▼ 意味の解説

中級・上級

1 「~라고 하는데」(~だと言っているんだけど)」の略で、会話体でよく使われる。

neiri seng-iriranundeyo
내일이 생일이라는데요. ……… 明日が誕生日だと言っているんですけど。

라던데(요)/이라던데(요)

「～だと言ってたんだけど」

意味の解説

中級・上級

1 「～라고 하던데」(～だと言っていたんだけど)」の略で、会話体でよく使われる。

neiri seng-iriradondeyo
내일이 생일이라던데요. ……… 明日が誕生日だと言ってたんですけど。

얼마나 ～라고/이라고(요)

「ものすごく＋名詞」

意味の解説

中級・上級

1 「ものすごく＋名詞」➡名詞の属性が相当なレベルにあることを表す。

olmana kopcheng-iragoyo
얼마나 겁쟁이라고요. ……… ものすごく臆病者ですよ。
……（[あまりにも臆病者でその程度が量れない] と言っているのですよ）

olmana miiniragoyo
얼마나 미인이라고요. ……… すごく美人なんですよ。
……（[あまりにも美人でその程度が量れない] と言っているのですよ）

使い方

얼마나 ＋ パッチム有の名詞 ＋ 이라고(요)
얼마나 ＋ パッチム無の名詞 ＋ 라고(요)

고 묻다

「〜かと聞く」(疑問形の引用)

141

意味の解説

初級

1 「動詞・있다/없다＋고 묻다」➡「느냐＋고 묻다」

neil kanunyago murotsumnida
내일 가느냐고 물었습니다. (가＋느냐＋고 묻＋었습니다)
……明日行くのかと聞きました。

ku osi innunyago murotsumnida
그 옷이 있느냐고 물었습니다. (있＋느냐＋고 묻＋었습니다)
……その服があるのかと聞きました。

2 「形容詞＋고 묻다」➡「냐/으냐＋고 묻다」

sigani chalbunyago mutsumnida
시간이 짧으냐고 묻습니다. (짧＋으냐＋고 묻＋습니다)
……時間が短いのかと聞いています。

odiga apunyago murotsumnida
어디가 아프냐고 물었습니다. (아프＋냐＋고 묻＋었습니다)
……どこが痛いのかと聞きました。

3 「이다＋고 하다」➡「냐/이냐＋고 하다」

pyong-woninyago mutsumnida
병원이냐고 묻습니다. (병원＋이냐＋고 묻＋습니다)
……病院かと聞いています。

posunyago muroyo
버스냐고 물어요. (냐＋고 묻＋어요)
……バスかと聞いています。

4 「았느냐/었느냐, 였느냐/이었느냐＋고 묻다」➡ 過去疑問の引用

onje kannunyago muroyo
언제 갔느냐고 물어요. (가＋았＋느냐＋고 묻＋어요)
……いつ行ったか聞いています。

masissonnunyago murossoyo
맛있었느냐고 물었어요. (맛있＋었＋느냐＋고 묻＋었어요)
…… おいしかったか聞きました。

kanobuyonnunyago muroyo
간호부였느냐고 물어요. (간호부＋이＋었＋느냐＋고 묻＋어요)
…… 看護士だったのか聞いています。

5 「겠느냐＋고 묻다」➡ 未来疑問の引用

neil kagennunyago mutsumnida
내일 가겠느냐고 묻습니다. (가＋겠＋느냐＋고 묻＋습니다)
…… 明日行くのかと聞いています。

neildo itkennunyago murotsumnida
내일도 있겠느냐고 물었습니다. (있＋겠＋느냐＋고 묻＋었습니다)
…… 明日もいるのか聞きました。

6 「시느냐/으시느냐＋고 묻다」➡ 動詞尊敬の引用

neil kasinunyago muroyo
내일 가시느냐고 물어요. (가＋시＋느냐＋고 묻＋어요)
…… 明日行かれるのかと聞いています。

7 「시냐/이시냐＋고 묻다」➡ 이다尊敬の引用

puinisinyago murotsumnida
부인이시냐고 물었습니다. (부인＋이＋시＋냐＋고 묻＋었습니다)
…… 奥様であられるのかと聞きました。

中級・上級

8 「느냐＋고 묻다」ではなく「냐＋고 하다(묻다)」という場合もある。

neil kanyago hadondeyo
내일 가냐고 하던데요. …… 明日行くのかと言っていましたよ。

masissonnyago muroyo
맛있었냐고 물어요. …… おいしかったかと聞いています。

냐다, 냡니다, 냈습니다, 냈어요

「〜の(です)かって」「〜かって聞いていました」(疑問形の伝聞表現)

142

意味の解説

中級・上級

1 「느냐다・느내/냐다・내」➡ 動詞・있다・없다/形容詞の疑問伝聞形のパンマル表現。

chigum chanunyanda
지금 자느냐다. ……… 今寝ているのかって。

nalssiga chanye
날씨가 차내? ……… 天気が寒いのかって聞いているの?

chibe innunyanda
집에 있느냐다. ……… 家にいるのかって。

ojenun opsonnye
어제는 없었내. ……… 昨日はいなかったのかって。

2 「냐다・이냐다/내・이내」➡「이다」の疑問伝聞形のパンマル表現。

chigum hakkyonyanda
지금 학교냐다. ……… 今学校なのかって。

ne tongseng-inyanda
네 동생이냐다. ……… あなたの弟なのかって。

3 「냡니다/내요」➡「냐다/내」の丁寧形。

neil chonwahanunyeyo
내일 전화하느내요? ……… 明日電話するのかって聞いているのですか?

bang-i kekutanyamnida
방이 깨끗하냡니다. ……… 部屋がきれいですかって。

uneng-e innunyeyo
은행에 있느내요. ……… 銀行にいるんですかって。

ajik omnyamnida
아직 없냡니다. ……… まだいないんですかって。

ne tarinyamnida
내 딸이냡니다. ……… 私の娘ですかって。

4 「냈습니다/냈어요」➡「냡니다/내요」の過去形。

neil chonwahanyetsumnida
내일 전화하냈습니다. ……… 明日電話するのかと聞いていました。

odie innunyessoyo
어디에 있느냈어요. ……… どこにいるのかと聞いていました。

5 「느냈습니다/느냈어요」より「냈습니다/냈어요」が一般的。

neil kanyessoyo
내일 가냈어요. ……… 明日行くのかと聞いていましたよ。

massisonnyessoyo
맛있었냈어요. ……… おいしかったかと聞いていました。

★疑問伝聞の過去形の場合、「냈습니다/냈어요」が一般的。

使い方

냔다 ➡ 냐고 묻는다の略

냡니다 ➡ 냐고 묻습니다の略

냈습니다 ➡ 냐고 물었습니다の略

動詞・形容詞・있다/없다・이다の語幹 + 냔다/냡니다/냈습니다

(느)냐면서(요)?

「～かって聞いたよね?(でしょう?)」(疑問形の引用質問)

⏬ 意味の解説

中級・上級

1 「～かって聞いたよね(でしょう?)」(疑問形の引用質問)

★「～かと」質問したのも「聞いた」のも相手。

we sonmul an junyamyonsoyo
왜 선물 안 주냐면서요?

……何でプレゼントくれないのかって(あなたがこの前)聞いたでしょう?

chongmal morunyamyonsoyo
정말 모르냐면서요?

……本当に知らないのかって(あなたがこの前)聞いたでしょう?

nal choahanyamyonsoyo
날 좋아하냐면서요?

……私が好きなのかって(あなたがこの前)聞いたでしょう?

2 疑問形の引用質問 ➡ 냐면서(요)?

引用事実の確認・念押し ➡ 다지요(죠)?

a 왜 술 마셨냐면서요?(we sul masyonnyamyonsoyo) …… なぜお酒を飲んだかって聞いたでしょう？

b 왜 술 마셨냐지요?(we sul masyonnyajiyo) …… なぜお酒を飲んだかって聞いていたでしょう？

★aは質問された内容をそのまま相手に聞き返す時に使う表現で、bは他の人からその質問を受けたでしょうと相手に確認する時に使う表現。

3 「느냐면서」より「냐면서」が一般的。

使い方 動詞・形容詞・있다/없다・이다の語幹 ＋ 냐면서(요)?

냐고 ～는데(요)

「～のか～けど（しますが）」

143

意味の解説

中級・上級

1 「～のか～けど（しますが）」

뭐 입느냐고 묻는데요.(mwo imnunyago munnundeyo) …… 何着るのか聞いていますけど。

언제 갈 거냐고 하는데요.(onje kal konyago hanundeyo) …… いつ行くつもりなのか聞いていますけど。

살 게 많이 있냐고 하는데요.(sal ke mani innyago hanundeyo)
…… 買うものがたくさんあるのか聞いていますけど。

使い方 動詞・形容詞・있다/없다・이다の語幹 ＋ 냐고 묻(하)＋는데(요)

냐는데(요)

「～かと聞いているんだけど」

意味の解説

中級・上級

1 「～냐고 하는데（～かと聞いているのだけど）」の略で、会話体でよく使われる。

neiri seng-irinyanundeyo
내일이 생일이냐는데요.
……明日誕生日なのかって聞いているんだけど。

냐던데(요)

「～かと聞いてたんだけど」

意味の解説

中級・上級

1 「～냐고 하던데」（～かと聞いていたのだけど）」の略で、会話体でよく使われる。

neil kanyadonde
내일 가냐던데.
……明日行くのかって聞いてたんだけど。

자고 하다

「～しようと言う」

意味の解説

★ 初級

1 「動詞語幹＋자＋고 하다」➡「～しようと言う」

taume chatchago hetsumnida
다음에 찾자고 했습니다.（찾＋자＋고 했＋습니다）
……今度探そうと言いました。

ku sonmurun patchago hamnida
그 선물은 받자고 합니다.（받＋자＋고 하＋ㅂ니다）
……そのお土産はもらおうと言っています。

2 「있다の語幹＋자＋고 하다」➡「いようと言う」

to itchago hamnida
더 있자고 합니다.（있＋자＋고 하＋ㅂ니다）
……もう少しいようと言っています。

使い方 **動詞・있다の語幹 ＋ 자고 하다**

잔다, 잡니다, 재(요), 잿습니다, 잿어(요)

「～し(ましょう)ようって」「～しようって言っていました」(誘いの伝聞表現)

144

意味の解説

中級・上級

1 잔다/재 ➡ 動詞・있다の誘いの伝聞表現のパンマル表現。

ije chajanda
이제 자잔다. ……もう寝ようだって。

chibe itche
집에 있재. ……… 家にいようだって。

2 「잡니다/재요」➡「잔다/재」の丁寧形。

neil sul masijeyo
내일 술 마시재요. ……… 明日飲みましょうって。

kunyang kape-e itchamnida
그냥 카페에 있잡니다. ……… このままカフェにいましょうって。

3 「잿습니다/잿어요」➡「잡니다/재요」の過去形。

yonghwa pojetsumnida
영화 보잿습니다. ……… 映画見ましょうって言っていました。

使い方 **動詞・있다の語幹 + 잔다/잡니다/재(요)/잿습니다/잿어(요)**

자면서(요)?

「〜しようって言ったよね(でしょう?)」(誘いの引用質問)

▼ 意味の解説

★ 初級

1 「〜しようって言ったよね(でしょう?)」(誘いの引用質問)
★誘ったのも言ったのも相手

palli kajamyonso
빨리 가자면서? ……… 早く行こうって(あなた)言ったよね?

neil mannajamyonsoyo
내일 만나자면서요? ……… 明日会おうって(あなたが)言ったでしょう?

中級・上級

2 誘いの引用質問 ➡ 자면서(요)?
引用事実の確認・念押し ➡ 자지요(죠)?

kachi kajamyonsoyo
A 같이 가자면서요? ……… 一緒に行こうって言ったでしょう?

kachi kajajiyo
B 같이 가자지요? ……… 一緒に行こうって言っていたでしょう?

★Aは誘われた内容をそのまま相手に聞き返す時に使う表現で、Bは他の人からそんな誘いを受けたでしょうと相手に確認する時に使う表現。

使い方 **動詞・있다の語幹 + 자면서(요)?**

자고 ~는데(요)

「～しようと～けど(しますが)」

145

意味の解説

中級・上級

1 「～しようと～けど(しますが)」

더 크게 웃자고 하는데요. (to kuge utchago hanundeyo) …… もっと大声で笑おうと言っていますけど。

문 닫자고 하는데. (mun tatchago hanunde) …… ドア閉めようと言っているけど。

밤새도록 마시자고 하는데. (pamsedorok masijago hanunde) …… 夜通し飲もうと言っているけど。

다음 주까지 여기 있자고 하는데요. (taum chukaji yogi itchago hanundeyo)
…… 来週までここにいようって言っていますけど。

使い方 **動詞・있다の語幹 + 자고 하+는데(요)**

자는데(요)

「～しようと言っているんだけど」

意味の解説

中級・上級

1 「～자고 하는데（～しようと言っているけど）」の略で、会話体でよく使われる。

neil kajanunde
내일 가자는데 …… 明日行こうって言っているんだけど。

자던데(요)

「～しようと言っていたんだけど」

意味の解説

中級・上級

1 「～자고 하던데(～しようと言っていたけど)」の略で、会話体でよく使われる。

neil kajadonde
내일 가자던데 …… 明日行こうと言ってたんだけど。

라고/으라고 하다

「～しろと言う(命令の引用)」

意味の解説

初級

1 「動詞語幹＋라/으라＋고 하다」➡「～しなさいと言う」

ku tonul kajirago hetsumnida
그 돈을 가지라고 했습니다. (가지＋라＋고 했＋습니다)
…… そのお金をもらっていいと言いました。

hullyung-han sarami twerago hamnida
훌륭한 사람이 되라고 합니다. (되＋라＋고 하＋ㅂ니다)
…… 立派な人になりなさいと言います。

kok poirago hetsumnida
꼭 보이라고 했습니다. (보이＋라＋고 했＋습니다)
…… 必ず見せなさいと言いました。

palli mogurago hetsumnida
빨리 먹으라고 했습니다. (먹＋으라＋고 했＋습니다)
…… 早く食べなさいと言いました。

2 「있다＋으라＋고 하다」➡「いなさいと言う」

to　issurago　hamnida
더 있으라고 합니다. (있＋으라＋고 하＋ㅂ니다)
……もっといなさいと言います。

使い方
動詞・있다の語幹 ＋ 라고/으라고 하다

(으)란다, (으)랍니다, (으)래(요), (으)랬습니다, (으)랬어요

「〜しなさいって」「〜しなさいと言っています」
「〜しなさいと言いました」（命令の伝聞表現）

146

▼ 意味の解説

★ 初級

1 「란다/래」➡ 動詞・있다のパンマルの命令伝聞表現。

ije　charanda
이제 자란다. ……… もう寝なさいって。

chibe　issure
집에 있으래. ……… 家にいなさいって。

2 「랍니다/래요」➡ の丁寧形。

neil　kok　oramnida
내일 꼭 오랍니다. ……… 明日必ず来なさいって。

kunyang　kapee　issuramnida
그냥 카페에 있으랍니다. …… そのままカフェにいなさいって。

3 「랬습니다/랬어요」➡「랍니다/래요」の過去形。

yonghwa　poretsumnida
영화 보랬습니다. ……… 映画を見なさいと言いました。

使い方

動詞パッチム有語幹・있다	動詞パッチム無語幹
으란다/으래	란다/래
으랍니다/으래요	랍니다/래요
으랬습니다/으랬어요	랬습니다/랬어요

意味のまとめ

	動詞・있다
(으)란다/ (으)래	～なさいって
(으)랍니다/ (으)래요	～なさいと言います
(으)랬습니다/ (으)랬어요	～なさいと言いました

라면서(요)?

「～しなさいと言ったよね(でしょう?)」(命令の引用質問)

▼ 意味の解説

★ 初級

1 「～しなさいと言ったよね(でしょう?)」(命令の引用質問)

★命令したのも言ったのも相手。

palli karamyonso
빨리 가라면서? (가+라면서?)
…… 早く行きなさいって(あなた)言ったよね?

neil mannaramyonsoyo
내일 만나라면서요? (만나+라면서요?)
…… 明日会いなさいって(あなたが)言ったでしょう?

中級・上級

2 命令の引用質問 ➡ 라/으라면서(요)?

引用事実の確認・念押し ➡ 라/으라지요(죠)?

kachi karamyonsoyo
A 같이 가라면서요? …… 一緒に行きなさいと言ったでしょう?

kachi karajiyo
B 같이 가라지요? …… 一緒に行きなさいと言っていたでしょう?

★Aは命令された内容をそのまま相手に聞き返す時に使う表現で、Bは他の人からその命令を受けたでしょうと相手に確認する時に使う表現。

使い方 動詞・있다の語幹 + 라/으라면서(요)?

라고/으라고 ~는데(요)

「～しなさいと～けど(しますが)」(命令の伝聞表現)

147

意味の解説

中級・上級

1 「～しなさいと～けど(しますが)」の意味。

to kuge usurago hanundeyo
더 크게 웃으라고 하는데요. (웃+으라고 하+는데요)
…… もっと大声で笑いなさいと言いますけど。

mun tadurago hanunde
문 닫으라고 하는데. (닫+으라고 하+는데)
…… ドア閉めなさいと言っているけど。

kuman masirago hanunde
그만 마시라고 하는데. (마시+라고 하+는데)
…… もう飲むのをやめなさいと言っているけど。

taum chukaji yogi issurago hanundeyo
다음 주까지 여기 있으라고 하는데요. (있+으라고 하+는데요)
…… 来週までここにいなさいと言っていますけど。

使い方 動詞・있다の語幹 + 라고/으라고 하+는데(요)

라는데(요)/으라는데(요)

「～しなさいと言っているんだけど」(命令の伝聞表現)

▼ 意味の解説

中級・上級

1 「～라고/으라고 하는데(～しなさいと言っているけど)」の略で、会話体でよく使われる。

내일 가라는데 (neil karanunde) ……… 明日行きなさいって言っているんだけど。

라던데(요)/으라던데(요)

「～しなさいと言ってたんだけど」

148

▼ 意味の解説

中級・上級

1 「～라고/으라고 하던데요(～しなさいと言っていたけど)」の略で、会話体でよく使われる。

내일 가라던데 (neil karadonde) ……… 明日行きなさいって言ってたんだけど。

달라고 하다

「〜くれと言う」「〜てくれと言う」(お願いの引用)

▼ 意味の解説

中級・上級

1 「名詞＋달라고 하다」➡「〜くれ(ちょうだい)と言う」

ommahante ton chom tallago hetsumnida
엄마한테 돈 좀 달라고 했습니다.
……お母さんにちょっとお金ちょうだいと言いました。

naege chansurul tallago hetsumnida
나에게 찬스를 달라고 했습니다.
……私にチャンスをちょうだいと言いました。

2 「動詞語幹＋아/어 달라고 하다」
➡「〜てくれ(ちょうだい)と言う」

chonwabonorul karucho dallago hetsumnida
전화번호를 가르쳐 달라고 했습니다.
……電話番号を教えてちょうだいと言いました。

chonun palli ka dallago hetsumnida
저는 빨리 가 달라고 했습니다.
……私は早く行ってくれと言いました。

使い方

名詞 ＋ 달라고 하다
動詞の陽母音語幹 ＋ 〜아 달라고 하다
動詞の陰母音・있다の語幹 ＋ 〜어 달라고 하다

달란다, 달랍니다, 달래(요), 달랬습니다, 달랬어요

「～(て)ちょうだいって」「～(て)ちょうだいって言っています」
「～(て)ちょうだいって言っていました」(お願いの伝聞表現)

149

意味の解説

★ 初級

1 「名詞＋달란다/달래」➡「～ちょうだいって」
「名詞＋달랍니다/달래요」➡「～ちょうだいって言っています」
「名詞＋달랬습니다/달랬어요」➡「～ちょうだいって言っていました」

sagwa jom tallanda
사과 좀 달란다. (달＋라＋ㄴ다) ちょっとリンゴちょうだいって。
kihwerul talle
기회를 달래. (달＋라＋어) ……… 機会をちょうだいって。
chusu tallamnida
주스 달랍니다. (달＋라＋ㅂ니다) …… ジュースちょうだいって言っています。

2 「動詞・있다の語幹＋아/어 달란다/달래」➡「～てちょうだいって」
「動詞・있다の語幹＋아/어 달랍니다/달래요」
➡「～てちょうだいって言っています」
「動詞・있다の語幹＋아/어 달랬습니다/달랬어요」
➡「～ちょうだいって言っていました」

neilkaji wa dallamnida
내일까지 와 달랍니다. (오＋아 달라＋ㅂ니다)
…… 明日まで来てくれと言っています。
onurun kok isso dallessoyo
오늘은 꼭 있어 달랬어요. (있＋어 달라＋었＋어요)
…… 今日はぜひいてくださいと言っていました。

★引用部分の内容は状況によって「～(て)ちょうだいって」「～(て)くれって」「～(て)くださいって」などのいずれにもなり得る。

使い方

名詞 ＋ 달란다/달래
動詞の陽母音語幹 ＋ 아 달란다/달래
動詞の陰母音・있다の語幹 ＋ 어 달란다/달래

달라면서(요)?

「～(て)ちょうだいって言ったよね(でしょう?)」(お願いの引用質問)

150

意味の解説

初級

1 「名詞＋달라면서(요)?」➡「～と言ったよね(でしょう?)」

chek tallamyonso
책 달라면서? ……… 本ちょうだいって(あなた)言ったよね?

pang jom tallamyonsoyo
빵 좀 달라면서요? …… ちょっとパンちょうだいって(あなたが)言ったでしょう?

2 「動詞語幹＋아/어 달라면서(요)?」
➡「～てちょうだいって言ったよね(でしょう?)」

mun yoro dallamyonsoyo
문 열어 달라면서요? (열＋어 달라면서요)
…… ドアを開けてくれと言いましたよね?

i changnangam sa dallamyonso
이 장난감 사 달라면서? (사＋아 달라면서)
…… この玩具買ってちょうだいと言ったよね?

中級・上級

3 お願いの引用質問 ➡ 달라면서(요)?
引用事実の確認・念押し ➡ 달라지요(죠)?

kachi ka dallamyonsoyo
A 같이 가 달라면서요? …… 一緒に行ってくれと言ったでしょう?

kachi ka dallajiyo
B 같이 가 달라지요? …… 一緒に行ってくれと言っていたでしょう?

★Aはお願いされた内容をそのまま相手に聞き返す時に使う表現で、Bは他の人からその依頼を受けたでしょうと相手に確認する時に使う表現。

使い方

名詞 ＋ 달라면서(요)?
動詞の陽母音語幹 ＋ 아 달라면서(요)?
動詞の陰母音・있다の語幹 ＋ 어 달라면서(요)?

달라는데(요)

「〜(て)ちょうだいって言っているんだけど」

151

意味の解説

中級・上級

1 「名詞＋달라는데」➡「〜ちょうだいって言っているんだけど」(会話体)

neil chek tallanunde
내일 책 달라는데 …… 明日、本をちょうだいって言ってるんだけど。

2 「動詞語幹＋아/어 달라는데」

➡「〜てくれって言っているんだけど」(会話体)

neil ka dallanunde
내일 가 달라는데 …… 明日行ってくれと言っているんだけど。

달라던데(요)

「〜(て)ちょうだいって言ってたんだけど」

意味の解説

中級・上級

1 「名詞＋달라던데」➡「〜ちょうだいって＋言ってたんだけど」(会話体)

neil chek talladonde
내일 책 달라던데 …… 明日、本をちょうだいと言ってたんだけど。

2 「動詞語幹＋아/어 달라던데」

➡「〜てくれって言ってたんだけど」(会話体)

neil ka dalladonde
내일 가 달라던데 …… 明日行ってくれと言ってたんだけど。

얼마나 ~달란다고(요)

「とにかく＋名詞を＋くれと言うんだよ(ですよ)」(要求度が高い)

▼ 意味の解説

中級・上級

1 「とにかく＋名詞を＋달란다고(요)」

★ 相手の要求度が相当なレベルにあるという意味。

olmana tonul tallandagoyo
얼마나 돈을 달란다고요.
…… とにかくお金をくれと言うんですよ。([あまりにもお金のせびり方が酷くてその程度が量れない] と言っているのですよ)

使い方 얼마나 + 名詞 + 달란다고(요)

몇 (번, 시간, 일)이나 ~(아/어) 달라고 했다고(요)

「何(回・時間・日)も～くれって言ったのだ(ですよ)」
(お願いした数量の強調)

▼ 意味の解説

中級・上級

1 「何(回・時間・日)も～のだ(ですよ)」

★ 頼んだ数量が充分すぎるほどのものであったことを表す。

chega myot ponina toraga dallago hettagoyo
제가 몇 번이나 돌아가 달라고 했다고요.
…… 私は何回も帰ってくれと言ったんですよ。

myot siganina kidaryo dallago hettago
몇 시간이나 기다려 달라고 했다고.
…… 何時間も待ってくれと言ったんだよ。

myochirina sa dallago chollattagoyo
며칠이나 사 달라고 졸랐다고요.
…… 何日も買ってくれとねだったんですよ。

使い方 몇+번, 시간, 일+나/이나 + 動詞語幹 + 아/어 달라고+했다고(요)

주라고 하다

「〜あげなさいと言う」「〜てあげなさいと言う」(依頼の引用)

152

意味の解説

★ 初級

1 「名詞+주라고 하다」➡「〜あげなさい(あげて)と言う」

tongseng-hante ton jom churago hetsumnida
동생한테 돈 좀 주라고 했습니다. (돈+주라+고 했+습니다)
…… 妹にちょっとお金あげてと言いました。

★お金をあげるのはお父さんかお母さんで、頼んでいるのが私、お金を受け取るのが妹になる。

tongseng-ege chansurul churago hetsumnida
동생에게 찬스를 주라고 했습니다. (찬스+주라+고 했+습니다)
…… 弟にチャンスをあげてと言いました。

★チャンスをあげるのは誰かで、頼んでいるのが私、チャンスをもらうのが弟になる。

中級・上級

2 「動詞語幹+아/어 주라고 하다」➡「〜てあげなさい(あげて)と言う」

chonwabonorul karucho jurago hetsumnida
전화번호를 가르쳐 주라고 했습니다.
…… 電話番号を教えてあげなさいと(あげてと)言いました。

palli ka jurago hetsumnida
빨리 가 주라고 했습니다.
…… 早く行ってあげなさいと(あげてと)言いました。

使い方
名詞 + 주라고 하다
動詞の陽母音語幹 + 아 주라고 하다
動詞の陰母音・있다の語幹 + 어 주라고 하다

주란다, 주랍니다, 주래(요), 주랬습니다, 주랬어요

「〜(て)あげなさいって」「〜(て)あげなさいと言っています」
「〜(て)あげなさいと言っていました」(お願いの伝聞表現)

意味の解説

★ 初級

1 「名詞＋주란다/주래」➡「〜あげなさいって」
「名詞＋주랍니다/주래요」➡「〜あげなさいと言っています」
「名詞＋주랬습니다/주랬어요」➡「〜あげなさいと言っていました」

sagwa jom churanda
사과 좀 주란다. (주＋라＋ㄴ다) ちょっとリンゴあげなさいって。
★リンゴをあげるように言っているのは第三者、その話を聞いて相手に伝えているのは私、実際リンゴをあげるのは相手。

kihwerul chure
기회를 주래. (주＋라＋어) 機会をあげなさいって。
★機会をあげるように言っているのは第三者、その話を聞いて相手に伝えているのは私、実際機会を与えるのは相手。

chusu churamnida
주스 주랍니다. (주＋라＋ㅂ니다)
ジュースあげなさいって言っています。
★ジュースをあげるように言っているのは第三者、その話を相手に伝えているのは私、実際ジュースをあげるのは相手。

2 「動詞・있다の語幹＋아/어 주란다/주래」➡「〜てあげなさいって」

「動詞・있다の語幹＋아/어 주랍니다/주래요」

➡「〜てあげなさいって言っています」

「動詞・있다の語幹＋아/어 주랬습니다/주랬어요」

➡「〜てあげなさいって言っていました」

neilkaji ka juramnida
내일까지 가 주랍니다.（가＋아 주라＋ㅂ니다）

……明日まで行ってあげなさいと言っています。

★明日まで行ってあげるのは相手、その依頼をしているのは第三者、相手にその話を伝えているのは私。

onurun kok isso juressoyo
오늘은 꼭 있어 주랬어요.（있＋어 주라＋었＋어요）

……今日はぜひいてあげなさいと言っていました。

★実際いてあげるのは相手、その依頼をしているのは第三者、相手にその話を伝えているのは私。

★引用部分の内容は状況によって「〜（て）あげなさいって」「〜（て）やれって」「〜（て）あげろって」などのいずれにもなり得る。

使い方

名詞 ＋ 주란다/주래

動詞の陽母音語幹 ＋ 아 주란다/주래

動詞の陰母音・있다の語幹 ＋ 어 주란다/주래

주라면서(요)?

「～(て)あげなさいと言ったよね(でしょう?)」(お願いの引用質問)

153

意味の解説

初級

1 「名詞＋주라면서(요)?」➡「～あげなさいと言ったよね(でしょう?)」

chek churamyonso
책 주라면서? …… 本あげなさいと(あなたに)言ったよね?

pang jom churamyonsoyo
빵 좀 주라면서요?
…… パンを少しあげなさいと(あなたが)言ったでしょう?

2 「動詞語幹＋아/어 주라면서(요)?」
➡「～てあげなさいって言ったよね(でしょう?)」

mun yoro juramyonsoyo
문 열어 주라면서요? (열＋어 주라면서요)
…… ドアを開けてあげなさいと言いましたよね?

i changnankam sa juramyonso
이 장난감 사 주라면서? (사＋아 주라면서)
…… このおもちゃを買ってあげなさいと言ったよね?

中級・上級

3 お願いの引用質問 ➡ 주라면서(요)?
引用事実の確認・念押し ➡ 주라지요(죠)?

kachi ka juramyonsoyo
A 같이 가 주라면서요?
…… 一緒に行ってあげなさいと言ったでしょう?

kachi ka jurajiyo
B 같이 가 주라지요?
…… 一緒に行ってあげなさいと言っていたでしょう?

★Aはお願いされた内容をそのまま相手に聞き返す表現で、Bは他人からそのお願いをされたでしょうと相手に確認する表現。

주라는데(요)

「〜(て)あげなさいと言っているんだけど」

154

意味の解説

中級・上級

1 「名詞＋주라는데」➡「〜あげなさいと言っているんだけど」(会話体)

neil chek churanunde
내일 책 주라는데 ……… 明日本あげなさいと言っているんだけど。

2 「動詞語幹＋아/어 주라는데」

➡「〜てあげなさいと言っているんだけど」(会話体)

neil ka juranunde
내일 가 주라는데 ……… 明日行ってあげなさいと言っているんだけど。

주라던데(요)

「〜(て)あげなさいと言ってたんだけど」

意味の解説

中級・上級

1 「名詞＋주라던데」➡「〜あげなさいと言ってたんだけど」(会話体)

neil chek churadonde
내일 책 주라던데 ……… 明日本あげなさいと言ってたんだけど。

2 「動詞語幹＋아/어 주라던데」

➡「〜てあげなさいと言ってたんだけど」(会話体)

neil ka juradonde
내일 가 주라던데 ……… 明日行ってあげなさいと言ってたんだけど。

얼마나 ~주라고 한다고(요)

「とにかく＋名詞を＋あげろと言うんだよ(ですよ)」(要求度が高い)

意味の解説

中級・上級

1 「とにかく＋名詞を＋주라고 한다고(요)」

★相手の要求度が相当なレベルにあるという意味。

olmana tonul churandagoyo
얼마나 돈을 주란다고요. …… とにかくお金をあげろと言うんですよ。

olmana chojul churago handagoyo
얼마나 젖을 주라고 한다고요.
…… とにかくおっぱいをあげろと言うんですよ。

使い方 얼마나 + 名詞 + 주라고 한다고(요)[주란다고(요)]

몇(번, 시간, 일)이나 ~(아/어)주라고 했다고요

「何(回・時間・日)も〜あげなさいって言ったのだ(ですよ)」
(お願いした数量の強調)

意味の解説

中級・上級

1 「何(回・時間・日)も〜のだ(ですよ)」

★頼んだ数量が過分なものであったことを表す。

chega myot ponina ka jurago hettagoyo
제가 몇 번이나 가 주라고 했다고요.
…… 私が何回も行ってやれと言ったんですよ。

myot siganina kidaryo jurago iyagihettago
몇 시간이나 기다려 주라고 이야기했다고.
…… 何時間も待ってあげなさいと話したんだ。

myochirina sa jurago soltukettagoyo
며칠이나 사 주라고 설득했다고요.
…… 何日も買ってあげなさいと説得したんですよ。

使い方
몇＋번, 시간, 일＋나/이나 ＋ 動詞語幹 ＋ 아/어 주라고＋했다고(요)

아니라고 하다

「～ではないと言う」(名詞否定の引用)

155

意味の解説

★ 初級

1 「名詞＋이/가 아니라＋고 하다」➡「～ではないと言う」

kamgiga anirago hetsumnida
감기가 아니라고 했습니다. (감기가＋아니라＋고 했＋습니다)
…… 風邪ではないと言っていました。

hangugi anirago hamnida
한국이 아니라고 합니다. (한국이＋아니라＋고 하＋ㅂ니다)
…… 韓国ではないと言います。

使い方
パッチム有の名詞 ＋ 이 아니라고 하다
パッチム無の名詞 ＋ 가 아니라고 하다

아니란다, 아니랍니다, 아니래(요), 아니랬습니다, 아니랬어요

「〜ではない(です)って」「〜ではないそう(です)よ」
「〜ではないと言っていました」(名詞否定文の伝聞表現)

意味の解説

★ 初級

1 「아니란다/아니래」➡ 伝聞表現のパンマル表現。

cho kong-woni aniranda
저 공원이 아니란다. (이 아니＋라＋ㄴ다)
……あの公園じゃないって。(あの公園じゃないそうよ)

ne kuduga anire
내 구두가 아니래. (가 아니＋라＋어)
……私の靴じゃないって。(私の靴じゃないそうよ)

2 「아니랍니다/아니래요」➡「아니란다/아니래」の丁寧形。

igon kimchiga aniramnida
이건 김치가 아니랍니다. (가 아니＋라＋ㅂ니다)
……これはキムチじゃありませんって。(キムチではないそうです)

onurun hyuiri anireyo
오늘은 휴일이 아니래요. (이 아니＋라＋어요)
……今日は休みじゃないんですって。(休みじゃないそうです)

3 「아니랬습니다/아니랬어요」➡「아니랍니다/아니래요」の過去形。

puini aniretsumnida
부인이 아니랬습니다. (이 아니＋라＋었＋습니다)
……奥さんじゃないと言っていました。

taum chuga aniressoyo
다음 주가 아니랬어요. (가 아니＋라＋었＋어요)
……来週ではないと言っていました。

使い方

パッチム有の名詞 ＋ 이 아니란다/아니래
パッチム無の名詞 ＋ 가 아니란다/아니래

아니라면서(요)?

「〜じゃないってね（〜ですってね）」（名詞否定文の引用質問）

意味の解説

156

★ 初級

1 「〜じゃないんだってね（ですってね）」（名詞否定文の引用質問）

아들이 아니라면서?（aduri aniramyonso）……息子さんじゃないってね？

시험 내일이 아니라면서요?（sihom neiri aniramyonsoyo）……テスト明日じゃないんですってね？

中級・上級

2 引用質問 ➡ 아니라면서 (요)?

引用内容の確認・念押し ➡ 아니라지요 (죠)?

A 이번 일요일이 아니라면서요?（ibon iryoiri aniramyonsoyo）

……今度の日曜日じゃないんですってね？

B 이번 일요일이 아니라지요?（ibon iryoiri anirajiyo）

……今度の日曜日じゃないと言っていますよね？

★Aは質問された内容をそのまま相手に聞き返す時に使う表現で、Bは第三者がそう言っていることを相手に確認する時に使う表現。

使い方

パッチム有の名詞 + 이 아니라면서(요)?

パッチム無の名詞 + 가 아니라면서(요)?

아니라고 ~는데(요)

「～じゃないと～けど(しますが)」

意味の解説

★ 初級

1 「～じゃないと～けど(しますが)」

miguksarami anirago hanundeyo
미국사람이 아니라고 하는데요. (이 아니+라고 하+는데요)
……アメリカ人ではないと言っていますけど。

sasiri anirago hanundeyo
사실이 아니라고 하는데요. (이 아니+라고 하+는데요)
……事実ではないと言っていますけど。

chagi ommaga anirago hanunde
자기 엄마가 아니라고 하는데. (가 아니+라고 하+는데)
……自分のお母さんではないと言ってるけど。

使い方

パッチム有の名詞 + 이 아니라고 하는데(요)
パッチム無の名詞 + 가 아니라고 하는데(요)

아니라는데(요)

「～じゃないと言っているんだけど」

➡「아니라고 하는데(요)」の略

아니라던데(요)

「～じゃないと言ってたんだけど」

➡「아니라고 하던데(요)」の略

더란다/더랍니다/더래(요)/더랬습니다/더랬어요

「～더라고 하다(経験回想の引用)の省略形」

▼ 意味の解説

🔊 157

★ 初級

1 「더란다/더래」➡ 経験回想伝聞形のパンマル表現。

chigum chadoranda
지금 자더란다. (자+더라+ㄴ다) ……… 今寝ていたんだって。

★AとBの会話。寝ているのを確認したのはC。Cの話を伝え聞いたAがBに言う表現。

nalssiga chadore
날씨가 차더래? (차+더라+어) ……… 天気が寒かったって？

★AとBの会話。天気が寒いことを知っているのはC。Cからその話を伝え聞いているはずのBにAが質問する表現。

chibe ittoranda
집에 있더란다. (있+더라+ㄴ다) ……… 家にいたんだって。

★AとBの会話。家にいるのを確認しているのはC。Cからその話を伝え聞いたAがBに説明する時の表現。

ojenun optore
어제는 없더래. (없+더라+어) ……… 昨日はいなかったって。

★AとBの会話。いなかったことを知っているのはC。Cからその話を伝え聞いたAがBに言う表現。

2 「더랍니다/더래요」➡「더란다/더래」の丁寧形。

che giltoramnida
책 읽더랍니다.（읽＋더라＋ㅂ니다）……本読んでいたんですって。

pang-i kekutadoreyo
방이 깨끗하더래요.（깨끗하＋더라＋어요）
……部屋がきれいだったんですって。

3 「더랬습니다/더랬어요」➡「더랍니다/더래요」の過去形。

irumul aldoretsumnida
이름을 알더랬습니다.（알＋더라＋었＋습니다）
……名前を知っていたんですって。

4 「～더라고 하다（経験回想の引用）」という形ではあまり使われない。

chigum chandanda chande
5 a「지금 잔단다/잔대」……今寝ているんだって。（第三者の話）
……今寝ているんだよ。（自分の話）

chigum chadoranda chadore
b「지금 자더란다/자더래」……今寝ていたんだって。

★aはAがBに直接自分が見たりCから伝え聞いたことを話す表現で、bはAがBに「Cが経験したこと【Dが寝ていること】を回想している内容」を伝える表現。

使い方 **動詞・形容詞・있다/없다・이다の語幹 ＋ 더란다/더래**

ㄴ/는단다・ㄴ/는답니다・ㄴ/는대요・ㄴ/는댔어요・ㄴ/는댔습니다
란다・랍니다・래요・랬어요・랬습니다
냔다・냡니다・내요・냈습니다
잔다・잡니다・재요・잿어요・잿습니다

★話し手が話題の場にいない第三者から聞いた話や自分の意見を他人事みたいに言い表すことを相手に伝える時に使う表現。

ㄴ/는대요?·ㄴ/는댔어요?·ㄴ/는댔습니까?
(이)래요?·(이)랬어요?·(이)랬습니까?
(느)내요?·(느)냈어요?·(느)냈습니까?
재요?·잿어요?·잿습니까?

★話し手自身、もしくは第三者から伝え聞いた情報を相手から聞き出す時に使う。

ㄴ/는다면서요?·(이)라면서요?
(느)냐면서요?·자면서요?

★話し手自身もそれに対する情報をつかんでいながら、なおかつそのことに対して相手に確認を取る時に使う。

韓国語学習の落とし穴　学習コラム⑦

パッチム学習のポイント

韓国語のパッチムは、数自体は多いが、発音だけを基準にまとめると次の４グループに絞られる。

1.「ㄹ」系

これは、「l」の音になるもので、パッチムに子音「ㄹ」や「ㄺ」「ㄼ」「ㅀ」などを持つ文字が来る時にこのような発音になる。

2.「ㄴ/ㅁ/ㅇ」系

これは、音声的に、日本語の「ん」に当たる種類のパッチムで、それぞれ「n」「m」「ng」の音になる。「n」は、簡単に言えば、舌をくっつけることで得られる音で、「m」は両唇を閉じて得られる音、「ng」は喉を丸くし、舌をどこにもつけないことで得られる音である。３つとも「ん」と同様、鼻声になる。パッチムに「ㄴ, ㄶ, ㄵ」「ㅁ, ㄻ」「ㅇ」などを持つ文字が来る時にこのような発音になる。

3.「ㄷ/ㅂ/ㄱ」系

これは、音声的に、日本語の「っ」に当たる種類のパッチムで、それぞれ「t」「p」「k」の音になる。これらの音は、それぞれ舌を使ったり両唇を使ったり喉を使ったりし、口の中の息を閉じ込めることで得られる音である。３つとも「っ」と同様、閉鎖音である。パッチムに「ㄷ, ㅅ, ㅆ, ㅌ, ㅈ, ㅊ, ㅎ」「ㅂ, ㅄ, ㅍ」「ㄱ, ㄺ, ㅋ」などを持つ文字が来る時にこのような発音になる。

☆パッチムの変化

パッチムに「ㄷ/ㅂ/ㄱ」を持つ文字は、後ろに「ㄴ/ㅁ」を含む文字が続く時に変化をする傾向があるが、その変化には、同じところで出る音を使う。「ㄷ ➡ ㄴ」「ㅂ ➡ ㅁ」「ㄱ ➡ ㅇ」などである。

모음

8

類似表現の比較対象

上級編です。似たような表現、間違えやすい表現を
集めて解説をしていきます。
初版時よりも大幅に増量しました。
ハングル文法をさらに深く掘り下げています。
本書の모음1〜7まで学んできたことの頭の整理に
使うのもよいでしょう。

POINT

本書でもっとも大切で、かつ読み応えのあるところです。しっかり頭に叩き込んで、ハングル文法を上手に使いこなしましょう。

※付属音源にはすべての例文の音声が収録されていますが、(×)のついた例文は、収録されていません。ご了承ください。

에게・한테・보고・더러

158

意味の解説

에게➡特別なニュアンスを持たない「に」(文章体)
한테➡特別なニュアンスを持たない「に」(会話体)
보고➡期待・願望をもたらす人間名詞につける「に」
더러➡不期待・不願望をもたらす人間名詞につける「に」

使い方

chohante sonmurul chuwossoyo
1 저한테 선물을 줬어요. (○) 私にプレゼントをくれました。
chobogo sonmurul chuwossoyo
2 저보고 선물을 줬어요. (×)
chodoro sonmurul chuwossoyo
3 저더러 선물을 줬어요. (×)

★2や3が成立しないのは、この文の内容が単純にプレゼントをやりとりしているだけで、プレゼントをもらった私が期待や願望などをかけられるような対象ではないからである。

ne chinguhante mori napudeyo
4 내 친구한테 머리 나쁘대요. (○) 私の友達に頭悪いですって。
ne chingubogo mori napudeyo
5 내 친구보고 머리 나쁘대요. (○)
ne chingudoro mori napudeyo
6 내 친구더러 머리 나쁘대요. (○)

★4は特別なニュアンスを持たない。5の「私の友達」は期待や願望の対象なので、頭が悪いことはあり得ず、そんなばかな話はありませんという意味になり、6の「私の友達」は期待や願望を持たない対象になる。

nohante kongbuharago hetchi
7 너한테 공부하라고 했지? (○) 君に勉強しろと言ったよね?
nobogo kongbuharago hetchi
8 너보고 공부하라고 했지? (○)
nodoro kongbuharago hetchi
9 너더러 공부하라고 했지? (○)

★7は特別なニュアンスを持たない。8の「너」は期待をかけられる存在なので、なぜ期待を裏切るのだという意味になり、9の「너」は期待をしていない存在なので、一体誰が何で君のようなものに勉強しろと言ったんだという意味合いになる。

에게서·한테서·에서·에서부터

▼ 意味の解説

에게서➡出所となる人間名詞につく「から」(文章体)
한테서➡出所となる人間名詞につく「から」(会話体)
에서　➡場所名詞につく「から」: 場所がポイント
에서부터➡始点となる場所名詞につく「から」: 始点がポイント

使い方

1 형에게서 전화가 왔다. (hyong-egeso chonwaga watta) (○) …… 兄から電話が来た。
2 형한테서 전화가 왔다. (hyonghanteso chonwaga watta) (○)

★1は主に文章体で、2は会話体でよく使われる。

3 일본에서 왔다. (ilboneso watta) (○) …… 日本から来た。
4 일본에서부터 왔다. (ilbonesobuto watta) (×)

★「日本から来た」と言う場合、日本は始点にはならないので、4は成立しない。

5 일본에서부터 가지고 있던 책 (ilbonesobuto kajigo itton chek) …… 日本にいた時から持っていた本
6 일본에서 가지고 있던 책 (ilboneso kajigo itton chek) …… 日本で持っていた本

★5が成立するのはいつから持っていたのかという始点がポイントとなるからである。6は持っていたのは日本でだという意味になるので始点や出所にはならず「で」になる。

와/과·하고·랑/이랑

159

▼ 意味の解説

와/과　➡「と」(文章体)
하고　➡「と」(会話体)
} 이/가·을/를·에

랑/이랑 ➡「と」(くだけた会話体)

使い方

1 귤과 사과를 샀어요. (kyulgwa sagwarul sassoyo) …… みかんとリンゴを買いました。

2 귤하고 사과를 샀어요. (kyurago sagwarul sassoyo)

3 귤이랑 사과랑 샀어요. (kyurirang sagwarang sassoyo)

4 나고야와 오사카에 가요. (nagoyawa osakae kayo) …… 名古屋と大阪に行きます。

5 나고야하고 오사카에 가요. (nagoyahago osakae kayo)

6 나고야랑 오사카랑 가요. (nagoyarang osakarang kayo)

★1から6の並列の意味になる時に、「와/과」「하고」は並列の最後に「이/가·을/를·에」などをつける必要があるが、「랑/이랑」は格助詞を必要としない。
並列の意味の時も、共同の意味の時も3つの使い方には文体上の若干の違いがある。

7 나와 같이 가자. (nawa gachi kaja)(文章体) …… 僕と一緒に行こう。

8 나하고 같이 가자. (nahago gachi kaja)(会話体)

9 나랑 같이 가자. (narang gachi kaja)(くだけた会話体)

로/으로·에

▼ 意味の解説

로/으로➡「へ」(方向・方角)

에➡「に」(帰着点、ゴール)

使い方

1 오늘 거기로 가요. (onul kogiro kayo) …… 今日そこへ行きます。

2 오늘 거기에 가요. (onul kogie kayo) …… 今日そこに行きます。

★「そこ」が向かっていく方向・方角になる場合には「로/으로」を、最終的なゴールになる場合には「에」を使うことになる。

3 pekwajomuro 백화점으로 kamnida 갑니다. デパートへ行きます。

4 pekwajome 백화점에 kamnida 갑니다. デパートに行きます。

★両方デパートを目指していることに変わりはないが、3は目指す方向・方角にデパートが位置している意味で、4はデパートがどの方向・方角にあるのかには関心がなく、そこが最終的な目的地だという意味になる。

나/이나·라도/이라도·나마/이나마·든지/이든지

160

意味の解説

나/이나➡「でも」:無価値の次善策

라도/이라도➡「でも」:価値ある次善策

나마/이나마➡「でも」:かろうじて、せめて

든지/이든지➡「でも」:選択

使い方

1 ogo 오고 sipumyon 싶으면 onurina 오늘이나 oseyo 오세요. (×)

2 ogo 오고 sipumyon 싶으면 onurirado 오늘이라도 oseyo 오세요. (○)

…… 来たければ今日にでも来てください。

3 ogo 오고 sipumyon 싶으면 onurinama 오늘이나마 oseyo 오세요. (×)

4 ogo 오고 sipumyon 싶으면 onuridunji 오늘이든지 neiridunji 내일이든지 oseyo 오세요. (○)

…… 来たければ今日にでも明日にでも来てください。

★1は来てくださいと言っておいて価値を持たなそうな言い方をするから成立しない。3はかろうじて来るわけではないので成立しない。2は来るのが価値のあることだという意味で、4は選択の意味になる。

5 kolchina 꼴찌나 putossuni 붙었으니 taheng-ida 다행이다. (×)

6 kolchirado 꼴찌라도 putossuni 붙었으니 taheng-ida 다행이다. (○)

7 kolchinama 꼴찌나마 putossuni 붙었으니 taheng-ida 다행이다. (○)

…… ビリでも受かったからよかった。

kolchidunji putossuni taheng-ida
8 꼴찌든지 붙었으니 다행이다. (×)

★5 はビリであっても無価値ではないことから成立しない。8「든지」は、複数あるものの中で選択するという意味を持つので、おかしな文になる。6 はビリが価値のある次善策になっているという意味で、7 はかろうじてビリであってもという意味になる。

purosonsuna motteril koeyo
9 프로선수나 못때릴 거예요. (×)

purosonsurado motteril koeyo
10 프로선수라도 못때릴 거예요. (○)
…… プロ選手でも打てません。

purosonsunama motteril koeyo
11 프로선수나마 못때릴 거예요. (×)

★10 しか成立しない。プロ選手はレベルが高く期待値も高い。それでも打てないほどすごい球だということを表している。

은/는·야/이야

161

意味の解説

은/는 ➡「は」
야/이야 ➡「は」: 当為

使い方

nanun he jugo sipchiyo
1 나는 해 주고 싶지요. …… 私はやってあげたいですよ。

naya he jugo sipchiyo
2 나야 해 주고 싶지요.

★1 は他の人は知らないけど、私はやってあげたいという意味で、2 はそれぐらいやってあげるのが当たり前という意味になる。

pengmanwon chumun kunyang chuji
3 100만원 쯤은 그냥 주지. …… 100万ウォンぐらいはやるよ。

pengmanwon chumiya kunyang chuji
4 100만원 쯤이야 그냥 주지.

★3 は他の額ならともかく100万ウォンぐらいはあげるという意味で、4 は100万ウォンぐらい当たり前にあげるよという意味になる。

까지·마저·조차

意味の解説

까지➡「まで」
마저➡期待・願望の対象につく「まで」
조차➡不期待・不願望の対象につく「まで」「さえ」

使い方

1 실력도 없는데 운까지 없다.（sillyokto omnunde unkaji opta）……実力もないのに運までない。
2 실력도 없는데 운마저 없다.（sillyokto omnunde unmajo opta）
3 실력도 없는데 운조차 없다.（sillyokto omnunde unjocha opta）

★1は特別なニュアンスのない「まで」で、2は運を期待していたのにそれも最終的になくなったという意味、3は期待していなかったけれどもやはりその通り運さえないという意味になる。

아/어?·니/냐?·나?·는가/ㄴ/은가?

162

意味の解説

아/어?➡やんわりとしたパンマル疑問形
니/냐?➡はっきりしたパンマル疑問形
나?➡考え込んでいたことを質問するパンマル疑問形
는가?/ㄴ가?/은가?➡聞き手(読み手)の意中を伺いながら質問するパンマル疑問形

使い方

1 어제 영화 봤어?（oje yong-hwa pwasso）……昨日映画見た？
2 어제 영화 봤니?（oje yong-hwa pwanni）……昨日映画見たの？
3 어제 영화 봤나?（oje yong-hwa pwanna）……昨日映画見たのかな？

oje yong-hwa pwannunga
4 어제 영화 봤는가? ……… 昨日映画見たのかな？

★1 はやんわりとした質問で、2 ははっきりとした質問。3 は映画見たのだろうなと心の中で考えていたことを相手にやんわりと質問する時に使うもので、4 は相手を探りながら質問する時に使うものである。

onul towosso
5 오늘 더웠어? ……… 今日暑かった？

onul towonni
6 오늘 더웠니? ……… 今日暑かったの？

onul towonna
7 오늘 더웠나? ……… 今日暑かったのかな？

onul towonnunga
8 오늘 더웠는가? ……… 今日暑かったのかな？

★5 はやんわりとした質問で、6 ははっきりとした質問。7 は一日中クーラーをつけていて暑さに気づかず、けろっとした言い方をする時などに使う表現で、8 は今日の天気に対して相手の気持ちはどんなものだったのかを探りながら聞く時に使う表現である。

아라/어라·아/어

▼ 意味の解説

아라/어라➡はっきりしたパンマル命令形

아/어➡やんわりしたパンマル命令形

使い方

igo mogora
1 이거 먹어라. ……… これ、食べなさい。

igo mogo
2 이거 먹어.

★1 は命令の意味がよりはっきりするもので、2 はやんわりとした命令の意味になる。

자·아/어

163

意味の解説

자➡はっきりしたパンマル誘い形
아/어➡やんわりとしたパンマル誘い形

使い方

1 그만 가자. (kuman kaja) もう帰ろう。
2 그만 가. (kuman ka)
★1ははっきりとした誘いの表現で、2はやんわりとした誘いの表現。

고 있다·아/어 있다

意味の解説

고 있다➡動きや状況の継続
아/어 있다➡状態の継続

使い方

1 아직 살아 있습니다. (ajik sara itsumnida) まだ生きています。
2 아직 살고 있습니다. (ajik salgo itsumnida) まだ住んでいます。
★1は生きている状態の継続を、2は住んでいる状況の継続を表す。
＊살다：「生きる、住む、暮らす」の意味。

3 집에 와 있어요. (chibe wa issoyo) 家に来ています。
4 집에 오고 있어요. (chibe ogo issoyo) 家に向かっています。
★3は家に着いている状態の継続を、4は家に向かう動きの継続を表す。

5 먼저 가 있습니다. (monjo ka itsumnida) 先に行っています。
6 먼저 가고 있습니다. (monjo kago itsumnida) 先に向かっています。

★5は目的地にすでに着いている状態の継続を、6は目的地に向かう動きの継続を表す。

ㄴ다/는다・아/어

164

意味の解説

ㄴ다/는다➡終止形のパンマル表現(文章体、会話体の宣言風)
아/어➡終止形のパンマル表現(会話体)

使い方

1 오늘 친구 만난다. (onul chingu mannanda) …… 今日友達に会う。

2 오늘 친구 만나. (onul chingu manna)

★1を会話で使うと相手に宣言風に言う言い方になる。

(文章体)

3 나는 매일 7시에 일어난다. (nanun meil ilgopsie ironanda) (○) …… 私は毎日7時に起きる。

4 나는 매일 7시에 일어나. (nanun meil ilgopsie irona) (×)

★4の「아/어」は相手がいて初めて使える表現なので成立しない。

(文章体)

5 할 일이 많다. (hal liri manta) (○) …… やることが多い。

6 할 일이 많아. (hal liri mana) (×)

★6の「아/어」は相手がいて初めて使える表現なので成立しない。

(会話体)

7 어제 영화 봤다. (oje yong-hwa pwatta) …… 昨日映画見たよ。

8 어제 영화 봤어. (oje yong-hwa pwasso) …… 昨日映画見た。

★7は映画を見たことを自慢しているかのように言う時に使うもので、8は映画を見たことを事実として伝える時に使われる。

겠어요・ㄹ/을게요・ㄹ/을래요・지요・ㄹ/을 거예요

▼ 意味の解説

겠어요(겠습니다)➡話し手の強い意志
ㄹ/을게요➡話し手の弱い意志
ㄹ/을래요➡話し手の感情的意志
지요➡相手との心情的合意意志
ㄹ/을 거예요➡話し手の予定

使い方

1 커피는 제가 사겠어요.(kopinun chega sagessoyo) …… コーヒーは私がおごります。
2 커피는 제가 살게요.(kopinun chega salkeyo) …… コーヒーは私がおごります。
3 커피는 제가 살래요.(kopinun chega salleyo) …… コーヒーは私がおごります。
4 커피는 제가 사지요.(kopinun chega sajiyo) …… コーヒーは私がおごりましょう。
5 커피는 제가 살 거예요.(kopinun chega sal koeyo) …… コーヒーは私がおごるつもりです。

★1はコーヒーをおごるという強い意志を表す時に、2は柔らかい意志なので自分の意見を言って同席している人たちの了解を取るような時に、3は周りの様子は気にせず、コーヒーをおごりたい気持ちを前面に出す時に、4は相手と心情的に合意したものと思う時に、5は自分がおごる予定をしている時に使われる。

6 나중에 전화하겠습니다.(najung-e chonwahagetsumnida) …… 後で電話します。
7 나중에 전화할게요.(najung-e chonwahalkeyo) …… 後で電話します。
8 나중에 전화할래요.(najung-e chonwahalleyo) …… 後で電話します。
9 나중에 전화하지요.(najung-e chonwahajiyo) …… 後で電話しましょう。
10 나중에 전화할 거예요.(najung-e chonwahal koeyo) …… 後で電話するつもりです。

★6は後で電話すると強く言う時に、7は後で電話するからそのつもりでいてくださいと相手にやんわりと言う時に、8は相手の気持ちとは関係なく自分の気持ちを前面に出して言う時に、9は後で電話することを相手が心情的に合意してくれるものと思う時に、10は電話するのを後の予定にする時に使われる。

11 여기 좀 앉겠습니다.(yogi jom anketsumnida) …… ちょっとここに座ります。

12 여기 좀 앉을게요.(yogi jom anjulkeyo) …… ちょっとここに座ります。

13 여기 좀 앉을래요.(yogi jom anjulleyo) …… ちょっとここに座ります。

14 여기 좀 앉지요.(yogi jom anchiyo) …… ちょっとここに座りましょう。

15 여기 좀 앉을 거예요.(yogi jom anjul koeyo) …… ちょっとここに座るつもりです。

★11は話し手が強い意志で座ると言っているので、やや怖い感じがする。12は話し手の弱い意志表現なので相手の出方を伺いながら座ろうとしている意味になる。13は相手に関係なく感情むき出しにして座ると言っているので、唐突な感じがする。14はあなたも知っている通りにここに座るよというような意味になり、15はここに座るのが自分の予定になっていることを伝える意味になる。

겠어요·지요·ㄹ/을 거예요

165

意味の解説

겠어요(겠습니다)➡話し手の強い推量

지요➡話し手の心情的合意体験

ㄹ/을 거예요(겁니다)➡話し手の弱い推量

使い方

1 그 분은 내일 오겠어요.(ku bunun neil ogessoyo) (×)

2 그 분은 내일 오지요.(ku bunun neil ojiyo) …… その方は明日来るんですよ。

3 그 분은 내일 올 겁니다.(ku bunun neil ol komnida) …… その方は明日来ると思います。

★1が成立しないのは第三者の予定を話し手が勝手に断言することができないからである。2はその人が来ることを前もってその人との話し合いの中で分かっている場合に、3は単なる話し手の弱い推量の気持ちを言う時に使われる。

4 이 집은 커피가 맛있겠어요.(i chibun kopiga masitkessoyo) …… この店はコーヒーがおいしそうです。

i chibun kopiga masitchiyo
5 이 집은 커피가 맛있지요. ……… この店はコーヒーがおいしいんですよ。

i chibun kopiga masissul koeyo
6 이 집은 커피가 맛있을 거예요. ……… この店はコーヒーがおいしいと思います。

★4は雰囲気とか匂いからしてコーヒーがおいしいだろうなとほぼ確信する時に、5は体験としておいしいことを知っている時に、6は漠然とした話し手の弱い推量の気持ちを表す時に使われる。

neirun mujihage papugessoyo
7 내일은 무지하게 바쁘겠어요. ……… 明日はめちゃくちゃ忙しそうです。

neirun mujihage papujiyo
8 내일은 무지하게 바쁘지요.（×）

neirun mujihage papul koeyo
9 내일은 무지하게 바쁠 거예요. ……… 明日はものすごく忙しいでしょう。

★7は間違いなく忙しいだろうなと強く推量する時に、9は弱い推量の気持ちを表す時に使われる。8が成立しないのは明日のことを話し手が前もって体験することはできないからである。

chigum kamyon itkessoyo
10 지금 가면 있겠어요. ……… 今行けばいるでしょう。

chigum kamyon itchiyo
11 지금 가면 있지요. ……… 今行くといるんですよ。

chigum kamyon issul koeyo
12 지금 가면 있을 거예요. ……… 今行くといると思います。

★10はほぼ間違いなくいると強く確信する時に、11は経験として分かっている時に、12は弱い推量の気持ちを表す時に使われる。

cho sarami pominigessoyo
13 저 사람이 범인이겠어요. ……… あの人が犯人でしょう。

cho sarami pominijiyo
14 저 사람이 범인이지요. ……… あの人が犯人なんですよ。

cho sarami pominil komnida
15 저 사람이 범인일 겁니다. ……… あの人が犯人だと思います。

★13は状況からして間違いないと強く確信する時に、14はすでに知っている時に、15は一般的に考えられる推測をする時に使われる。

못・ㄹ/을 수 없다・ㄹ/을 줄 모르다

166

▼ 意味の解説

못 ➡ 不可能・不許可・不容認

ㄹ/을 수 없다 ➡ 不可能

ㄹ/을 줄 모르다 ➡ 技能の不可能

使い方

1 거기에는 혼자서는 갈 수 없습니다. (kogienun honjasonun kal su opsumnida) …… そこには一人では行けません。

2 거기에는 혼자서는 못 갑니다. (kogienun honjasonun mot kamnida)

3 거기에는 혼자서는 갈 줄 모릅니다. (kogienun honjasonun kal chul morumnida)

★1は単純に不可能の意味、2不可能の意味にも不許可の意味にもなる。3は行き方が分からないという意味になる。

4 밤 10시 이후에는 영업을 할 수 없다. (pam yolsi ihuenun yong-obul hal su opta) (○)

5 밤 10시 이후에는 영업을 못 한다. (pam yolsi ihuenun yong-obul mo tanda) (○)

…… 夜の10時以降は営業ができない。

6 밤 10시 이후에는 영업을 할 줄 모른다. (pam yolsi ihuenun yong-obul hal chul morunda) (×)

★4は不許可・不許容の意味。5は不可能にも、不許可や不容認の意味にもなる。6が成立しないのは商売のやり方を知らないわけではないからである。

7 위스키는 마실 수 없습니다. (wisukinun masil su opsumnida) …… ウイスキーは飲めません。

8 위스키는 못 마십니다. (wisukinun mon mashimnida)

9 위스키는 마실 줄 모릅니다. (wisukinun masil chul morumnida)

★7は何らかの事情で今日は飲むことが不可能だという意味で、8は体質的な理由か何かで自分にはウィスキーが飲めないのだという意味、9は飲み方が分からないという意味になる。

(先に出発した先遣隊から本隊の状況を聞かれて)

10 지금 떠날 수 없고 있습니다. (chigum tonal su opko itsumnida) (×)

11 지금 떠나지 못하고 있습니다. (chigum tonaji motago itsumnida) …… 今出発できないでいます。

12 지금 못 떠나고 있습니다. (chigum mot tonago itsumnida) …… 今出発できないでいます。

13 지금 떠날 줄 모르고 있습니다. (chigum tonal chul morugo itsumnida) …… 今出発しないでいます。

★10は不可能の継続が成り立たないことから文として成立しない。11と12は何らかの理由で不許容の状態が継続していることを表している。13は何らかの理由で出発することを知らないでいるという意味になる。

아/어 버리다·아/어 치우다·고 말다

167

意味の解説

아/어 버리다➡普通の「〜してしまう」・捨て型完結
아/어 치우다➡片付け型完結
고 말다➡追い込み・追い込まれ型完結

使い方

1 키우던(kiudon) 고양이가(koyang-iga) 죽어(chugo) 버렸습니다(boryotsumnida). (○)
……飼っていた猫が死んでしまいました。

2 키우던(kiudon) 고양이가(koyang-iga) 죽어(chugo) 치웠습니다(chiwotsumnida). (×)

3 키우던(kiudon) 고양이가(koyang-iga) 죽고(chukko) 말았습니다(maratsumnida). (○)
……飼っていた猫が死んでしまいました。

★2が成立しないのは、猫が死んだことによって何かが片付いたわけではないからである。3はとうとう死んでしまったという意味が強い時に使われる。

4 오늘(onul) 안으로(anuro) 끝내(kunne) 버리겠다(borigetta). (○) ……今日中に終わらせてしまおう。

5 오늘(onul) 안으로(anuro) 끝내(kunne) 치우겠다(chiugetta). (×)

6 오늘(onul) 안으로(anuro) 끝내고(kunnego) 말겠다(malgetta). (○) ……今日中に終わらせてしまおう。

★5が成立しないのは終わらせることによって何かが片付くわけではないからである。6は自分を追い込んで今日中に終わらせてしまおうという時に使われる。

7 또(to) 술(sul) 마셔(masyo) 버렸다(boryotta). (×)

8 또(to) 술(sul) 마셔(masyo) 치웠다(chiwotta). (×)

9 또(to) 술(sul) 마시고(masigo) 말았다(maratta). (○) ……また酒を飲んでしまった。

★またやっちゃったなという意味が強い時には「〜아/어 버리다」「〜아/어 치우다」は使えない。

10 장관을(chang-gwanul) 갈아(kara) 버리자고(borijago)? (○) ……長官を変えてしまおうって？

11 장관을(chang-gwanul) 갈아(kara) 치우자고(chiujago)? (○) ……長官を変えてしまおうって？

chang-gwanul kalgo maljago
⑫ 장관을 갈고 말자고? (○) …… 長官を変えてしまおうって。

★⑩は単純に「変えてしまおう」の意味で、⑪はそのような方法で長官という人を片付けようという意味、⑫はそこまで追い込んでいこうという意味になる。

아/어지다·게 되다

168

意味の解説

아/어지다➡自然に、おのずとそうなるという意味。
게 되다➡周りの状況がそうさせるという意味。

使い方

nalsiga chomjom towojinda
① 날씨가 점점 더워진다. …… 天気が段々暑くなる。

nalsiga chomjom topke dwenda
② 날씨가 점점 덥게 된다. …… 天気が次第に暑くなる。

★①は四季の流れの中で暑くなっていくという意味で、②は例えば何かの気象異変により温度が上昇してその結果、暑くなるというような意味になる。

se kigerul sumyon kekutejinda
③ 새 기계를 쓰면 깨끗해진다. …… 新しい機械を使うときれいになる。

se kigerul sumyon kekutage dwenda
④ 새 기계를 쓰면 깨끗하게 된다.

★③は新しい機械を使うとおのずときれいな状態になるという意味で、④は新しい機械を使うとその機械のおかげできれいな状態になるという意味になる。

답다·같다

意味の解説

답다➡「らしい」
같다➡「みたいだ・～のようだ」

使い方

cho bunun chongmal sonsengnimdawoyo
1 저 분은 정말 선생님다워요. ……あの方は本当に先生らしいです。

cho bunun chongmal sonsengnim gatayo
2 저 분은 정말 선생님 같아요. ……あの方は本当に先生みたいです。

★1はまさに先生という職業にふさわしい方だという意味で、2は本当は先生ではないのに先生のような存在だという意味になる。

나 보다·는/ㄴ/은 가 보다

意味の解説 169

나 보다➡物事に対して一方的に「〜ようだ・みたいだ」と決め付ける時。動詞・있다/없다につく。

는/ㄴ/은 가 보다➡物事の状況を見て「〜ようだ・みたいだ」という時。動詞・形容詞・있다/없다・이다につく。

使い方

yoheng gana bomnida
1 여행 가나 봅니다. (○) ……旅行に行くみたいです。

yoheng ganunga bomnida
2 여행 가는가 봅니다. (○)

★1はパッと見で一方的に旅行に行くんだなと判断する時に使われ、2はその人の様子などから旅行に行くものと判断する時に使われる。

cho sarami aboji-ina boda
3 저 사람이 아버지이나 보다. (×)

cho sarami aboji-inga boda
4 저 사람이 아버지인가 보다. (○) ……あの人がお父さんのようだね。

★3が成立しないのは、お父さんなのかどうかを一方的にパッと見で判定することはできないからである。4は二人の様子から親子のように推察できる時に使われる。

honja inna bwayo
5 혼자 있나 봐요. (○) ……一人でいるようです。

honja innunga bwayo
6 혼자 있는가 봐요. (○)

★5は直感的に一人でいるものと感じた時に、6は状況からしてそのようにしか思えない時に使われる。

ㅁ/음·ㄹ/을 것·기

🔊170

▼ 意味の解説

ㅁ/음 ➡自分固有の経験的出来事を抽象名詞化する時に使われる。

ㄹ/을 것➡ある出来事をみんなの共有のものとして具体名詞化する時に使われる。命令調の意味を持つ。

기 ➡ある出来事をみんなの共有のものとして具体名詞化する時に使われる。約束事的な意味を持つ。

使い方

1 10시에 불 끔. (yolsie pul kum) (○) ……… 10時に明かりを消す。

2 10시에 불 끌 것. (yolsie pul kul kot) (○) ……… 10時に明かりを消すこと。

3 10시에 불 끄기. (yolsie pul kugi) (○) ……… 10時に明かりを消す。

★1は主語となる人の固有の経験を状態名詞化したもので、これから消す場合やすでに消した場合などに使われる。2は命令に近い意味で、3は約束事を交わすような意味になる。

4 그 식당은 손님들에게 친절함. (ku siktang-un sonnimdurege chinjoram) (○) ……… その食堂はお客様に親切。

5 그 식당은 손님들에게 친절할 것. (ku siktang-un sonnimdurege chinjoral kot) (×)

6 그 식당은 손님들에게 친절하기. (ku siktang-un sonnimdurege chinjoragi) (×)

★5や6が成立しないのはお客様に親切だということが個人の経験から来ることなのに共有できるものかのような言い方をしているからである。

7 내일까지는 기다림. (neilkajinun kidarim) (○) ……… 明日までは待つ。

8 내일까지는 기다릴 것. (neilkajinun kidaril kot) (○) ……… 明日までは待つこと。

9 내일까지는 기다리기. (neilkajinun kidarigi) (○) ……… 明日までは待つ。

★7は主語となる人の個人的な計画を言う場合に、8は相手に対してそうしてほしいと命令に近い形で言う場合に、9は相手に約束をさせるような意味合いで言う場合に使われる。

ㄹ/을 것처럼·ㄹ/을 것같이·ㄹ/을 듯이

171

意味の解説

ㄹ/을 것처럼➡会話体において自分事的な言い方をする時に使われる。
ㄹ/을 것같이➡会話体において他人事的な言い方をする時に使われる。
듯이➡文章体においてひとごと的な言い方をする時に使われる。

使い方

1 점심을 안 먹을 것처럼 이야기했다. (○)
(chomsimul an mogul kotchorom iyagihetta)

2 점심을 안 먹을 것같이 이야기했다. (○)
(chomsimul an mogul kotkachi iyagihetta)

3 점심을 안 먹을 듯이 이야기했다. (○)
(chomsimul an mogul tusi iyagihetta)

……お昼を食べないかのように言った。

★1は食べないかのように言ったことをくだけて言う場合に、2は会話体ではあるが、まるで観察的な言い方にする場合に、3はお昼を食べないかのように言っている状況を文章風に描写する場合に使われる。

ㄹ/을 것 같다·ㄹ/을 모양이다

意味の解説

ㄹ/을 것 같다➡情報などに頼らずに自分で確実とはいえない判断をくだす時に使われる。
ㄹ/을 모양이다➡ある程度の根拠を持って確実とはいえない判断をくだす時に使われる。

使い方

1 다음 달부터 프랑스어 배울 것 같아요. (○)
(taum talbuto purangsuo peul kot katayo)

……来月からフランス語を習いそうです。

2 다음 달부터 프랑스어 배울 모양입니다. (○)
(taum talbuto purangsuo peul moyang-imnida)

……来月からフランス語を習うようです。

★1はあまり深く考えずにそうなりそうだと思う時に、2は状況証拠からしてどうやらその気配があると判断する時に使われる。

려고/으려고 하다·ㄹ/을까 하다·고자 하다

172

意味の解説

려고/으려고 하다➡実際実行段階に入っている時の意図。
ㄹ/을까 하다➡まだ計画段階にいる時の意図。
고자 하다➡記者会見などの公式の場で使う意図。

使い方

choun tehage turogaryogo hamnida
1 좋은 대학에 들어가려고 합니다.（○）
……いい大学に入ろうと思っています。

choun tehage turogalka hamnida
2 좋은 대학에 들어갈까 합니다.（○）
……いい大学に入ろうかなと思っています。

choun tehage turogagoja hamnida
3 좋은 대학에 들어가고자 합니다.（○）
……いい大学に入ろうと思っています。

★1はいい大学に入るための準備を何らかの形でスタートしている人が、2はそれも一つの選択肢としてあり得るのかなと思う人が、3はそのような計画を公衆の前で発表する人が使う。

니까/으니까·아서/어서·느라고·기 때문에·길래·므로/으므로

意味の解説

니까/으니까➡意図の因果
아서/어서➡継起の因果
느라고➡目的の因果

기 때문에➡帰納の因果
길래➡状況の因果
므로➡手段・方法・道具・材料の因果

使い方

1 많이 마시니까 취한다. (mani masinika chwihanda) (○) たくさん飲むから酔う。
2 많이 마셔서 취한다. (mani masyoso chwihanda) (○) たくさん飲むので酔う。
3 많이 마시느라고 취한다. (mani masinurago chwihanda) (×)
4 많이 마시기 때문에 취한다. (mani masigi temune chwihanda) (○) たくさん飲むので酔う。
5 많이 마시길래 취한다. (mani masigille chwihanda) (×)
6 많이 마시므로 취한다. (mani masimuro chwihanda) (×)

★1はたくさん飲むという意図的「因」があって酔うという「果」が発生している意味で、2は先にたくさん飲む出来事があり、その次に酔う出来事が起きたという継起の意味、4はたくさん飲めば帰納的に酔うことになるという意味になる。
3が成立しないのは、普通たくさん飲むことが目的になることはないからで、5が成立しないのは、飲んだのは自分なのにあたかも状況にその原因があるかのように振舞うのが許されないからである。6が成立しないのはたくさん飲むのが酔うための手段・方法にはならないからである。

7 잔업하니까 늦었다. (chanopanika nujotta) (×)
8 잔업해서 늦었다. (chanopeso nujotta) (○) 残業したので遅くなった。
9 잔업하느라고 늦었다. (chanopanurago nujotta) (○) 残業したので遅くなった。
10 잔업했기 때문에 늦었다. (chanopetki temune nujotta) (○) 残業したので遅くなった。
11 잔업했길래 늦었다. (chanopetkille nujotta) (×)
12 잔업했으므로 늦었다. (chanopessumuro nujotta) (×)

★7が成立しないのは、意図的に遅くなったわけではないからで、11が成立しないのは、自分が行ったことなのに周りの状況にその原因があるかのように言うのが許されないからで、12が成立しないのは、残業が遅くなったことの手段・方法にはならないからである。
8は残業したことと遅くなったことと継起的な出来事だという意味で、9は残業という目的を達成したので遅くなったという意味、10は残業したので帰納的に遅くなったという意味になる。

nomu tugounika chan murul noun goya
13 너무 뜨거우니까 찬 물을 넣은 거야. (○)
…… 熱すぎるから冷たい水を入れたのよ。

nomu tugowoso chan murul no-otta
14 너무 뜨거워서 찬 물을 넣었다. (○)
…… 熱すぎるので冷たい水を入れた。

nomu tugomnurago chan murul no-otta
15 너무 뜨겁느라고 찬 물을 넣었다. (×)

nomu tugopki temune chan murul no-otta
16 너무 뜨겁기 때문에 찬 물을 넣었다. (○)
…… 熱すぎるので冷たい水を入れた。

nomu tugopkille chan murul no-otta
17 너무 뜨겁길래 찬 물을 넣었다. (○)
…… 熱すぎるので冷たい水を入れた。

nomu tugoumuro chan murul no-oya handa
18 너무 뜨거우므로 찬 물을 넣어야 한다. (○)
…… あまりにも熱いので冷たい水を入れなければならない。

★13は冷たい水を入れた意図を述べているもので、14は熱すぎたことと冷たい水を入れたこととを継起の因果として表しているもの、16は熱すぎたのでそれに対する帰納的な判断として冷たい水を入れたというものになる。17は熱すぎる状況があったので冷たい水を入れたという意味で、18は鍋か何かのいわゆる材料となるお湯が熱すぎるという意味になる。

기(가) 무섭게·자마자

173

意味の解説

기(가) 무섭게 ➡前件終了とともに後件の実行に取り掛かるスピードが恐ろしさを感じるぐらいに早い場合に使われる。前件と後件との間の時間差はほとんどなく、それを実行する人の形相も強調される。

자마자 ➡前件と後件との間に時間差がほとんどないと感じる場合に使われる。それを実行する人の形相までは注目しない。

使い方

marul kolgiga musopke tomang-gatta
1 말을 걸기가 무섭게 도망갔다. (○) …… 声をかけるとたちまち逃げた。

marul koljamaja tomang-gatta
2 말을 걸자마자 도망갔다.　(○) …… 声をかけるや否や逃げた。

pyonjirul ponegiga musopke tapchang-i watta
3 편지를 보내기가 무섭게 답장이 왔다. (○)
…… 手紙を送ったらたちまち返事が来た。

pyonjirul ponejamaja tapchang-i watta
4 편지를 보내자마자 답장이 왔다.　(○)
…… 手紙を送るや否や返事が来た。

기 위해서·려면/으려면

意味の解説

기 위해서 ➡ 目的

려면/으려면 ➡ 意図

使い方

hapkyokagi wihesonun yolsimi heyaji
1 합격하기 위해서는 열심히 해야지. (○)
…… 合格するためには一生懸命にやらなきゃ。

hapkyokaryomyon yolsimi heyaji
2 합격하려면 열심히 해야지. (○)
…… 合格したければ一生懸命にやらなきゃ。

ullyomyon ka
3 울려면 가. (○) …… 泣くのだったら帰れ。

ulgi wiheso ka
4 울기 위해서 가. (×)

★3は泣く意図を持ってそこにいるのだったら帰れという意味のものである。4が成立しないのは泣くために帰るわけではないからである。

는 동안에·는 사이에

174

意味の解説

는 동안에 ➡ ある出来事が一定時間続いていたと思う場合。

는 사이에 ➡ ある出来事が一瞬のうちに起きてしまったと思う場合。

使い方

chamsi nagan dong-ane todugi turotta
1 잠시 나간 동안에 도둑이 들었다. (×)

chamsi nagan saie todugi turotta
2 잠시 나간 사이에 도둑이 들었다. (○)
……ちょっと留守をしている間に泥棒が入った。

★2は成立するのに1が成立しないのは、泥棒が入ったのが一瞬の出来事であったと話し手が思っているからである。

na kongbuhanun dong-anenun tellebijon poji maseyo
3 나 공부하는 동안에는 텔레비전 보지 마세요. (○)

na kongbuhanun saienun tellebijon poji maseyo
4 나 공부하는 사이에는 텔레비전 보지 마세요. (×)

★3は勉強がある程度のまとまった時間を要する出来事であることから成立する。4は勉強を一瞬の出来事として判断しているので成立しない。

기 마련이다·는 법이다

▼ 意味の解説

기 마련이다 ➡ 一般的にそうする(なる)ものだという意味。
는 법이다 ➡ ほぼ間違いなくそうする(なる)ものだという意味。

使い方

choun sangsahantenun puhaduri chal tarugi maryonida
1 좋은 상사한테는 부하들이 잘 따르기 마련이다. (○)
……いい上司には部下がよく従うものだ。

choun sangsahantenun puhaduri chal tarunun bobida
2 좋은 상사한테는 부하들이 잘 따르는 법이다. (○)
……いい上司には部下がよく従うものだ。

★1は一般的にそうするものだという意味で、2は部下が従わないケースはほとんど考えられないという意味。2のような表現はしばしば部下からの信用を失った上司をしかる時に使われる。

hanbon sogumyon an mitki maryonida
3 한번 속으면 안 믿기 마련이다. (○)
……一回だまされると信じないものだ。

hanbon sogumyon an minnun bobida
4 한번 속으면 안 믿는 법이다. (○)
……一回だまされると信じないものだ。

★3は一般的にそうなるものだという意味で、4は間違いなくそうなるものだという意味。

nega kojinmarul hettago hedo kurogi maryoni anida
5 내가 거짓말을 했다고 해도 그러기 마련이 아니다. (×)

nega kojinmarul hettago hedo kuronun bobi anida
6 내가 거짓말을 했다고 해도 그러는 법이 아니다. (○)

…… 僕がうそをついたとしてもその態度はないだろう。(そんなことをするもんじゃないよ)

★この表現はたしなめるものなので、相手が取った行動に対して一般的にそうするものではないという責め方ではたしなめ方が足りず、5は成立しない。6は間違いなくそんなことはだめだというたしなめ方となるので成立する。「법」は「法」の意味。

나/으나·아도/어도

🔊 175

▼ 意味の解説

나/으나 ➡ 複数ある中で何を選んでも同じだという意味。
아도/어도 ➡ AをやってもBをやってもと単純に並べて言う時。

使い方

chigum kana neil kana machangajiya
1 지금 가나 내일 가나 마찬가지야. (○)

…… 今行っても明日行っても一緒。

chigum kado neil kado machangajiya
2 지금 가도 내일 가도 마찬가지야. (○)

…… 今行っても明日行っても一緒。

★1は今行くのと明日行くのと全く同じだという意味のもので、2は単純に今行くことと明日行くこととを並べているもの。

piga ona nuni ona nul yolsimi iranda
3 비가 오나 눈이 오나 늘 열심히 일한다. (○)

…… 雨が降っても雪が降ってもいつも頑張る。

piga wado nuni wado nul yolsimi iranda
4 비가 와도 눈이 와도 늘 열심히 일한다. (○)

…… 雨が降っても雪が降ってもいつも頑張る。

★3は雨が降ることと雪が降ることのうち、どの状況を選んで見ても変わらず頑張っているという意味で、4は単純に二つの出来事を並べているだけの意味になる。

chuguna sana nul chasik kokchong
5 죽으나 사나 늘 자식 걱정. (○)
…… **寝ても起きてもいつも子供の心配。**（生きていても死んでもいつも子供の心配）

chugodo sarado nul chasik kokchong
6 죽어도 살아도 늘 자식 걱정.（△）
…… **寝ても起きてもいつも子供の心配。**（生きても死んでもいつも子供の心配）

★この文はどんな状況においても常に子供の心配をする親心を表すものなので、6も間違いではないが、普通は5の方が使われる。

더니·았/었더니

🔊 176

意味の解説

더니 ➡2·3人称の行動・状態を見守っていたら状態Bになっている(なった)のを発見したという意味。「더니」の主語になるのは2·3人称。

았더니/었더니 ➡自分がある行動をしたら状態Bになる(なっている・なった)のを発見したという意味(前件と後件の主語は違う場合もある)。「았더니/었더니」の主語になるのは1人称。

使い方

orenmane mannadoni nomu pangawohanda
1 오랫만에 만나더니 너무 반가워한다.（○）
…… **久しぶりに会ったらすごく喜ぶ。**

orenmane mannattoni nomu pangawohanda
2 오랫만에 만났더니 너무 반가워한다.（○）
…… **久しぶりに会ったらすごく喜ぶ。**

★1では会ったのも喜ぶのも第三者になる。誰かが他の人に会っているのを話し手が見守っていて第三者の喜んでいる姿を発見したという意味である。2では、会ったのは話し手だが、喜ぶのは相手である。自分で会っておいて自分で喜ぶのを発見したとは出来事的におかしいからである。話し手自身が嬉しかったという意味で言いたい場合には、「오랫만에 만났더니 너무 반가웠다」と過去形を使うことになる。

ojenun kibuni an jottoni onurun kwenchanne
3 어제는 기분이 안 좋더니 오늘은 괜찮네. (○)
……（私）**昨日はいい気分じゃなかったけど今日は大丈夫だね。**
（あなた・彼）**昨日は機嫌が悪そうだなと思っていたら今日は大丈夫だね。**

ojenun kibuni an joattoni onurun kwenchanne
4 어제는 기분이 안 좋았더니 오늘은 괜찮네. (×)

★3の例文が、自分のことを述べているのにも関わらず文として成立するのは、主語になっている「기분」が3人称だからである。4が成立しないのは、本来主語に1人称を使うべきなのに、3人称を使っているからである。

no ton mantoni ta odida sonni
5 너 돈 많더니 다 어디다 썼니? (○)

……君、お金持っているなと思っていたら、全部どこに使っちゃったの？

no ton manattoni ta odida sonni
6 너 돈 많았더니 다 어디다 썼니? (×)

★6が成立しないのは、主語に「돈」という3人称を使っているからである。

nalsiga toptoni piga onda
7 날씨가 덥더니 비가 온다. (○)

……天気が暑いなと思っていたら雨が降る。

nalsiga towottoni piga onda
8 날씨가 더웠더니 비가 온다. (×)

★7は暑いなと思っていたら案の定雨が降ってきたという意味のもので、8が成立しないのは3人称の主語に「았더니/었더니」を使っているからである。

kojinmarul myot pon hadoni amudo sangderul a nanda
9 거짓말을 몇 번 하더니 아무도 상대를 안 한다. (○)

……何度か嘘をつくなと思っていたら誰も相手にしない。

kojinmarul myot pon hettoni amudo sangderul a nanda
10 거짓말을 몇 번 했더니 아무도 상대를 안 한다. (○)

……何度か嘘をついたら誰も相手にしてくれない。

★9は話し手が「あの人、何度か嘘をついているね」と思っていたらそのうちその人が誰からも相手にされなくなったという意味で、10は話し手自身が何度か嘘をついたら誰からも相手にしてもらえなくなったという意味。

며/으며·면서/으면서·고

177

▼ 意味の解説

며/으며 ➡前件Aが成立したら関連する後件Bも同時に成立するという意味。

면서/으면서 ➡前件Aが行なわれている時に同時進行、同時状態で後件

Bが成立するという意味。

고 ➡ 前件Aと後件Bとを単純に並べ立てる意味。

使い方

1 이쪽이 내 자리며 저쪽이 아베 씨 자리입니다. (×)
ichogi ne charimyo chochogi abe si chari-imnida

2 이쪽이 내 자리면서 저쪽이 아베 씨 자리입니다. (×)
ichogi ne charimyonso chochogi abe si chari-imnida

3 이쪽이 내 자리고 저쪽이 아베 씨 자리입니다. (○)
ichogi ne charigo chochogi abe si chari-imnida
…… **こちらが私の席で、あちらが阿部さんの席です。**

★3が成立するのに1や2が成立しないのは、こちらが私の席だということと阿部さんの席があちらだということとが、関連する出来事や同時進行の出来事というよりは、完全に独立した出来事だからである。

4 도요타는 회사규모도 크며 실적도 좋습니다. (○)
toyotanun hwesagyumodo kumyo silchokto chotsumnida
…… **トヨタは会社の規模も大きく、実績もいいです。**

5 도요타는 회사규모도 크면서 실적도 좋습니다. (○)
toyotanun hwesagyumodo kumyonso silchokto chotsumnida
…… **トヨタは会社の規模も大きく、実績もいいです。**

6 도요타는 회사규모도 크고 실적도 좋습니다. (○)
toyotanun hwesagyumodo kugo silchokto chotsumnida
…… **トヨタは会社の規模も大きく、実績もいいです。**

★4は会社の規模が大きいのを踏まえた上でそれと同時に実績もいいと考える時に、5は規模が大きい状態と実績がいい状態とが同時に進行していると考える時に、6は会社の規模が大きいことと実績がいいこととを単純に並べ立てて言う時に使われる。

7 화면을 보시며 제 이야기를 들어 주시기 바랍니다. (△)
hwamyonul posimyo che iyagirul turo jusigi paramnida

8 화면을 보시면서 제 이야기를 들어 주시기 바랍니다. (○)
hwamyonul posimyonso che iyagirul turo jusigi paramnida
…… **画面を見ながら私の話を聞いて頂きたいと思います。**

9 화면을 보시고 제 이야기를 들어 주시기 바랍니다. (○)
hwamyonul posigo che iyagirul turo jusigi paramnida
…… **画面をご覧になってから私の話を聞いて頂きたいと思います。**

★完全な同時進行を表す8に比べ7は、画面を見ることを踏まえた上で同時に話を聞くことを勧めるような意味を表すので、やや不自然な意味になる。9は画面を見ることと話を聞くこととの時間的な並べ立てになる。

10 이곳이 입구이며 안쪽에 계단이 있습니다. (○)
igosi ipkuimyo anchoge kedani itsumnida
…… **ここが入口で、奥に階段があります。**

11 이곳이(igosi) 입구이면서(ipkuimyonso) 안쪽에(anchoge) 계단이(kedani) 있습니다(itsumnida). (×)

12 이곳이(igosi) 입구이고(ipkuigo) 안쪽에(anchoge) 계단이(kedani) 있습니다(itsumnida). (○)

……ここが入口で、奥に階段があります。

★10は入口を通り過ぎ、さらにその奥に行くと階段があるという説明で、12は単純に入口であることと奥に階段があることとを並べ立てて言う説明になる。11が成立しないのは入口であると同時にまた別の機能を持っているかのような説明になるからである。

13 남자친구(namjachingu) 기다리며(kidarimyo) 화장하는(hwajanghanun) 여자(yoja). (○)

……彼氏を待って化粧する女性。

14 남자친구(namjachingu) 기다리면서(kidarimyonso) 화장하는(hwajanghanun) 여자(yoja). (○)

……彼氏を待ちながら化粧する女性。

15 남자친구(namjachingu) 기다리고(kidarigo) 화장하는(hwajanghanun) 여자(yoja). (×)

★13は彼氏を待っている出来事を成立させた上でそれに基づいて化粧している女性を意味し、14は彼氏を待っている出来事と化粧している出来事とが全く並行して行なわれていることを意味する。15が成立しないのは彼氏が来るのを待って化粧する意味になるからである。

ㄹ/을 테니까・ㄹ/을 거니까

178

意味の解説

1人称主語

ㄹ/을 테니까 ➡ 話し手の強い実行予定＋意図の因果を表す。
「～するから」

ㄹ/을 거니까 ➡ 話し手の予定＋意図の因果を表す。
「～するつもりだから」

その他の主語

ㄹ/을 테니까 ➡ 話し手の強い実行推量＋意図の因果を表す。
「～はずだから」

ㄹ/을 거니까 ➡ 話し手の弱い推量＋意図の因果を表す。
「～だろうから」

使い方

1 먼저 갈 테니까 나중에 와.（monjo kal tenika najung-e wa）……先に行くから後で来てね。

2 먼저 갈 거니까 나중에 와.（monjo kal konika najung-e wa）……先に行くつもりだから後で来てね。

★1人称主語文の1は、間違いなく自分は行くからという意味を表すので、例えば出発する際やすでに目的地に着いている自分の姿を想像しながら言う時などによく使われる。2は取りあえずの予定を言う場合に使われることが多い。「가겠으니까」とは言わない。「겠」の持つ意志の意味と「으니까」の意図の意味が重なるからである。

3 내가 나갈 테니까 그냥 있어.（nega nagal tenika kunyang isso）……僕が出るからいいよ。

4 내가 나갈 거니까 그냥 있어.（nega nagal konika kunyang isso）……僕が出るつもりだからいいよ。

★3は誰かが自宅に来た時に旦那さんが自分が出るから君はいいよと奥さんを引きとめる時などに使うもので、玄関に向かうために身を起こしながら言うのが普通である。4はもし誰かが来たら自分が応対するからという意味で、これからの予定を表す。

5 다섯 시에 끝날 테니까 기다려.（tasot sie kunnal tenika kidaryo）……5時に終わるはずだから待っててね。

6 다섯 시에 끝날 거니까 기다려.（tasot sie kunnal konika kidaryo）……5時に終わると思うから待っててね。

★5は5時に終わるはずだと強く確信し、それを命令に対する根拠とするもので、6は5時に終わるだろうと普通に推測し、それを命令に対する根拠とするものである。

7 내일은 바쁠 테니까 각오해.（neirun papul tenika kagohe）……明日は忙しいはずだから覚悟しなさいよ。

8 내일은 바쁠 거니까 각오해.（neirun papul konika kagohe）……明日は忙しいだろうから覚悟しなさいよ。

★7は間違いなく忙しくなると強く推測し、だから覚悟しなさいと命令する時に使われるもので、8は普通に予定をいい、それを命令の根拠にしているものである。

9 내가 있을 테니까 다들 가 봐.（nega issul tenika tadul ka bwa）……僕がいるからみんな帰っていいよ。

10 내가 있을 거니까 다들 가 봐.（nega issul konika tadul ka bwa）……僕がいるつもりだからみんな帰っていいよ。

★9は自分の予定を強くみんなに言うことによって命令への根拠に使っているもので、10は自分の予定を普通に言うことによって命令への根拠に使っているものである。

～아요/어요・～ㅂ니다/습니다

意味の解説

「～아/어(요)」は柔らかい言い方に、「～ㅂ니다/습니다」は硬い言い方に適している表現である。従って、「～아요/어요」はくだけた言い方をしてもいい関係の人に、「～ㅂ니다/습니다」はそういう言い方では失礼かなと思える人に主に使う。

使い方

息子：엄마(omma), 우리(uri) 언제(onje) 가요(kayo)? ……… お母さん、私たち、いつ行くの？
母　：내일(neil). ……… 明日。

先輩：야(ya), 너(no) 어떻게(ototke) 할(hal) 거야(koya)? ……… 君、どうするつもりなんだ？
後輩：저(cho) 안(a) 해요(neyo). ……… 私はやりません。

記者：출발이(chulbari) 언젭니까(onjemnika)? ……… 出発はいつですか？
広報の人：저희는(chohwinun) 오늘(onul) 출발합니다(chulbaramnida). ……… 私たちは今日出発します。

社長：자네(chane), 부서가(pusoga) 어디야(odiya)? ……… 君、部署はどこだ？
社員：네(ne). 영업부입니다(yong-oppuimnida). ……… はい、営業部です。

韓国語の文末表現には、「～아/어요」「～세/으세요」「～셨/으셨어요」などのように、「～요」で締めくくられるものと、「～ㅂ니다/습니다」「～ㅂ니까?/습니까?」「～ㅂ시다/읍시다」のように、「～ㅂ니다」系で締めくくられるものとの2つがある。2つは、丁寧度が違うのではなく、用途が違うもので、「～아요/어요」系列は柔らかい言い方をしてもいい相手に、「～ㅂ니다/습니다」系列は柔らかい言い方では失礼かなと思える相手に主に使う。例えば、孫がお祖父さんに朝の挨拶をする時は、柔らかい言い方をしてもいいわけだから、「할아버지 안녕히 주무셨습니까?」と言わず、「할아버지 안녕히 주무셨어요?」という。

～아/어・～ㄴ/는다・～니?・～자・～아라/어라/거라

179

意味の解説

「～아/어(요)」は、文脈の流れによって、終止形、疑問形、誘い形、命令形などの4つの違う意味を表す。

使い方

omma uri suhang-nyoheng hanguguro ka kanda
息子：엄마, 우리 수학여행 한국으로 [가/간다].
……お母さん、修学旅行、韓国に行くよ。

kure chal dwenne
母　：그래? 잘 됐네. ……そう？ 良かったね。

★「한국으로 간다」は、韓国に行くということを告知、宣言するかのように伝える言い方で、「한국으로 가」は、韓国に決まったことを、お母さんに対する普段どおりの言い方で伝える言い方。

sugangsinchong hesso henni
先輩：수강신청 [했어?/했니?] ……履修登録した？

anyo ajigyo
後輩：아뇨, 아직요. ……いいえ、まだです。

★「수강신청 했어?」は、後輩に先輩が履修登録したのかを柔らかく聞く時の言い方で、「수강신청 했니?」は、後輩にしっかり質問したい時の言い方。

omma uri chomsim sikyo mogo mokcha
息子：엄마, 우리 점심 시켜 [먹어/먹자].
……母さん、お昼、出前頼もうよ。

kurolka
母　：그럴까? ……そうしようか？

★「시켜 먹어」は、お母さんにおねだりするような感じの言い方で、「시켜 먹자」は、お母さんにしっかり自己主張をするような感じの言い方。

neil ilchik ironaya hanika ollun cha chagora
父　：내일 일찍 일어나야 하니까 얼른 [자/자거라].
……明日早く起きなければならないから早く寝てね。

ne apa
息子：네, 아빠. ……はい、パパ。

★「얼른 자」は、子供に対して早く寝ることを優しく促す時の言い方で、「얼른 자거라」は、早く寝ることを命令するような言い方。

「～아/어」は、同じ形で4つの違う意味を表すので、気心の知れた相手を対象に使うことが多い。相手にはっきり自分の言いたいことを伝える場合には、終止形→「～ㄴ/는다」、質問→「～니?」、誘い→「～자」、命令→「～아라/어라/거라」を使う。

～아요/어요・～ㅂ시다/읍시다・～죠

180

意味の解説

ここに挙げた3つの表現は相手を誘う時の言い方で、「～아요/어요」は、柔らかい言い方で相手を誘う時に、「～ㅂ시다/읍시다」は、よりはっきりした口調で相手を誘う時に、「～죠」は、相手の出方や気持ちなどを気にしながら誘う時にそれぞれ使われる。

使い方

uri ku il kachi heyo hapsida hajo
A：우리 그 일 같이 [해요/합시다/하죠].
…… その仕事、一緒にやりましょう。

choayo
B：좋아요. …… いいですよ。

★「해요」は、一緒に仕事することを柔らかく勧める時に、「합시다」は、場合によっては強引に聞こえるくらい強く一緒に仕事をすることを勧める時に、「하죠」は、相手の気持ちなどを気にしながら一緒に仕事することを勧める時に使う。

ku bun nil ototke halleyo
A：그 분 일 어떻게 할래요? …… あの方の仕事、どうしますか？

towa duryoyo duripsida durijo
B：도와 [드려요/드립시다/드리죠]. …… 助けてあげましょう。

★「도와 드려요」は、助けてあげましょうとやんわりと相手を説得する時に、「도와 드립시다」は、助けてやらないとだめでしょうと言わんばかりに強く相手に迫る時に、「도와 드리죠」は、相手の決心を促すような感じで勧める時に使う。

「～ㅂ시다/읍시다」が強引な誘いをしているように映るのは、「～ㅂ니다」系列の硬い言い方だからである。

～아/어·～고 있어·～아/어 있어

意味の解説

これらの3つの表現は日本語の「～ている」に当たるもので、「～아/어」は、「지금」などの言葉と一緒に使われ、「～ている」の意味を、「～고 있어」は、今ちょうどある動きや出来事が進行しているという意味を、「～아/어 있어」は、今ちょうどある状態が進行しているという意味を表す。

使い方

chigum mwo he
A：지금 뭐 해? ……… 今何やっているの？

terebi bwa
B：테레비 봐. ……… テレビ、見ているよ。

★「뭐 해?」は、「지금」と一緒に使われると、「何をするの？」ではなく、「何をしているの？」の意味になりやすい。「테레비 봐」は、「今何をしているの？」という質問の返事なので、「見ている」の意味になる。

chigum mwo he
A：지금 뭐 해? ……… 今何やっているの？

papago issoyo
B：밥하고 있어요. ……… ご飯の支度をしています。

★「밥하고 있어요」は、ちょうど今ご飯の支度をしているところなのだという意識が強く働く時に使う言い方。同じ質問に対して「밥해요」で答えることも可能だが、その時は、ちょうど今という意識はなく、今自分がやっていることは、ご飯を作ることだということになる。

odi sara
A：어디 살아? ……… どこに住んでいるの？

soure sarayo
B：서울에 살아요. ……… ソウルに住んでいます。

★「어디 살아?」という質問に「～에 살고 있어」で答えることはあまりない。「살다」という言葉自体に、生きるや住む、暮らすなどの動きが続いているという意味が含まれているからである。

ku saram sosing mot turosso
A：그 사람 소식 못 들었어? …… あの人の消息、聞いていない？
ku bun ilbone salgo itteyo
B：그 분 일본에 살고 있대요. …… その方、日本で暮らしているらしいですよ。

★これは、「今」日本で暮らしているらしいですよということを言いたい文なので、「살다」に進行形をつけて「살고 있다」で言い表すことになる。

an toragasyosso
A：안 돌아가셨어? …… 亡くなっていなかったの？
ajik sara gesindeyo
B：아직 살아 계신대요. …… まだ、ご存命みたいですよ。

★生きている状態が続いている場合には、「살＋아 있다」で言うので、ここでは「살아 계신대요」で表現することになる。

「～고 있다」「～아/어 있다」は、動き・出来事が続いたり、ある状態が続いたりするのが「ちょうど今」なのだという感覚を表すものである。従って、言いたい内容が「今ちょうど」という感覚を含まない場合には、「～ている」であっても「～아/어」で言うことがよくある。

～아/어 가다/오다・～아서/어서 가다/오다・～고 가다/오다

181

意味の解説

「～아/어 가다/오다」は、何かを行ってその状態で行ったり来たりするという意味で、「～아서/어서 가다/오다」は、ある事柄を手段・方法にし、それをもって行ったり来たりするという意味、「～고 가다/오다」は、何かをやり終わってまた次に何かをやるために行ったり来たりするという意味を表す。

使い方

onurun anjanni
A：오늘은 앉았니? …… 今日は座れた？
anyo onuldo soso wassoyo
B：아뇨, 오늘도 서서 왔어요. …… いいえ、今日も立って来ました。

★「서서 왔어요」は、（帰りの電車で）今日も立ちっぱなしだったという意味。同じ質問に対して一見成立しそうな「서고 왔어요」は、立ったことと帰ってきたこととを別々に行ったかのような言い方になることから成

立せず、「서 왔어요」は、立つことを一回やって終了し、それからその状態で家に帰ってきたというような意味になることから成立しない。

A：장미 많이 사 갔어요?（changmi mani sa gassoyo） …… バラ、たくさん買っていきましたか？

B：그런대로.（kurondero） …… まあまあ。

★「사 갔어요」は、お客様がバラを買ってそれからそのバラを持って去って行ったのかという意味のもの。同じ質問に対して、「사고 갔어요?」は、バラを買ったことと行ったこととが無関係かのような言い方になることから成立せず、「사서 갔어요?」は、お客様の去り方がバラを買ってなのかという変な意味になることから成立しない。

A：내일 여권 [가지고/가져] 와.（neil yokwon kajigo/kajo wa） …… 明日パスポート持ってきてね。

B：네.（ne） …… はい。

★「가지고 와」は、パスポートを所持することと来ることを時間順に行いなさいという意味で、「가져 와」は、パスポートを所持することとこちらに来ることを一連の動きとして行いなさいという意味。

A：제가 알아보고 오겠습니다.（chega arabogo ogetsumnida） …… 私が調べてまいります。

B：그럼 부탁하네.（kurom putakane） …… じゃ、頼んだぞ。

★上記の例文は、何が起きているのかをこれから調べてくるという内容のものなので、調べることと戻ってくることとを別々の場所で時間順に行う意味になる「알아보고 오겠습니다」だけが成立する。「알아봐 오겠습니다」は、別のところで一旦完結しているはずの調査作業がこちらに向かってくる段階にまだ及んでいるという意味になることから、「알아봐서 오겠습니다」は、調べることがこちらに来ることの手段・方法になるような感じになることから成立しない。

「〜아/어 가다/오다」の「가다/오다」は、実際の動きの意味を失い、単純に「〜ていく」や「〜てくる」の意味を表すことがある。上記例文の、「내일 여권 가져 와」がその例になる。

～아/어・～아서/어서・～아다/어다(가)

▼ 意味の解説

「～아/어」は、あることをし、その状態で別のことをするという意味で、「～아서/어서」は、手段・方法・道具となるあることをし、それを受けてすぐ次のことに移るという意味、「～아다/어다(가)」は、手段・方法・道具となるあることをし、それを別のところに持ち込んで次のことをするという意味を表す。

使い方

1 비디오 빌려 봤어요.（pidio pillyo bwassoyo）……ビデオ、借りて見ました。

2 비디오 빌려서 봤어요.（pidio pillyoso bwassoyo）……ビデオを借りて、見ました。

3 비디오 빌려다 봤어요.（pidio pillyoda bwassoyo）……ビデオ、借りてきて見ました。

★「빌려 봤어요」は、普通にビデオを借りてそのビデオを見たという意味で、「빌려서 봤어요」は、ビデオをどうやって見たかというと「借りて」だったのですよという意味、「빌려다 봤어요」は、ビデオを借りてきて家で見ましたという意味。

4 오늘 점심 사 드세요.（onul chomsim sa duseyo）……今日のお昼は、外食して下さい。

5 오늘 점심 사서 드세요.（onul chomsim saso duseyo）……今日のお昼は、外食して下さい。

6 오늘 점심 사다가 드세요.（onul chomsim sadaga duseyo）……今日のお昼は、買ってきて食べて下さい。

★「아침/점심/저녁(을) 사 먹다」は、家以外の場所でお金を払って食事を取るすべての行為を表す表現。「점심 사 드세요」は、今日はお弁当の用意が出来ていないから、昼食になりそうなものを買って食べるか、または、どこかに行って外食して下さいという意味に、「점심 사서 드세요」は、お昼を食べる方法として、何かを買うか、または、どこかのお店に行くかして解決して下さいという意味に、「점심 사다가 드세요」は、お昼に食べるものをどこかで買ってきて事務室で食べて下さいという意味になる。

7 돈 벌어 뭐 했어?（ton poro mwo hesso）……お金稼いで、何したの？

8 돈 벌어서 뭐 했어?（ton poroso mwo hesso）……お金稼いで何したの？

ton poroda mwo hesso
9 돈 벌어다 뭐 했어? ……… お金稼いできて何したの？

★「돈 벌어 뭐 했어?」は、一生懸命働き、金を手に入れたなら、そのまま持っていればいいのに、何でそれを保たなかったのかという気持ちの時に、「돈 벌어서 뭐 했어?」は、君は、せっかく稼いできたお金で一体何という使い方をしたのかという気持ちの時に、「돈 벌어다 뭐 했어?」は、お金なら稼いだから手元にあったはずなのに、その手元にあった資金を全部使ってしまったのかという気持ちの時にそれぞれ使われる。

「〜아/어」は、「〜아서/어서」の簡略形のような形で使われることもよくあるが、「〜아서/어서」が手段・方法・道具としての意味を強く持つようになると、「〜아/어」とは別の意味合いをなすことになる。

konganghadon sarami chugo torawatteyo
10 건강하던 사람이 죽어 돌아왔대요. （×）

konganghadon sarami chugoso torawatteyo
11 건강하던 사람이 죽어서 돌아왔대요. （○）

……… 元気だった人が死んで帰って来たそうです。

★朝家を出た時には元気だった人が事故か何かで死人の姿で帰宅したという話だが、家への帰って来方として「死んで」ということを強く言いたい出来事なので、簡略形の「〜아/어」を使うことは許されない。

〜아서/어서・〜고

182

意味の解説

「〜아서/어서」は、手段・方法・道具となるあることをし、それを受けて次のことを展開していくという意味を、「〜고」は、単純に複数の出来事が並んでいることを表す。

使い方

kogi anjaso ne iyagi jom turobwa
A：거기 앉아서 내 이야기 좀 들어봐.

……… そこに座って僕の話をちょっと聞いて。

ne
B：네. ……… はい。

★「거기 앉아서」の「아서」は、「내 이야기를 듣다」を実行する手段・方法・道具が「거기 앉다」であることを表すもの。同じ状況で「거기 앉고」で言うことは許されない。「거기 앉다」と「내 이야기를 듣다」とが互いに関連を持たず、別々のことになるような意味を与えるからである。

A：그거 백화점에 가서 사자.（kugo pekwajome gaso saja）……それ、デパートへ行って買おう。

B：정말요? 사 주실 거예요?（chongmalryo sa jusil koeyo）……本当ですか？買ってくれるんですか？

★「백화점에 가다」が「사다」を実行する手段・方法・道具となるものなので、「백화점에 가서」と言う。同じ状況で「백화점에 가고」で言うことは許されない。

A：저기 가서 물어보고 오너라.（chogi kaso murobogo onora）……あそこへ行って聞いて来なさい。

B：네.（ne）……はい。

★これは、聞いてみることとこちらに戻ってくることとを時間順に成立させなさいという意味のものである。こちらに戻ってくるための手段・方法・道具として聞いてみることを設定しているわけではないので、「물어보고 오너라」が成立し、「물어봐서 오너라」は言えない。前半の「저기 가서 물어보다」は、「물어보다」の手段・方法として「저기 가다」を実行することが要求されるものである。

1 시청에서 증명서 떼고 돈도 찾아 와.（○）（sichong-eso chungmyongso tego tondo chaja wa）
……市役所で証明書を取ってお金も下ろしてきてね。

2 시청에서 증명서 떼서 돈도 찾아 와.（×）（sichong-eso chungmyongso teso tondo chaja wa）

★市役所で証明書を取ることとどこかでお金を下ろすこととは普通に考えると別々の出来事である。従って、「증명서 떼고」は成立するが、「증명서 떼서」は、証明書でお金を下ろすという変な意味になることから、成立しない。

「아서/어서」は、基本的に因果の意味を持つもので、「～고」は、基本的に並べ立ての意味を持つものである。従って、話し手が並べ立てを重視するのか、2つの間の因果関係を重視するのかによって、2つの使い分けが決まることになる。

～ㄹ/을까(요)?・～ㄹ/을래(요)?

意味の解説

「～ㄹ/을래?」は、話し手が気にしている相手の意向や気持ち、出方などを単純に相手に聞く意味のもので、「～ㄹ/을까?」は、われわれ主語下では、話し手が相手へ何かを勧めたり提案したりしながら相手の判断を聞く意味に、3人称主語下では、話し手が気にしている第3の人や物に対して相手がどう思っているかを聞く意味になる。

使い方

honja kalle
A：혼자 갈래? ……… 一人で行く？

ung kurotke halke
B：응, 그렇게 할게. ……… うん、そうする。

★「～ㄹ/을래?」は、基本的に相手の意志や意図、気持ちなどを話し手が問いかける表現なので、一人で行くのかどうかに対する相手の気持ちを確かめたい時には、「혼자 갈래?」で言い、「혼자 갈까?」は言わない。「혼자 갈까?」は他の人と一緒ではなく私一人で行こうかという意味になる。

seng-il-sonmullo mwo ponelkayo
A：생일선물로 뭐 보낼까요? ……… 誕生日プレゼントに何を送りましょうか？

chomiryo setu ponejo
B：조미료 세트 보내죠. ……… 調味料セット、送りましょう。

★これは、相手と相談してプレゼントを決めたいという内容のものなので、「보낼까요?」は言えても「보낼래요?」は言えない。

apa onje olka
A：아빠 언제 올까? ……… お父さん、いつ帰って来るかな？

taum chue osinde
B：다음 주에 오신대. ……… 来週来ると言っていたよ。

★主語が3人称の時の「～ㄹ/을까(요)?」は、話し手が気にしている第3の人や物の動静について相手がどう思っているかを聞く表現なので、「아빠 언제 올까?」は言えても「아빠 언재 올래?」は言えない。「아빠 언제 올래?」は、例えば、子供が、転勤か出張かで遠く離れているパパに電話などでいつ家に帰って来るのかを聞く際には成り立つ。

ibon nyoheng ototke halle halka
A：이번 여행 어떻게 [할래?/할까?]
……… 今度の旅行、どうする？/しようか？

nan mot kal ko gatunde
B：난 못 갈 거 같은데? ……… 行けそうにないけど？

★これは、今度の旅行をどうするのかという質問なので、単純に旅行に行くのか行かないのかに対する相手の気持ちや出方を聞く「어떻게 할래?」も、旅程をどのように組めばいいのかと相手に相談を持ちかけるような意味になる「어떻게 할까?」も両方成立する。

musun nyong-hwa bolka bolle
A：무슨 영화 [볼까?/볼래?] ……… どんな映画見ようか？/見る？

pullok-posuto yong-hwa boja
B：블록버스터 영화 보자. ……… ブロックバスター映画、見よう。

★「무슨 영화 볼까?」は、自分にも何か腹案がありながら相手の意見を聞く時に使う言い方で、「무슨 영화 볼래?」は、自分のことはさておき、相手の意向を聞く時に使う言い方。

「～ㄹ/을까?」と「～ㄹ/을래?」は、2人称主語の場合はそれぞれ別々の意味になるが、われわれ主語になると似たような意味になる。上記の例文の「이번 여행 어떻게 할래?/할까?」や「무슨 영화 볼까?/볼래?」がその例である。

～(시/으시)겠어요?・～(시/으시)ㄹ래요?

183

意味の解説

「～(시/으시)겠어요?」は、話題となっている出来事に対する相手の強い意志や意向などを確認する時に、「～(시/으시)ㄹ래요?」は、話題となっている出来事に対する相手の方からの主観的な意志や意向を確かめる時に使われる。

使い方

ku moime hanbon ka bosigessoyo
1 그 모임에 한번 가 보시겠어요? ……… その集いに一回行ってみますか？

ku moime hanbon ka bosilleyo
2 그 모임에 한번 가 보실래요? ……… その集会に一回行ってみますか？

★これは、話題となっているある集会に一度行ってみたくないかと相手を誘う時に使う表現なので、集会参加への相手の強い気持ちを確認したい時には「한번 가 보시겠어요?」を、相手がどんな気持ちを抱いているの

かを探りつつ集会参加への意志や意向を確かめる時には、「한번 가 보실래요?」を使う。

3 요즘 정신 없으시겠어요? (○) …… **最近お忙しいでしょう。**
(yojum chongsin opsusigessoyo)

4 요즘 정신 없으실래요? (×)
(yojum chongsin opsusilleyo)

★「정신(이) 없다」は、直訳すると「精神がない」という意味で、周りの状況に振り回され、かなり忙しくしている様を表す。上記の文は、最近忙しい状況が続き、なかなか大変でしょうという意味のものなので、精神がなくなるほど強く振り回されているという意味を表す「정신 없으시겠어요?」が成立し、あたかも相手自らそのような状況を作り出すかのような意味になる「정신 없으실래요?」は成立しない。

5 내일 오시는 거 괜찮으시겠어요? (○)
(neil osinun go kwenchanusigessoyo)
…… **明日来られるの、大丈夫ですか？**

6 내일 오시는 거 괜찮으실래요? (×)
(neil osinun go kwenchanusilleyo)

★これは、明日おいでになると約束していたことは予定通り守られますかという意味のものなので、来ることに対しての相手の間違いない気持ちを確認する「괜찮으시겠어요?」は言えても、来ることになっているはずなのに、来るかどうかに対する相手からの気持ちを改めて確かめるような言い方になってしまう「괜찮으실래요?」は言えない。

7 허락해 주시겠어요? …… **許して頂けますか？**
(horake jusigessoyo)

8 허락해 주실래요? …… **許して頂けますか？**
(horake jusilleyo)

★これは、話し手からのお願いか何かに対して、それを許してもらえるかという意味のものなので、許すことに対する相手の強い気持ちを確認したい時には「허락해 주시겠어요?」を、許すのか許さないのかに対する相手の方からの気持ちを確かめたい時には「허락해 주실래요?」を使う。

3人称主語の文では、「～시/으시겠어요?」は使えても、「～시/으실래요?」は使いづらい。

～겠어(요)·～ㄹ/을 거야(예요)·～ㄹ/을 것 같아(요)

意味の解説

「～겠어요」は、話題となっている出来事に対して、話し手が強く確信したり推測したりしていることを、「～ㄹ/을 거예요」は、話題となっている出来事に対して、話し手が明言を避け、軽く推測していることを、「～ㄹ/을 것 같아요」は、話題となっている出来事に対して、察していた通りその状態になったでしょうと話し手が思っていることを表す。

使い方

1 요즘 바쁘시겠어요.（yojum papusigessoyo）……最近忙しいですよね。

2 요즘 바쁘실 거예요.（yojum papusil koeyo）……最近お忙しいと思います。

3 요즘 바쁘실 거 같아요.（yojum papusil ko gatayo）……最近忙しいでしょう。

★「요즘 바쁘시겠어요」は、忙しそうにしている相手や第三者の情報を踏まえ、間違いなく忙しいでしょうと話し手が強く確認したり推測したりする時に言う表現で、「요즘 바쁘실 거예요」は、多分忙しいと思いますよの意味になることから、第三者の誰かに対して忙しい生活を送っているだろうと軽く推測する表現となる。「요즘 바쁘실 것 같아요」は、相手や3人称の誰かに対して、察していた通り最近忙しいでしょうという話し手の気持ちを表す言い方。

4 그 분 돈 많이 버셨겠어.（ku bun ton mani posyotkesso）……あの方、相当儲かっているよ。

5 그 분 돈 많이 버셨을 거야.（ku bun ton mani posyossul koya）……あの方、相当儲かっていると思うよ。

6 그 분 돈 많이 버셨을 거 같아.（ku bun ton mani posyossul ko gata）……あの方、相当儲かっていると思うよ。

★「돈 많이 버셨겠어」は、ちらほら聞こえてくる情報を総合した時に、その方がたくさん金儲けをしたことは間違いない事実だと強く言いたい時に使う表現で、「돈 많이 버셨을 거야」は、あまり深く考えずに軽くだいぶ金儲けしたでしょうと言いたい時に、「돈 많이 버셨을 거 같아」は、察していた通りたくさん金稼ぎしていそうだと言いたい時に使う。

7 한국 지금 엄청 춥겠다.（hanguk chigum omchong chupketta）……韓国、今きっとむちゃくちゃ寒いよ。

hanguk chigum omchong chuul koya
8 한국 지금 엄청 추울 거야. ……… 韓国、今すごく寒いと思うよ。

hanguk chigum omchong chuul ko gatta
9 한국 지금 엄청 추울 거 같다. ……… 韓国、今かなり寒そう。

★「지금 춥겠다」は、今までの経験値から判断した時に今の韓国は間違いなく寒いでしょうと言いたい時に、「지금 추울 거야」は、これといった根拠を持たずに今の韓国は多分寒いんじゃないのと軽く推測したい時に、「지금 추울 것 같다」は、自分の知り得た情報に基づき、寒そうだと言いたい時に使われる。

i kwajang chulsehagesso
10 이 과장 출세하겠어. ……… 李課長、出世するな。

i kwajang chulsehal koya
11 이 과장 출세할 거야. ……… 李課長、出世すると思うよ。

i kwajang chulsehal ko gatta
12 이 과장 출세할 거 같다. ……… 李課長、出世しそうだね。

★これは、李課長の上司が李課長との会話の中で、彼の仕事ぶりか何かを見て、出世間違いなしと太鼓判を押すような言い方なので、部下への褒め言葉として適切なのは、強い確信や推測の意味が込められている「출세하겠어」になる。「출세할 거야」は、軽く出世することを推測する時の言い方、「출세할 거 같아」は、多分こちらの判断の通り出世するよと言いたい時の言い方になる。

「～겠」は、ある出来事に対して抱く話し手の強い意志や確信、推量などを表し、「～ㄹ/을 것이다(거야)」は、物事の流れが何となくそうなっていくだろうと話し手が軽く判断していることを表す。

～군(요)?･～네(요)?

184

▼ 意味の解説

「～군(요)」は、話題の内容が話し手本人にとって織り込み済みの事柄になっていることを表し、「～네(요)」は、話題の内容が話し手本人にとって多少意外だったり新発見だったりする性格の事柄になっていることを表す。

使い方

yojum papusigetkunnyo
1 요즘 바쁘시겠군요? ……… 最近お忙しいでしょう？

yojum papusigenneyo
2 요즘 바쁘시겠네요? ……… 最近お忙しいでしょう？

★これは、前もって入手した情報をもとに、最近ご多忙でしょうと相手に声掛けをする表現で、「바쁘시겠군요?」は、間違いなく今忙しいでしょうという気持ちと共に、その相手の忙しさが話し手自分にとって織り込み済みであることを表し、「바쁘시겠네요?」は、今忙しいでしょうという気持ちと共に、相手の忙しさが自分にとってちょっと意外であることを表す。

kibun chousyotketkunnyo
3 기분 좋으셨겠군요? ……… いいご気分だったでしょう？

kibun chousyotkenneyo
4 기분 좋으셨겠네요? ……… いいご気分だったでしょう？

★これは、何か上機嫌になるような状況が相手に起きていることを知った話し手が相手にそのことを確認する時の表現で、「기분 좋으셨겠군요?」は、機嫌がよくなるその心境は充分理解できるものだという気持ちを話し手が抱く時に言い、「기분 좋으셨겠네요?」は、そんなことがあったのだという認識を話し手が示す時に言う。

ku bunul choahasyotkunnyo
5 그 분을 좋아하셨군요? ……… その方がお好きだったのですね？

ku bunul choahasyonneyo
6 그 분을 좋아하셨네요? ……… その方がお好きだったのですね？

★これは、相手との恋愛話の中で出て来た相手の元彼女または元彼氏のことを言う内容のもので、「좋아하셨군요?」は、好きになることに対して充分理解出来るという気持ちを話し手が抱く時に、「좋아하셨네요?」は、そういう展開になっていたのかという気持ちを話し手が抱く時に使われる。

kurom chigum hanguge opsusigunnyo
7 그럼 지금 한국에 없으시군요?
……じゃ、今韓国にいらっしゃらないわけですね？

kurom chigum hanguge opsusineyo
8 그럼 지금 한국에 없으시네요?
……じゃ、今韓国にいらっしゃらないわけですね？

★これは、話題に出て来る人が今韓国にいないことを相手に確認するような内容のもので、「없으시군요?」は、その人が韓国にいない状況が私には充分理解出来るという気持ちを話し手が抱く時に、「없으시네요?」は、その人が今韓国にいない状況を話し手が改めて相手に確認したい気持ちを抱く時に使われる。

「～군(구나)(요)」と「～네(요)」との意味の違いは、下記のように、普通の文においても同じ様相を見せる。

1 세월 참 잘 가는구나. (sewol cham chal kanunguna) …… 時の経つのは、本当に早いね。

2 세월 참 잘 가네. (sewol cham chal kane) …… 時の経つのは、本当に早いね。

～죠(지요)・～아/어요

意味の解説

「～죠(지요)」は、話題となる出来事に対してとにかく話し手が相手との意識共有を図りたいと思う時に使うもので、「～아/어요」は、単純に事実関係だけを述べたい時に使うもの。

使い方

1 거기 (kogi) [친절하죠? (chinjorajo) /친절해요? (chinjoreyo)] …… そこ、親切でしょう？/ですか？

★これは、以前訪れたことのある店に相手が行ったという話を聞き、話し手が相手に声をかける時に使う表現で、自分がその店に対して持っていた印象と相手のその店に対する認識とが一致することを願う気持ちで言いたい時には「친절하죠?」を、単純に親切なのかどうなのかに対する相手の意見を聞く時には「친절해요?」を使う。

2 발표일이 (palpyoiri) [언제죠? (onjejo) /언제예요? (onje-eyo)] …… 発表日、いつでしたっけ？/ですか？

★「언제죠?」は、結果発表が自分だけのことではなく、お互いの関心事であることを相手にアピールしたい時に使うもので、「언제예요?」は、単純に発表日がいつなのかを相手に聞く表現。

3 그건 (kugon) [아니죠 (anijo) /아니예요 (anieyo)]. …… それは違いますよ。

★「아니죠」は、事実と違うという認識を相手と共有したいと願う話し手の気持ちを表し、「아니에요」は、相手との認識の共有ではなく自分の意見を言いたい話し手の気持ちを表す。

mullon hal su itcho issoyo
4 물론 할 수 [있죠/있어요]. ……… もちろん出来ますよ。

★これは、話題になっている事柄に対して、あなたに出来るのかという相手からの問いかけに、話し手がもちろん出来ますよと答える内容のもので、可能という認識を話し手が相手と共有したいと願う場合に「할 수 있죠」を、自分の思いを述べる時に「할 수 있어요」を使う。

chung-gugo hal chul arayo aljo
A：중국어 할 줄 [알아요?/알죠?] ……… 中国語出来ますか？/出来ますよね？

morunundeyo
B：모르는데요. ……… 知らないですけど。

★「중국어 할 줄 알아요?」は、中国語が出来るのかを聞くごく一般的な質問で、「할 줄 알죠?」は、当然中国語が出来るだろうと見込んでいる自分の予備知識を相手に確認したい時に使う質問。

olmana to kaya dwejo dweyo
A：얼마나 더 가야 [되죠?/돼요?] ……… 後どのくらい行けばいいんですか？

chogumman to kamyon dweyo
B：조금만 더 가면 돼요. ……… もう少し行けばいいです。

★「가야 되죠?」は、共有の情報として、どのくらい距離が残っているのかをこちらに教えてくれませんかと願う話し手の気持ちを表すもので、「가야 돼요?」は、ごく一般的な質問。

igotto nega henni
A：이것도 네가 했니? ……… これもあなたがやったの？

kugon chega a nessoyo
B：그건 제가 안 했어요. ……… それは私がやっていません。

kugon chega a netcho
그건 제가 안 했죠. ……… それは私がやっていませんよ。

★これは、これもあなたがやったのかという質問とそれについての答えのやりとりなので、普通に考えたら、相手との認識の共有を図る必要がなく、「안 했어요」で答えるのが筋。「안 했죠」は、「あなたも薄々気づいているように」というような気持ちを込める言い方なので、話し手の不服そうな態度を表すことがある。

事実をそのまま言う場合には、「～아/어(요)」を、良くも悪くも相手との意識共有を図る気持ちで何かを言いたい時には、「～죠(지요)」を使う。

～데・～지만

意味の解説

185

「～데」は、後半の話をするための前置きとして前半の話を持ち出すという意味を表すもので、「～지만」は、前半と後半の事柄を対立するものとして捉えていることを表すものである。

使い方

1 아직 [11시인데/ 11시이지만 (×)] 벌써 가요?
(ajik yoransi-inde yoransi-ijiman polso gayo)
……まだ11時なのにもう行くんですか？

★11時であることと帰ることとは、対立するような出来事ではないため、帰る話をするための前置きになる「열 한시인데」が成立し、前後が対立しているような意味を与える「열 한시이지만」は成立しない。

2 제가 [아닌데 (×)/아니지만] 뛸 게요.
(chega aninde anijiman twil keyo)
……私ではありませんが、走ります。

★あなたの番でしょうと言われ、自分の番ではないけれども、まぁ走りましょうということを言っている内容なので、前後対立の意味を表す「아니지만」が使われる。

3 친구가 [온다는데/온다지만 (×)] 어딜 나가요?
(chinguga ondanunde ondajiman odil nagayo)
……友達が来るというのにどこに出かけるんですか？

★友達が来るというのに、家を空けてどこに出かけるつもりなのだという意味の文なので、友達が来ることとどこかに出かけることとが対立の意味にはならないことから、前置きの意味を持つ「온다는데」だけが成立する。

4 언젠가 [그만두겠는데 (×)/그만두겠지만] 그 때까지는 열심히 하고 싶어요.
(onjenga kumandugennunde kumandugetchiman ku tekajinun yolsimi hago sipoyo)
……いつか辞めると思いますが、その時までは頑張りたいです。

★これは、(今はその時ではなく) いつか辞めることになるだろうけども、その時までは頑張りたいという話し手の気持ちを表すものなので、対立の意味を持つ「그만두겠지만」が成立し、「그만두겠는데」は言えない。

この場合の「그만두겠지만」は、後ろの頑張りたいことと対立しているのではない。

5 저녁 chonyong [먹었는데 mogonnunde/먹었지만 mogotchiman (×)] 배가 pega 고프네요 kopuneyo.

…… 夕飯を食べたのにお腹すきますね。

★夕飯を食べたこととお腹が空くこととは、普通に考えたら対立する事柄にならないので、「먹었는데」が成立し、「먹었지만」は言えない。

6 처음엔 choumen 잘 chal [못했는데 motennunde/못했지만 motetchiman] 요즘은 yojumun 잘 cha 해요 reyo.

…… 最初はあまり出来ませんでしたが、最近は上手です。

★最初は出来が悪かったが、今は大丈夫という内容のものなので、2つは対立する事柄となり、「잘 못했지만」は問題なく成立する。が、最近上手く出来るようになったという話をするための前置きとして、以前は下手だったんだよという話を持ち出すこともあり得、その場合には「잘 못했는데」も成立する。

7 가격은 kagyogun [비싼데 pisande/비싸지만 pisajiman] 품질은 pumjirun 좋아요 choayo.

…… 値段は高いけど、品質はいいですよ。

★価格が高いことと品質がいいこととは、対立する事柄にも、「値段が高い」が「品質がいい」の前置きにもなるので、両方成立する。

論理上おかしい展開にならない限り、話し手は、同じ事柄に対して、前半と後半の出来事を対立するものとして捉えることも、前半の事柄を後半の事柄を説明するための前置きとして捉えることもできる。どちらを使うかはその時の話し手の判断ということになる。

～중·～가운데·～안·～속

意味の解説

「～중」は、複数で形成されているあるグループの中の個々を指す表現で、「～가운데」は、ある一定範囲を持つ空間や固まりの真ん中辺りを漠然と指す表現、「～안」は、ある場所の内側を指す言い方で、「～속」は、あるものの内側の中身を指す言い方。

使い方

che chingudul chung-e kaunde ane soge
1 제 친구들 [중에/가운데/안에 (×)/속에 (×)]
polso paksahagwi tan chinguga issoyo
벌써 박사학위 딴 친구가 있어요.
…… **私の友達の中にもう博士号を取った友達がいます。**

★「친구들 중에」は、個々の友達を浮かべ、その中の一人を特定して言いたい時に、「친구들 가운데」は、漠然と友達グループを思い浮かべながら言う時に使う。友達は空間や場所ではないので、「안에」や「속에」は言えない。

ku chigap chung-e kaunde ane soge olmana turonni
2 그 지갑 [중에 (×)/가운데 (×)/안에/속에] 얼마나 들었니?
…… **その財布の中にいくら入っているの?**

★財布の中にいくら入っているのかという質問なので、場所として捉えるのであれば、「지갑 안에」で言い、中身として捉えるのだったら「지갑 속에」と言う。財布が複数あるわけではないので「지갑 중에」は言えず、財布に真ん中があるわけでもないので「지갑 가운데」も言えない。

malsumasin gon chega turin charyo chung-e kaunde ane soge
3 말씀하신 건 제가 드린 자료 [중에 (×)/가운데/안에/속에]
turo itsumnida
들어 있습니다.
…… **おっしゃられた件のものは、私がお渡しした資料の中に入っています。**

★これは、知りたい件に関する資料は、今差し出した書類群に含まれていますよという内容のものである。資料個々を指して言っているわけではないので、「자료 중에」は言えず、漠然と一定範囲の中を表す「자료 가운데」が言える。「자료 안에」は、資料群を一つの固まりとして捉える言い方で、「자료 속에」は、知りたい件の内容が資料の中身として成立していることを表す言い方。

cha chung-e kaunde ane soge notko neryossoyo
4 차 [중에 (×)/가운데 (×)/안에/속에 (×)] 놓고 내렸어요.
…… **車の中に置き忘れました。**

★「차 중에」「차 가운데」は、複数ある車のことになるので、この場合には、使えない。車の中に忘れ物をしたという話なので、車を場所として捉える言い方をする必要があり、「차 안에」だけが正しい言い方となる。「차 속에」は、忘れ物が車の中身になることから成立しない。

woldukop chamgaguk chung-e kaunde ane soge
5 월드컵 참가국 [중에/가운데/안에/속에]

asiaga myon nara itcho
아시아가 몇 나라 있죠?
……ワールドカップの参加国の中でアジアは何ヶ国ありましたっけ？

★ワールドカップ参加国全体を個々で捉える言い方をしたい場合には、「참가국 중에」といい、参加国全体を一つのまとまりとして捉えたい場合には、「참가국 가운데」という。「월드컵 참가국 안에」は、ワールドカップ参加国全体を一つの固まりとして捉える場合に成立し、「월드컵 참가국 속에」は、ワールドカップ参加国の中身を変えるような言い方になる時に使う。

6 kot chung-e kaunde ane soge
꽃 [중에/가운데/안에 (×)/속에 (×)]
nega cheil choahanun kochi changmida
내가 제일 좋아하는 꽃이 장미다.
……花の中で私が最も好きなのがバラだ。

★複数ある花の中でという意味なので、花を個々で思い浮かべながら言いたい場合には「꽃 중에」と言い、花を全体として括って捉えながら言いたい場合には「꽃 가운데」と言う。この例文での花は場所にはなれないので、「꽃 안에」「꽃 속에」は言わない。

7 konmul chung-uro kaundero anuro soguro turogatsumnida
건물 [중으로 (×)/가운데로/안으로/속으로] 들어갔습니다.
……建物の中に入っていきました。

★建物は、場所や空間そのものなので、人が建物の中に入ったことを単純に言う場合には「건물 안으로」で、その人が建物に入って建物の中身を形成する場合には「건물 속으로」で言うことになる。複数の建物のことを言っているわけではないので「건물 중으로」は言わない。「건물 가운데」は、建物を一個の固まりとして捉えれば使うことができ、その場合には、建っている建物のほぼ真ん中辺りに何かが突っ込んだという意味になる。

8 charyang-i inpa chung-uro kaundero anuro soguro tolchinetta
차량이 인파 [중으로 (×)/가운데로/안으로/속으로] 돌진했다.
……車両が人波の中に突進した。

★人波は、ここでは、固まりとして捉えられているので、「인파 안으로」と「인파 속으로」が成立することになる。「인파 가운데로」は、人波のちょうど真ん中辺りに車両が突っ込んで行ったという意味になる。人波が複数あるわけではないので「인파 중으로」は使えない。

9 yong-ung chung-e kaunde ane soge yong-ung-ijyo
영웅 [중의/가운데 (×)/안의 (×)/속의 (×)] 영웅이죠.
……英雄の中の英雄ですよ。

★「～の中の～」のような言い方をする場合には、「～중의」だけが成立する。グループを形成している個々の中でも群を抜いてそのどれかがという意味になるからである。

「～중」は、あるグループを形成する内側の個々に注目する言い方で、「～가운데」は、何かがあるまとまりや固まりの内側に入っていることに注目する言い方、「～안」は、場所や空間の内側に注目する言い方、「～속」は、あるものの内側の中身に注目する言い方になる。

～다가·～았/었다가

186

意味の解説

「～다가」は、「何かをしていて、何かをしている時に、何かをしていたら」という意味で、「～았다가/었다가」は、過去形の「～았/었」を含んでいる分、「何かをしたらそこで、何かが終わったらそこで」という意味になる。

使い方

1 서울 [가다가/갔다가] 친구 만났어요.
(soul kadaga kattaga chingu mannassoyo)
……ソウルに 行く途中で/行って 友達に会いました。

★「서울 가다가」は、ソウルに向かっていくことをしていたら友達に会うという出来事に直面したという意味で、「서울 갔다가」は、ソウルに行ったらそこで友達に会う出来事に遭遇したという意味。

2 [오다가/왔다가 (×)] 먹고 왔는데.
(odaga wattaga mokko wannunde)
……ここに 来る途中で 食べて来たんだけど。

★「오다가 먹다」は、こちらに向かってくることをやっている時に食べることもやってきたという意味。従って、一度来ることを完結したという意味になる「왔다가 먹다」は言えないことになる。

3 졸면서 [운전하다가/운전했다가] 사고날 뻔했어.
(cholmyonso unjonadaga unjonettaga sagonal ponesso)
……居眠りしながら 運転していて/運転していたら 事故るところだった。

★「졸면서 운전하다 사고날 뻔했다」は、居眠りをしながら運転をしていたら事故りそうになったという意味で、「졸면서 운전했다가 사고날 뻔

했다」は、居眠りをするということをやったらその結果として事故りそうになったという意味。

4 [춥다가 안 춥다가/추웠다가 안 추웠다가] 그러네?
(chuptaga an chuptaga / chuwottaga an chuwottaga kurone)
…… 寒かったり寒くなかったり/寒かったり寒くなかったり　しているね？

★この話は、寒かったり寒くなかったりする日々が続いていることを言っているもので、寒いと判断する時点が日中なのかそれとも一日の最後なのかによって「춥다가 안 춥다가」と「추웠다가 안 추웠다가」とを使い分ける。

5 [자다가/잤다가（×）] 일어난 모양이네?
(chadaga / chattaga ironan moyang-ine)
…… 寝ている途中で　起きたみたいだね？

★寝ている途中で何かがあって起きてきた人を見ていう言い方なので、一度寝る行為が完結したかのような言い方になる「잤다가 일어난 모양이네」は使えないことになる。

「〜다가」は、「前半の事柄が進行中に」という意味が強く、「〜았/었다가」は、「前半の事柄が終わったらそこで」という意味が強い。

〜았/었다가・〜아서/어서

意味の解説

「〜았다가/었다가」は、「何かをしたらたまたまそこで、何かが終わったらたまたまそこで」という意味で、「〜아서/어서」は、「何かをしてそこで」という意味。

使い方

1 서울 [갔다가/가서] 친구 만났어요.
(soul kattaga / kaso chingu mannassoyo)
…… ソウルに　行って/行って　友達に会いました。

★「서울 갔다가」は、ソウルに行ったらたまたまそこで友達に会う出来事に遭遇したという意味で、「서울 가서」は、最初からソウルに行って友達に会うことを計画し、その通り実行したという意味。

2 졸면서 [운전했다가/운전해서] 사고날 뻔했어.
cholmyonso unjonettaga unjoneso sagonal ponesso

…… 居眠りしながら　運転していたら/運転し　事故るところだった。

★「졸면서 운전했다가 사고날 뻔했다」は、たまたま居眠りをするということをやったらその結果として事故りそうになったという意味で、「졸면서 운전해서 사고날 뻔했어」は、居眠りをしながら運転したことが事故りそうになったことの原因となっているという意味。

3 빈 속에 술 [먹었다가/먹어서 (×)] 혼났다.
pin soge sul mogottaga mogoso honnatta

…… 空腹でお酒を　飲んで　酷い目に遭った。

★これは、「飲んだらそういうことになって大変だった」という思いを伝える言い方なので、「何かをしたらそこで」の意味を持つ「빈 속에 술 먹었다가」の方が成立する。

> 「〜았/었다가」は、前半の事柄が完了したら「たまたまそこで」という意味が強く、「〜아서/어서」は、前半の事柄をして「そこで」という意味が強い。

〜다가·〜는 도중에

意味の解説

187

「〜다가」は、「何かをしていてたまたま、何かをしている時にたまたま、何かをしていたらたまたま」という意味で、「〜는 도중에」は、文字通り「何かをやっている途中で」という意味。

使い方

1 서울 [가다가/가는 도중에] 친구 만났어요.
soul kadaga kanun tojung-e chingu mannassoyo

…… ソウルに　行く途中で/行く途中で　友達に会いました。

★「서울 가다가」は、ソウルに向かっていくことをしていたらたまたま友達に会うという出来事に直面したという意味で、「서울 가는 도중에」は、最初からソウルに行く途中友達に会ったという意味。

2 [오다가/오는 도중에] 먹고 왔는데.
odaga onun tojung-e mokko wannunde

…… ここに　来る途中で/来る途中で　食べて来たんだけど。

★「오다가 먹다」は、こちらに向かってくることをやっている時にたまたま食べることもやってきたという意味。「오는 도중에」は、たまたまという気持ちはなく、普通に途中で食べて来たという意味になる。

3 졸면서 [운전하다가/운전하는 도중에 (×)] 사고날 뻔했어.
(cholmyonso unjonadaga/unjonanun tojung-e sagonal ponesso)
…… 居眠りしながら　運転していて　事故るところだった。

★「졸면서 운전하다 사고날 뻔했다」は、たまたま居眠りをしながら運転をしていたら事故りそうになったという意味。「졸면서 운전하는 도중에 사고날 뻔했다」は、最初から居眠りをしながら運転することを計画する人はいないことから変な言い方になる。

4 [자다가/자는 도중에 (×)] 일어난 모양이네?
(chadaga/chanun tojung-e ironan moyang-ine)
…… 寝ている途中で　起きたみたいだね？

★この文は、寝ている途中で何かがあって起きてきた人を見て言う表現なので、偶然性のない「자는 도중에」は言えないことになる。

「～다가」は、前半の事柄が進行中にたまたまという意味が強く、「～는 도중에」は、何かをしている途中でという意味が強い。

～든(지)・～더라도・～아/어도

意味の解説

「～든(지)」は、「羅列している複数の選択肢の中でどんなものでも、どんなことでも」の意味を表すもので、「～더라도」は、話し手の強い仮定や譲歩の気持ちを表すもの。「～아/어도」は、話し手の普通の仮定や譲歩の気持ちを表す。

使い方

A：무슨 [일이든/일이더라도/일이어도 (×)] 한다고 그랬잖아요.
(musun niridun/niridorado/niriodo handago guretchanayo)
…… どんなことでもやるって言ったじゃないですか。

B：그랬죠. (kuretcho) …… そう言いましたね。

★「무슨 일이든」は、「どんなことが選ばれたとしても」という気持ちを表

した時に、「무슨 일이더라도」は、「仮にどんなことがあったとしても」という気持ちを表したい時に使う。「무슨 일이어도」は、「どんなことがあったとしても」と強く願う話し手の気持ちと合わない面があるので言えない。

nega mwol hadun hadorado hedo towa jusil kojo
A：내가 뭘 ［하든/하더라도/해도］ 도와 주실 거죠?
…… 私が何をやっても助けて下さるんでしょう？

mwol hadunjinun aniji
B：뭘 하든지는 아니지. …… 何をやってもではないよな。

★「뭘 하든」は、話し手の「私が何を選んでやると決めても」という気持ちを表したい時に、「뭘 하더라도」は、話し手の「仮に何をするとしても」と強く願う気持ちを表したい時に、「뭘 해도」は、普通に「仮に何をするとしても」と願う話し手の気持ちを表したい時に使う。

amuri papudun papudorado papado kok chonwahaseyo
A：아무리 ［바쁘든（×）/바쁘더라도/바빠도］ 꼭 전화하세요.
…… どんなに忙しくても必ず電話して下さいね。

arasso
B：알았어. …… 分かった。

★これは、複数の選択肢の中で何かを選ぶという内容ではなく、仮にかなり忙しいことが発生したとしてもと、状況を特定していう事柄になっているので、話し手の強い仮定の気持ちを表す「아무리 바쁘더라도」と普通の仮定の気持ちを表す「아무리 바빠도」が成立し、選択の意味を持つ「아무리 바쁘든」は成立しないことになる。

honja gattun gattorado gassodo hal su issossulka
A：혼자 ［갔든（×）/갔더라도/갔어도］ 할 수 있었을까?
…… 一人で行っても出来たかな？

motessul kolryo
B：못했을 걸요? …… 出来なかったでしょう？

★これは、一人で行くという特定状況のことを挙げていう出来事になっているので、話し手の強い気持ちを表す「혼자 갔더라도」と普通の仮定の気持ちを表す「혼자 갔어도」が成立し、選択の意味を持つ「혼자 갔든」は成立しないことになる。

yogil namtun tonadun namtorado tonadorado
A：여길 ［남든 떠나든/남더라도 떠나더라도（×）/
namado tonado mamdero haseyo
남아도 떠나도（×）］ 맘대로 하세요.
…… ここを残るも離れるもあなた次第です。

chonun sajangnim kyolchong-e tarugetsumnida
B：저는 사장님 결정에 따르겠습니다. …… 私たちは社長の決定に従います。

★これは、仮定や譲歩の話をしているわけではなく、どちらか選択をする

ことを突き付ける表現である。従って、選択の意味を持つ「남든 떠나든」だけが成立し、「남더라도 떠나더라도」「남아도 떠나도」は、両方とも成立しないことになる。

「～든(지)」は、複数ある対象の中で選択をするところに意味の中心があり、「～더라도」は、話し手の強い仮定や譲歩の気持ちを表すところに、「～아/어도」は、話し手の普通の仮定や譲歩の気持ちを表すところに意味の中心が置かれる。

～는(ㄴ/은) 것 같다·～ㄹ/을 것 같다

意味の解説

188

「～는(ㄴ/은) 것 같다」は、動詞の場合には現在または過去において、形容詞や名詞の場合には現在において、話し手が何らかの予備知識を持って多分そうだろうと推測判断をしていることを表すもので、「～ㄹ/을 것 같다」は、動詞や形容詞、名詞を問わず、話し手が予備知識を持たず、自分の直感で多分そうだろうと推測判断をしていることを表す表現。

使い方

A：기분(kibun) [좋으신(chousin) 것(got)/좋으실(chousil) 것(kot)] 같아요(katayo). ……本当に良かったですね。

B：물론(mullon) 좋죠(chotcho). ……そうですね。

★これが子供の合格を知って喜ぶ親にかけてあげる言葉だとしたら、「기분 좋으신」は、合格の情報などを事前に知っていて言う言い方となり、「기분 좋으실」は、それを踏まえた上で、しばらくその喜びが続くでしょうという気持ちを表す言い方となる。「기분 좋으신 거 같아요」と言う時に、相手が上機嫌な理由までは分からない場合には、「기분 좋으신 거 같아요. 뭐 좋은 일이라도 있으셨어요?」というふうに、何かいいことでもあったのですか、と聞く内容を後につけて言うことが多い。

A：지금(chigum) 집에(chibe) [안(an) 계시는(gesinun) 거(go)/안(an) 계실(gesil) 거(ko)] 같아(gata).
……今ご自宅にいらっしゃらないみたいだよ。

B：아니에요(anieyo). 계신다고(kesindago) 했어요(hessoyo). ……いいえ、いるとおっしゃっていましたよ。

★ベルを押したのに返事がなかったり電話をかけたのに出なかったりする

時の表現で、何らかの根拠を持って言いたい場合には、「안 계시는 것 같아」と言い、これといった根拠もなくただ話し手の直観で言う場合には、「안 계실 거 같아」と言う。

ibon nil chongmal chal dwen got chal dwel kot katchi
A：이번 일 정말 ［잘 된 것(×)/잘 될 것］ 같지?
…… **今度の仕事、上手く行きそうだよね。**

ne kurol kot katayo
B：네. 그럴 것 같아요. …… **はい、そうなりそうです。**

★Bの人がそうなりそうだと言っているので、「잘 된 것 같지?」は言えず、「잘 될 것 같지?」だけが成立する。「잘 된 것 같지?」が言えるのは、ことがすべて終わった状況下になる。「잘 되는 것 같지?」は、仕事が今上手く捗っていることを話し手が言いたい時に使う。

none sajang musoun got musoul kot katunde
A：너네 사장 ［무서운 것/무서울 것］ 같은데?
…… **君んとこの社長、恐そうだよ？**

anieyo hanado an musouseyo
B：아니에요. 하나도 안 무서우세요.
…… **いいえ、ちっとも恐くないですよ。**

★「무서운 것 같은데」は、相手が勤務する会社の社長に対してコメントを言う前に、何らかの形でその根拠となるものを予備知識として持ち合わせている時に使う言い方で、「무서울 것 같은데」は、これといった根拠を持たずに、何となくそんな感じがするという話し手の直観を表す時に使う言い方。

kogi omchong pisan got pisal kot kattonde
A：거기 엄청 ［비싼 것/비쌀 것］ 같던데?
…… **そこ、すごく高そうだったよ？**

kurotchido anayo
B：그렇지도 않아요. …… **そうでもないですよ。**

★「비싼 것 같던데?」は、お店に行ってその雰囲気を見たか、あるいは、その店に関する情報を入手したかで、前もってその店の情報を知っている時に使う言い方で、「비쌀 것 같던데?」は、これといった根拠を持たずに、話し手の直観でものを言う時に使う言い方。

「〜ㄹ/을 것 같다」は、直感で何となくそういうことのようだと判断する時の言い方で、それ以外の「〜는 것 같다」や「〜ㄴ/은 것 같다」は、それなりの根拠を持ってそういうことのようだと判断する時の言い方になる。

~것 같다·~가 보다·~나 보다

▼ 意味の解説

「~것 같다」は、確証はないけれども多分そうだろうと不確実な断定をする意味を、「~가 보다」は、確証がないながらも話し手がそれなりの根拠を持って多分そうだろうと推測をする意味を、「~나 보다」は、あまり複雑に考えずに、軽い乗りで多分そうだろうと推測をする意味を持つ。

使い方

tehak putun go gatayo putonnunga bwayo putonna bwayo
1 대학 [붙은 거 같아요/붙었는가 봐요/붙었나 봐요].
…… 大学に　受かったようです/受かったみたいです。

★受かった人が話し手であっても第三者であっても意味は一緒で、確実に受かったという確証はないが、多分受かっているでしょうと不確実な断定をする場合には「붙은 거 같아요」を、まだ100%確証がないので気がかりなところもあるが、多分大丈夫でしょうと言いたい時には「붙었는가 봐요」を、軽い乗りで受かったでしょうという時には「붙었나 봐요」を使う。

chigum norebang kanun go gata kanunga bwa kana bwa
2 지금 노래방 [가는 거 같아/가는가 봐/가나 봐].
…… 今カラオケに　行くようだよ/行くみたいだよ/行くらしいよ。

★これは、話題の人物がカラオケに向かっているようだという話を話し手が誰かから聞いているか、あるいは、カラオケに行きたいと言っていた人がどこかに向かっていくのを話し手が見かけて、カラオケに行くんだなと思う時に使う表現で、確実ではないが、どうもカラオケに向かっているようだと断定する時には「노래방 가는 거 같아」を、話し手なりの何らかの根拠を持って向かっているようだと判断する時には「가는가 봐」を、何も考えずに軽い乗りでカラオケに向かっているんだねと推測する時には「가나 봐」を使う。

ku saram ton chom innun go gata innunga bwa inna bwa
3 그 사람 돈 좀 [있는 거 같아/있는가 봐/있나 봐].
…… あの人、お金　持ってるらしいよ/持ってるみたいだよ/持ってるようだよ。

★「돈 있는 거 같아」は、話し手の100%確証はないが、どうもお金を持っ

ているようだと不確実な断定の気持ちを表したい時に、「돈 있는가 봐」は、話し手が自分なりの根拠を持ってお金を持っていることを推測したい時に、「돈 있나 봐」は、何も考えずに軽い乗りで金を持っているんじゃないのと推測したい時に使う。

cho bun pyonosasin go gatayo pyonosasinga bwayo
4 저 분 [변호사신 거 같아요/변호사신가 봐요/
pyonosasina bwayo
변호사시나 봐요（×）].

…… **あの方、弁護士のようですよ/弁護士みたいですよ。**

★自分の方から離れたところにいる人のことを指してその人が弁護士のようだという内容のもので、「변호사신 것 같아요」は、確証はないけども多分弁護士かなとある程度の断定をしたい時に、「변호사신가 봐요」は、その人の発言内容か何かを見て確証はないがどうもそのようだと推測をする時に使う。「변호사시나 봐요」は、話し手が弁護士みたいだという時にはそれなりの判断根拠があるから言っているはずなのに、「～나 봐요」で話すことによって根拠が全くないかのような印象を招くことから成立しない。

chane honjan go gata honjanga bwa honjana bwa
5 자네 [혼잔 거 같아?/혼잔가 봐?/혼자나 봐.（×）]

…… **君、独身のようだね/独身らしいね？**

★「혼잔 거 같아?」は、普段の言い方や食べ物などを見ていて100％断定は出来ないが、どうも一人暮らしをしているようだと断定をする時に使われ、「혼잔가 봐?」は、同じ状況下で推測をする時に使われる。「혼자나 봐?」は、君は一人なんじゃないのと言う時にはそれなりの根拠を持って話しているはずなのに、「나 봐」をつけることによってまるで根拠がないかのような言い方にしてしまうことから話の流れが矛盾し成立しないことになる。

igo nega han go gata hennunga bwa henna bwa
6 이거 네가 [한 거 같아?/했는가 봐?/했나 봐?]

…… **これ、君がやったみたいだね/やったようだね？**

★「네가 한 거 같아?」は、確証はないながらもお前がやっているよねと断定をしたい時に、「했나 봐?」は、何も考えずに軽く推測をしたい時に使う。「했는가 봐?」は、心中に何か思い当たる節があってそれを相手に確かめる時に使う。

oryossul te chaju urotton go gata uronnunga bwa uronna bwa
7 어렸을 때 자주 [울었던 거 같아/울었는가 봐/울었나 봐].

…… **小さい時、よく泣いていたかな/泣いていたっぽいね/泣いていたらしいね。**

★泣いた人が話し手自身の場合には、思い出すと何となく小さい時によく泣いたことを覚えていると言いたい時に「울었던 거 같아」を使い、記憶はないけれども、他人の話からどうやらそういうことだったらしいと言いたい時に「울었는가 봐」を、人から聞いた話として軽い乗りでよく泣いていたみたいですよと言う場合に「울었나 봐」を使う。泣いた人が第三者の場合には、話し手が話題の人物が泣いていた光景を思い浮かべながらそうだったねと言う時に「울었던 것 같아」を、人から伝え聞いた話し手としてどうやらそういうことだったらしいと言いたい時に「울었는가 봐」を、同じ話を軽い乗りで言う時に「울었나 봐」を使うことになる。

「～것 같다」「～가 보다」「～나 보다」は意味の区別も難しく、使い分けもかなり難しい。「～거 같다」は不確実な断定を言いたい時に、「～가 보다」はそれなりの根拠を持って言いたい時に、「～나 보다」は軽い乗りであまり深く考えずに言いたい時に使うものであることを覚えておく必要がある。

「안」と「～지 않다」

189

意味の解説

「안」は、「안」の直後に来る言葉を否定する時に使い、「～지 않다」は、「～지 않다」の前に来る表現全体を否定する時に使う。

使い方

an mogul koya mokchi anul koya
A：[안 먹을 거야?/먹지 않을 거야?(×)] …… 食べないの？

anyo mogul koeyo
B：아뇨, 먹을 거예요. …… いいえ、食べます。

★食べないつもりなのかという質問なので、「食べるつもり」全体を否定しなければならず、「안 먹을 거야?」は言えても「먹지 않을 거야?」は言えない。

uriga mandun goraso kuroji ankessoyo an gurogessoyo
A：우리가 만든 거라서 [그러지 않겠어요?/안 그러겠어요?(×)]
…… われわれが作ったものだからそうなのではないでしょうか。

kurol sudo itkenneyo
B：그럴 수도 있겠네요. …… そうかもしれませんね。

★自分たちが作ったものだから話題の人物が否定的な反応を見せるのでしょうという内容なので、否定したいのは、「私たちが作ったものだからそうなのだ」になり、「우리가 만든 거라서 그러지 않겠어요?」が成立する。「안 그러겠어요」は、「그렇다」だけを否定する意味になることから言いたい内容とは合わないため、成立しないことになる。

A：그거 [안 두껍겠어?/두껍지 않겠어?] …… それ、厚くないかな？
(kugo an tukopkesso tukopchi ankesso)

B：괜찮을 거 같은데요. …… 大丈夫そうですね。
(kwenchanul ko gatundeyo)

★「안 두껍겠어?」は厚いという単語を否定する言い方で、「그거 두껍지 않겠어?」は「그거 두껍다」を否定する言い方。2つともほぼ同じ内容を言っているので結果的に両方成立することになる。しかし、例えば、「원망스럽다：恨めしい」のように、比較的長い言葉になると、「안 원망스럽다」のように、「안」を使った否定が言えないケースが出てくる。それは、「안」が直後に来る言葉を否定する機能を持つことから、後ろの「～스럽다」より、「원망」に否定の意味がかかりやすくなるからである。

A：가능성이 있어? …… 可能性がある？
(kanungsong-i isso)

B：[없지는 않습니다/안 없습니다(×)]. …… なくはないです。
(opchinun ansumnida a nopsumnida)

★単純な否定ではなく、「～で/くはない」「～で/くもない」のように、「は」「も」を挟む否定になる場合には、「안」による否定は使えない。

「안」による否定は、直後に来る言葉にかかるもので、「～지 않다」による否定は前に来る表現全体にかかる。

「못」と「～지 못하다」

▼ 意味の解説

「못」は、「못」の直後に来る言葉を否定する時に使い、「～지 못하다」は、「～지 못하다」の前に来る表現全体を否定する時に使う。

使い方

A：이쪽(ichok) 의견은(uigyonun) [무시하지(musihaji) 못할(motal)/못(mot) 무시할(musihal)(×)] 겁니다(komnida).

…… こちらの意見は無視出来ないと思います。

B：그렇다면(kurotamyon) 다행이고요(taheng-igoyo). …… それなら助かりますけどね。

★これは、「こちらの意見を無視すること」を否定したい意味のものなので「무시하지 못할 겁니다」が使われる。「못 무시할 겁니다」は、「못」の直後に来る「무시하다」を否定する意味になることから成立しない。「무시 못할 겁니다」は、「무시하지 못할 겁니다」と同じ意味。

A：왜(we) [못(mot) 들어가요(turogayo)?/들어가지(turogaji) 못해요(moteyo)?(×)]

…… なぜ入れないんですか？

B：시간이(sigani) 아직(ajik) 안(an) 된(dwen) 모양입니다(moyang-imnida).

…… まだ時間になっていないようです。

★これは、入ることがなぜ許されないのかという意味なので、入ることだけを否定する「왜 못 들어가요?」が使われる。「들어가지 못해요?」は、「왜 들어 가요?」を否定する意味になることから成立しない。

A：우리가(uriga) [이기지(igiji) 못할거라고(motalkorago)/못(mon) 이길거라고(nigilkorago)] 하셨대요(hasyotteyo).

…… 私たちが勝てないだろうとおっしゃったそうです。

B：그러시겠죠(kurosigetcho). …… そう言うでしょうね。

★「우리가 이기지 못할 거라고」は、「私たちが勝つ」を否定したい時に、「못 이길거라고」は、「勝つ」を否定したい時に使う。2つがほぼ同じ意味になることから両方成立する。

「못」による否定は、直後に来る言葉にかかるもので、「～지 못하다」による否定は前に来る表現全体にかかるもの。

～기 어렵다·～기 나쁘다·～기 힘들다

190

意味の解説

「～기 어렵다」は、「어렵다」が難しいという意味を持つことから、高難

易度を表す「～しにくい」の意味を、「～기 나쁘다」は、「나쁘다」がよくないという意味を持つことから、話し手が都合が悪いと感じたり状況的によくないと判断したりする「～しにくい」の意味を、「～기 힘들다」は、「힘들다」が大変という意味を持つことから、話し手が不便や大変と感じる「～しにくい」の意味を表す。

使い方

1 혼자서는 [가기 어려운/가기 나쁜/가기 힘든] 곳이에요.
(honjasonun kagi oryoun/kagi napun/kagi himdun gosieyo)

…… **一人では行きにくいところです。**

★一人では行きにくいというのは、一人では行くのが難しい、一人での行き方はあまりよくない、一人ではそこまで行くのがなかなか大変、というようなことを意味するので、「가기 어려운 곳」「가기 나쁜 곳」「가기 힘든 곳」の3つが全部成立する。

2 이 컵 정말 [쓰기 어려운데?(×)/쓰기 나쁜데?/쓰기 힘든데?(×)]
(i kop chongmal sugi oryounde/sugi napunde/sugi himdunde)

…… **このカップ、本当に使いにくいな。**

★使いにくいカップというのは、難易度や大変さではなく使い方がよくないという意味なので、「쓰기 어려운데?」や「쓰기 힘든데?」は使えず、「쓰기 나쁜데?」だけが成立する。

3 그런 데 있으면 [연락하기 어렵지/연락하기 나쁘지/연락하기 힘들지].
(kuron de issumyon yollakagi oryopchi/yollakagi napuji/yollakagi himdulji)

…… **そんなところにいたら連絡しにくいよね。**

★これは、話題の人物が連絡の届きにくい場所にいてなかなか連絡が取りずらいということなので、連絡するのが難しい、連絡するのには都合が悪い、連絡するのが大変、ということになり、「연락하기 어렵지」「연락하기 나쁘지」「연락하기 힘들지」の3つが全部成立する。

基本的に、「～기 어렵다」は、「～しにくい」に、「～기 나쁘다」は、「～しがたい」に、「～기 힘들다」は、「～しずらい」に近い意味を持つ。

~기 쉽다·~기 좋다·~기 편하다

意味の解説

「~기 쉽다」は、「쉽다」が簡単、易しいという意味を持つことから、低難易度を表す「～しやすい」の意味を、「~기 좋다」は、「좋다」がいいという意味を持つことから、話し手が好都合と感じたり状況的に整っていると判断したりする「～しやすい」の意味を、「~기 편하다」は、「편하다」が楽だ、便利だという意味を持つことから、話し手が便利、楽と感じる「～しやすい」の意味を表す。

使い方

1 이럼(irom) [다치기(tachigi) 쉬운데(swiunde)/다치기(tachigi) 좋은데(chounde)/다치기(tachigi) 편한데(pyonande)(×)].

……これだと怪我しやすいんだけどね。

★これは、こんな状況下では簡単に怪我するよと言いたい話し手の気持ちを表すものなので、簡単に怪我するよという意味を持つ「다치기 쉬운데」や怪我しやすい状況が整っているという意味になる「다치기 좋은데」が成立する。「다치기 편한데」は、楽に怪我をするという変な意味になることから成立しない。

2 좀(chom) 잘게(chalge) 잘라줘야(challajwoya) [먹기(mokki) 쉽지(swipchi)/먹기(mokki) 좋지(jotchi)/먹기(mokki) 편하지(pyonaji)].

……細かく切ってくれたら食べやすいのに。

★これは、肉をもうちょっと細かく切ってくれれば食べやすいのにという気持ちを表すものなので、切ってくれたら好都合なのにという意味を持つ「먹기 좋지」や切ってくれたら楽に食べられるのにという意味を持つ「먹기 편하지」が成立する。「먹기 쉽지」は、あまり手こずらずに簡単に食べられるという意味になることから、子供が主語の場合、成立しやすくなる。

3 그런(kuron) 사람이(sarami) 함정에(hamjong-e) [빠지기(pajigi) 쉽대요(swipteyo)/빠지기(pajigi) 좋대요(jotteyo)/빠지기(pajigi) 편하대요(pyonadeyo)(×)].

……そういう人が罠に落ちやすいですってよ。

★これは、そういうタイプの人が簡単に罠にかかりやすいという意味のものなので、「빠지기 쉽대요」や「빠지기 좋대요」が成立し、「빠지기 편

하대요」は成立しないことになる。

「～기 쉽다」は、「～기 어렵다」の反対の意味に、「～기 좋다」は、「～기 나쁘다」の反対の意味に、「～기 편하다」は、「～기 힘들다」の反対の意味になる。

～거든(요)・～아/어서(요)

意味の解説

191

「～거든(요)」は、それを実行する理由が自分なりに充分備えられているということを話し手が相手に強くアピールしたい時に、「～아/어서(요)」は、それを実行する理由が客観的な状況によるものであるということを話し手が相手にアピールしたい時に使われる。

使い方

yogi musun niriseyo
A：여기 무슨 일이세요? ……ここには、何かご用なのですか？

a ne chom pol-liri issosoyo itkodunnyo
B：아，네，좀 볼일이 [있어서요/있거든요].
……あ、はい、ちょっと用事がありまして。

★「볼일이 있어서요」は、用事があってここに来たということを話し手が相手に淡々と説明する時に使う言い方で、「볼일이 있거든요」は、ここに来たのにはそれなりの充分な理由があってのことなのだということを相手にアピールしたい時に使う言い方。

no we nujosso
A：너 왜 늦었어? ……君、何で遅れたんだよ？

odaga kyotong-sago natkodunnyo nasoyo
B：오다가 교통사고 [났거든요/나서요].
……来る途中で交通事故があったんですよ。

★「교통사고 났거든요」は、別に遅れたくて遅れたわけではなくて、それにはやむを得ない充分な理由があったからなのだと言いたい時の言い方で、「교통사고 나서요」は、それをより冷静に相手に説明する時の言い方。

chanega we kugol hana
A：자네가 왜 그걸 하나? ……何で君がそれをやるのかね？

ne sarami opsosoyo opkodunnyo
B：네，사람이 [없어서요/없거든요]. ……はい、人手が足りなくて。

★本来その仕事をやるはずのない自分の部下がその仕事をするのを見て、

どういうことだと声をかけてきた上司と、それに応える部下とのやりとりなので、より淡々と事実だけを上司に説明する「사람이 없어서요」で答えるのが部下の答え方としては望ましい。「사람이 없거든요」は、それなりの理由があるからやっているのだと上司に匂わすような言い方になってしまい、下手をすると自分も本来だったらやりたくないのに、仕方なくやっているのですよという言い方になりかねないからである。

A：죄송합니다. 저 약속이 [있거든요/있어서요].
(chwesonghamnida cho yaksogi itkodunnyo issosoyo)
……すみません。ちょっと約束があるんですよ。

B：그래, 그럼 먼저 가. ……そう、じゃ先に帰っていいよ。
(kure kurom monjo ga)

★先に退社したいという話を上司にし、帰る許可を取り付けるような会話なので、先に帰らなければならないそれなりの理由を上司にアピールする意味を持つ「약속이 있거든요」の方がより適切な言い方となる。「약속이 있어서요」はやや弱い言い方となるため、「약속이 있어서요」の後に何か理由となる内容を付け加えて説明する必要が生じることがある。

「～거든(요)」は、場合によって開き直りや言い訳の気持ちを与えてしまうことがあるため、使い方に注意する必要がある。「～아/어서(요)」は、弱い言い方のため、だらだらと追加説明を責められる恐れがあるところを注意する必要がある。

～니까/으니까・～아서/어서・～기 때문에

意味の解説

「～니까/으니까」は、前の出来事と後ろの出来事との関係について、後ろの出来事が成立する理由を話し手が主観的かつ一方的な根拠を持って主張したい時に使うもので、「～아서/어서」は、前の出来事と後ろの出来事との関係について、後ろの出来事が成立する理由を、前の出来事が起きたらその流れの中で自然に後ろの出来事も追随して起きるものなのだと話し手が説明したい時に、「～기 때문에」は、前の出来事と後ろの出来事との関係について、後ろの出来事が成立する理由を話し手が論理的かつ理屈っぽく説明しようとする時に使うものである。

使い方

1 감기(kamgi) [걸려서(kollyoso)/걸렸으니까(kollyossunika)(×)/걸렸기(kollyotki) 때문에(temune)(×)] 못(mo) 왔대요(dwatteyo).

……風邪を引いたので来られなかったそうです。

★「감기 걸려서」は、風邪を引くことをしたらその流れで自然に学校に行けなくなることも発生するものだということを話し手が説明するものなので問題なく成立する。ところが、「감기 걸렸기 때문에」は、「못 왔대요」に対する理由を理屈っぽく言おうとするところからあまりいい言い方とはいえず、「감기 걸렸으니까」は、話題の人物が学校に来られない理由を第三者の話し手が主観的かつ一方的な理由で説明しようとするところから成立しない言い方となる。

2 [늦었으니까(nujossunika)/늦어서(nujoso)(×)/늦었기(nujotki) 때문에(temune)(×)] 택시(teksi) 타고(tago) 갑시다(kapsida).

……遅れているからタクシーに乗っていきましょう。

★「늦었으니까」は、予定が遅れているからタクシーに乗って向かいましょうと相手を誘い込むための話し手の主観的かつ一方的な根拠を示すものなので問題なく成立する。しかし、「늦어서」は、遅れていることが起きたらその流れで自然にタクシーに乗ることも起きるものなのだという意味になることから成立せず、「늦었기 때문에」は、タクシーに乗る理由を論理的に理屈っぽく言おうとするところから成立しない。

3 그(ku) 분이(buni) [책임자라서(chegimjaraso)/책임자니까(chegimjanika)/책임자기(chegimjagi) 때문에(temune)] 가능했던(kanunghetton) 일입니다(nirimnida).

……その方が責任者だから可能だったことです。

★「그 분이 책임자라서」は、その方が責任者の立場にいたからこそその流れで自然にそのことも可能になったのだという話し手の気持ちを表すもので、「그 분이 책임자니까」は、それが可能だったのは、その方が責任者でいたからという話し手の主観的な根拠の気持ちを、「그 분이 책임자기 때문에」は、「その方が責任者→可能」と判断する話し手の論理的な根拠を表す。

4 어제(oje) 충분히(chungbuni) [쉬었기(swiotki) 때문에(temune)/쉬었으니까(swiossunika)/쉬어서(swioso)] 괜찮아요(kwenchanayo).

……昨日充分に休んだから大丈夫です。

★「충분히 쉬었기 때문에」は、「充分に休む→大丈夫」と判断する話し手の論理的かつ理屈っぽい理由を、「충분히 쉬었으니까」は、大丈夫だと

思うのは昨日休んだからと言いたい話し手の主観的な理由を、「충분히 쉬어서」は、充分に休むことをやっておけばその流れで自然に体調もよくなるものだと言いたい話し手の気持ちを表す。

5 생활이 [어려워서/어렵기 때문에/어려우니까] 훔쳤다고요?
(seng-hwari oryowoso/oryopki temune/oryounika humchottagoyo)

…… 生活が苦しいから盗んだと言うのですか？

★これは窃盗事件を起こした被疑者からの発言を取調官が追及するような場面で使われる言い方で、「생활이 어려워서」は、生活が苦しいのでその流れで仕方なく盗みに及んだというのかと突っ込む時に、「생활이 어렵기 때문에」は、生活が苦しいから盗んだなんてそんな理屈が通りますかと突っ込む時に、「생활이 어려우니까」は、生活が苦しいから盗んだなんてそれは自分勝手過ぎるでしょうと突っ込む時に使う。

6 시간이 [없기 때문에/없어서/없으니까]
여기서 마치겠습니다.
(sigani opki temune/opsoso/opsunika yogiso machigetsumnida)

…… 時間がないのでここで終了します。

★会議をこれ以上引っ張れない時間的な制約があるということを表す表現なので、「여기서 마치겠습니다」を言いたい司会の立場からは、ここで終わらせなければならない理由を論理的に伝える「시간이 없기 때문에」が最も言いやすい。「시간이 없어서」は、残り時間がなくなるとその流れで自然に終了ということになるものなのだと説明をしようとするところから司会としてはちょっと頼りない言い方となり、「시간이 없으니까」は、司会が残されている時間がないということを理由に、勝手に会議を終わらせようと画策していると誤解されかねない言い方になる。

7 저는 [잘 모르니까/잘 몰라서(×)/잘 모르기 때문에(×)]
알아서 하세요.
(chonun chal morunika/chal mollaso/chal morugi temune araso haseyo)

…… 私はよく分からないからお任せします。

★「알아서 하세요」のように後ろの文に命令表現が出て来る時には、その命令の根拠として話し手が主観的な理由を述べる「～니까/으니까」だけが成立する。「잘 몰라서」は、後ろでは命令しているのに、前の出来事がまるで自然な流れかのように言っていることから、「잘 모르기 때문에」は、命令を出しているのは自分なのに、まるで客観的な論理に沿っているかのような言い方になるところから成立しない。

8 그 회사가 잘 되는 건 사원들이 한 마음이 [되어 있기
(ku hwesaga chal dwenun gon sawonduri han maumi dweo itki)

temunieyo dweo issosoeyo dweo issunikayo
때문이에요/되어 있어서예요(×)/되어 있으니까요(×)].

……その会社が上手く行っているのは、社員が一つになっているからです。

★これは、「~아/어서」「~기 때문에」「~까/으니까」でつながる前後の出来事が引っくり返されて表現されている例で、前の文では後ろに続く理由の前提となるものを出され、後ろの文でそれに対する理由が述べられることになる。上記の例文では、「その会社がなぜ上手く行っているかというと」というのが後ろの理由を説明するための前提となり、後ろの文でその理由が述べられるという構造になっている。従って、こういう場合には、後ろに話し手の論理的かつ理屈的な説明の気持ちを表す「한 마음이 되어 있기 때문이에요」が最も成立しやすく、「한 마음이 되어 있어서예요」は、会社が上手く回っていることと社員皆の気持ちが一つになることとが自然な流れの中で発生するものだという意味になるところから、「한 마음이 되어 있으니까요」は、その会社が上手く行っている理由を相手に説明するのに、客観的な根拠や事実よりも話し手自身の主観的かつ一方的な根拠が優先されるところから使いづらい表現になる。

nomu kiposo kipugi temune kipunika
9 너무 [기뻐서/기쁘기 때문에(×)/기쁘니까]
nunmuri ta naoryogo handa
눈물이 다 나오려고 한다.

あまりにも嬉しくて涙があふれ出てこようとする。

★嬉しいあまりその流れで自然に涙が出て来るくらいだということを言う表現なので、「너무 기뻐서」が最も成立しやすい。「너무 기쁘니까」は、使うとしたら、涙が出てこようとする理由を話し手が主観的に述べたい時に限られる。一方、涙が出て来るのは論理や理屈ではないので、涙が出て来る理由を論理的な説明しようとする「너무 기쁘기 때문에」は成立しないことになる。

「~니까/으니까」「~아서/어서」「~기 때문에」は、すべて因果関係を表すもので、「から」や「ので」の意味になる。どれが「から」で、どれが「ので」になるかはあまり重要ではなく、話し手の主観的かつ一方的な理由を述べたい場合には「~니까/으니까」が、前後の文が自然な流れだと言いたい場合には「~아서/어서」が、後ろの成立理由を論理的かつ理屈的に説明したい時には「~기 때문에」が最も似合う表現であることを理解する必要がある。

～길에·～도중에·～김에

192

意味の解説

「～길에」は、あることに着手し、それを終了させるまでのどこかのタイミングでそれとは別件の別のこともやるという意味を持つもので、「～도중에」は、あることをし出した時点でそれとは別件の別のこともやるという意味、「～김에」は、あることに着手するのをきっかけにそれに便乗して別のこともやるという意味を持つもの。

使い方

yobo naganun gire naganun tojung-e naganun gime
A：여보, ［나가는 길에/나가는 도중에(×)/나가는 김에(×)］

suregi chom poryo juseyo
쓰레기 좀 버려 주세요.

……あなた、出かける途中でゴミ捨てて下さい。

arasso
B：알았어. ……分かった。

★これは、朝会社に出勤するご主人にゴミ捨てをお願いする奥さんとご主人との会話だが、頼まれたご主人は、家を出て近くのゴミ置き場にゴミを捨てて会社に向かうことになるので、「나가는 길에」で言うことになる。「나가는 도중에」は、家を出る動きに差しかかった時点でゴミ捨てをしなければならなくなるので成立せず、「나가는 김에」は、会社に出勤する時ではなく、ちょっと「出かけたついでに」という意味になることから、この場合には言えない。

kyoul-rot ponenun gime ponenun gire ponenun tojung-e
A：겨울옷 ［보내는 김에/보내는 길에(×)/보내는 도중에(×)］

kimchido kachi chom poneji
김치도 같이 좀 보내지?

……冬服を送るついでにキムチも一緒に送ったら？

kuroryogo heyo
B：그러려고 해요. ……そうしようと思っています。

★これは、一人暮らしをしている子供に冬用の服を送ってあげようという話をする夫婦間の会話だが、冬の服を送る作業に便乗してキムチも送ることを提案していることから「옷 보내는 김에」が最も適切な言い方となる。「보내는 길에」は、冬の服を送ることをずっとやっている間のどこかの時点でキムチを送るという意味になることから成立せず、「보내는

도중에」は、冬の服が送られていく最中にキムチも送るという意味になることから成立しない。

A：점심 어떻게 하셨어요?（chomsim ototke hasyossoyo）……お昼、どうされましたか。

B：［오는 길에/오는 도중에/오는 김에(×)］먹고 왔지.（onun gire / onun tojung-e / onun gime mokko watchi）……来る途中で食べて来たよ。

★家を訪ねてきた親戚の人とかに食事のことが気になって質問したりする時に交わされる会話だが、答える親戚の人は、向かってくる途中のどこかで食べてきたと言っているので、「오는 길에」も「오는 도중에」も成立することになる。「오는 김에」は、こちらに向かうということをやろうとしたその時にご飯を食べたという話になることから、この場合には、言えないことになる。

「～길에」の「길」は、道という意味で、「～도중에」の「도중」は、途中という意味、「～김에」の「김」は、湯気または温かい息という意味である。従って、「～길에」は、「何かをするその道に乗った時に」という意味になり、「～김에」は、「何かをしようとして息を吐いたその時に」という意味になる。

～지 않고·～지 말고

意味の解説

「～지 않고」は、「～することをしないで」の意味で、「～지 말고」は、「～することを止めて」という意味。

使い方

A：［놀지 말고/놀지 않고(×)］공부하도록 해. 알았어?（nolji malgo / nolji anko kongbuhadoro ke arasso）……遊ばないで勉強するんだよ。分かった？

B：네.（ne）……はい。

★これは、「遊ぶことは止めなさい、その代わり勉強しなさい」と言いたい話し手の気持ちを表すものなので、遊んだりすることを止めてという意味を持つ「놀지 말고」が成立し、「놀지 않고」は成立しない。

o baksanim yongu-kyolgwaga aju chottamnida
A：오 박사님 연구결과가 아주 좋답니다.
……オ先生の研究結果がとても素晴らしいそうです。

kugot pwa swiji anko swiji malgo noryokanun saramantenun mot
B：그것 봐. ［쉬지 않고/쉬지 말고(×)］ 노력하는 사람한테는 못
tanghanun bobiya
당하는 법이야.
……ね？ 弛まず努力する人には敵わないものなんだよ。

★これは、オ博士の研究結果の話を聞いたA、B２人がその研究の話をする場面で使われる例だが、ここでBは、「弛まず努力する」ことの大切さを力説しているので、単純に弛むことを否定する「쉬지 않고」が成立し、弛むことを止めてという意味になる「쉬지 말고」は成立しない。

sauji malgo sauji anko saijotke chinepsida
A：［싸우지 말고/싸우지 않고(×)］ 사이좋게 지냅시다.
……喧嘩しないで仲良く過ごしましょうよ。

chochogi sibirul korotkodunnyo
B：저쪽이 시비를 걸었거든요.
……あっちの方が因縁つけて来たんですよ。

★これは、「喧嘩するのを止めなさい、その代わり仲良くしなさい」という話し手の気持ちを表すものなので、喧嘩するのを止めてという意味を持つ「싸우지 말고」が成立し、「싸우지 않고」は成立しない。

「～지 않고」は、「～지」の前の表現を話し手が単純否定したい時に使うもので、「～지 말고」は、「～지」の前の出来事を否定し、その代わり後ろの出来事を行うことを強く勧める話し手の気持ちを表すもの。

～고 싶다・～았/었으면 좋겠다

意味の解説

「～고 싶다」は、話し手が自らの積極的な意志でそうなりたいと願う強い希望や願望の気持ちを表す時に使うもので、「～았/었으면 좋겠다」は、それが実現できたら幸いと思う、そうなれたら気が晴れるという仮定の希望や願望の気持ちを表す時に使うもの。

使い方

A：커서 뭐가 되고 싶어?（koso mwoga dwego sipo）……大きくなったら何になりたいの？

B：과학자가 [되고 싶어요/됐으면 좋겠어요].（kwahakchaga dwego sipoyo dwessumyon chotkessoyo）
……科学者になりたい/なれたらいいな と思います。

★「되고 싶어요」は、科学者になりたいと子供自身が強い希望の気持ちを持って意志表示をする時に使う言い方で、「됐으면 좋겠어요」は、そんなに積極的な思いはなく、科学者になれたらいいと願う仮定の願望の気持ちを述べる時に使う言い方。

A：너, 네 인생 [망치고 싶니?/망쳤으면 좋겠니?]（no ne inseng mangchigo simni mangchossumyon chotkenni）
……あなた、自分の人生を壊したいの？/壊せたらいいと思っているの？

B：누가 그런대?（nuga guronde）……誰がそう思うんだよ？

★「네 인생 망치고 싶니?」は、そのようなことをして自分の人生を壊していくのがお前の望みなのかと話し手が強く相手を問い詰める時に使う言い方で、「네 인생 망쳤으면 좋겠니?」は、そういうことをして自分の人生がめちゃくちゃになったらそれでよかったというつもりなのかと相手を説得する話し手の気持ちを表す言い方。

A：아, 여행 [가고 싶다/갔으면 좋겠다].（a yoheng kago sipta kassumyon chotketta）
……あ、旅行に行きたい/行きたいな。

B：그럼 가지 그래?（kurom kaji gure）……じゃ、行けばいいじゃない？

★「여행 가고 싶다」は、単純に旅行に行きたいと願う話し手の気持ちを表す言い方で、「여행 갔으면 좋겠다」は、それが実現できたらいいのにと願う話し手の気持ちを表す言い方。

「～고 싶다」は、強く「～したい」と思う時に、「～았/었으면 좋겠다」は、軽く「～したい」と思う時に使う。

～려고/으려고・～러/으러・고 싶어서

193

意味の解説

「～려고/으려고」は、話し手の意図を表すもので、「～러/으러」は、話し手自身の今行う行為の目的、「～고 싶어서」は、話し手のこれからの希望や願望を表すもの。

使い方

A：시장 가?（sijang ga）……買い物？

B：네, 김치 좀 [담그려고요/담그러요(×)/담고 싶어서요(×)].（ne kimchi jom tamguryogoyo/tamguroyo/tamko siposoyo）

……はい、キムチを漬けようと思って。

★これは、道ばたで会った2人の主婦が挨拶を交わす場面で使われる会話で、Aの主婦はBの主婦に市場に買い物に行くのかと聞いており、Bは市場に行くのがキムチを漬けるためであることを言っている。Bの主婦は、市場に行く自分の意図を説明すればいいので「김치 담그려고」でそれを説明することになる。「김치 담그러」は、市場にキムチを漬けるために向かっているという意味になることから成立せず、「김치 담고 싶어서」は、市場に行く意図を説明すればいい場面で敢えて自分の希望を言う必要がないことから成立しない。

A：여기엔 뭐 [하러/하려고/하고 싶어서(×)] 오셨어요?（yogien mwo haro/haryogo/hago siposo osyossoyo）

……ここへは何しに/しようと/したくて来られたのですか？

B：뭐 하러 오긴. 너 [만나러/만나려고/만나고 싶어서] 왔지.（mwo haro ogin. no mannaro/mannaryogo/mannago siposo watchi）

……何しに来たって。君に会いに/会おうと/会いたくて来たんだよ。

★これは、自分を訪ねてきた人と会話を交わす場面で使われる会話なので、相手のここに来た目的を聞く「뭐 하러」と相手自身のここに来た目的を述べる「너 만나러」とのやりとりが最も成立しやすい。「뭐 하려고」は、ここに来た相手の意図を尋ねる意味になっていることから、相手の心中を探るような言い方になってしまい、話し手のナーバスになっている心境を表す言い方になる。「뭐 하고 싶어서」は、来た目的を聞けばいいような場面で敢えて相手の希望を聞く必要がないことから成立しない言い

方となる。Bのいう「만나려고」は、自分のここを訪ねてきた意図を説明しているところから、Aのここに来た目的の質問に対する答え方としては成立し、「만나고 싶어서」も、あなたに会いたいという希望を果たすためにここに来たのだという自分のここを訪ねてきた目的を説明するところから、「너 만나려고」同様、答え方としては成立する。

A：점심 [먹으러/먹으려고/먹고 싶어서(×)]
(chomsim moguro moguryogo mokko siposo)
식당에 가는 길입니다.
(siktang-e kanun girimnida)
……お昼食べに/食べようと/食べたくて食堂に向かうところです。

B：그래? 그럼 다녀와. ……そう？ じゃ、行ってらっしゃい。
(kure kurom tanyowa)

★これは、会社の廊下とかですれ違った上司と部下たちとの会話でよく使われるもので、Aが部下たちで、Bが上司になる。部下たちは何のために出かけるのかを素直に上司に言えばいいので、自分たちの今の行動の目的を表す「점심 먹으러」で言うことになる。「점심 먹으려고」は、自分たちの意図を説明しようとすることから、言い訳がましい言い方になる。「점심 먹고 싶어서」は、自分たちの希望・願望を全面に出して述べていることから、どうしてもお昼が食べたいのだという変な意味になってしまい、成立しない。

A：이번 휴가 때 뭐 할 거예요? ……今度の休みの時、何するつもりですか？
(ibon hyuga te mwo hal koeyo)

B：그냥 집에서 [쉬려고요/쉬러요(×)/쉬고 싶어서요].
(kunyang chibeso swiryogoyo swiroyo swigo siposoyo)
……何もしないで家で休もうと思っています/休みたいです。

★相手の質問に対して、何もしないでただ家で休みたいと思っている話し手自身の意図を説明すればいいので「그냥 집에서 쉬려고요」が最も言いやすい言い方となる。「그냥 집에서 쉬고 싶어서요」は、自分の希望・願望を述べる言い方となるので成立し、「집에서 쉬러요」は、休むのが今話し手の取る行動の目的ではないことから成立しない。

「〜려고/으려고」は、話し手の意図・意思表現を表すもので、「〜러/으러」は、話し手が今やろうとしている行動の目的を、「〜고 싶어서」は、希望や願望を表す表現。

～일이 있다/없다·～적이 있다/없다

194

意味の解説

「～일이 있다/없다」は、過去のある時、ある場所において、何かをなしたり代価を得たりするために一定時間体を動かしたり頭を使ったりしたことがある/ないという意味で、「～적이 있다/없다」は、今までの過去の記憶の中で、その動きをしていたりまたはその状態の中にいたりした時がある/ないという意味。

使い方

hangung nyong-hwarul pon niri pon jogi itsumnika
A：한국 영화를 ［본 일이/본 적이］ 있습니까?
……韓国の映画を見たことがありますか。

anyo ajik opsoyo
B：아뇨, 아직 없어요. ……いいえ、まだありません。

★「본 일이 있습니까?」は、あなたが持っている、過去のある時に韓国の映画を見たという体験が、何かのためだったり代価を得るためだったりだったのですかという意味のもので、「본 적이 있습니까?」は、あなたの今までの過去の記憶の中で、映画を見るという行為をしていた時があったのですかという意味のもの。

igo tangsin jit animnika
A：이거 당신 짓 아닙니까? ……これ、あなたの仕業じゃないのですか？

chon kuron jisul han niri han jogi opsumnida
B：전 그런 짓을 ［한 일이/한 적이］ 없습니다.
……私はそういうことをした覚え/したことが　ありません。

★「짓」は、体を使ってやる、あまり好ましくない行為や行動を意味するので、「한 일이 없습니다」は、過去のある時において、体を動かしてやる、あまり好ましくないことを、意識的に行った覚えがないということを表し、「한 적이 없습니다」は、今までの過去の記憶の中で、好ましくない動きをしたという記憶があまりないことを表す。

ije soro mannal riri mannal chogi opkenne
A：이제 서로 ［만날 일이/만날 적이(×)］ 없겠네?
……もう顔合わせることはないよね？

sopsopan malsum maseyo
B：섭섭한 말씀 마세요. ……そんな淋しいことは言わないで下さい。

★これは、例えば、卒業式を迎えた先生と学生との話し合いの中でよく出

て来る会話で、これから会うことは多分ないだろうという言い方なので、そういうこと、そういう用事の意味を持つ「일」が使われている「만날 일이 없겠네?」は言えても、依存名詞「적」が使われている「만날 적이 없겠네?」は言えない。

A：오늘처럼 [재미있었던 적이/재미있었던 일이(×)] 없어요.
(onulchorom chemi-issotton jogi chemi-issotton niri opsoyo)
…… 今日ほど楽しかった時はありません。

B：재미있었다니 다행이구나. (chemi-issottani taheng-iguna) …… 楽しい体験が出来てよかったね。

★今までこんなに楽しく感じたことはないと言っているので、今までの過去の記憶の中でそのような時がなかったという意味になる「재미있었던 적이 없어요」が成立し、楽しさを感じるだけの言い方なのに、体を動かしたり頭を使ったりする言い方になる「재미있었던 일이 없어요」は、成立しないことになる。

「~일이 있다/없다」の「일」は、仕事や用事などを意味する実質名詞で、「~적이 있다/없다」の「적」は、時を表す依存名詞。

~지 알다/모르다·~줄 알다/모르다

195

意味の解説

「~지 알다/모르다」は、「~지」で括られる疑問や不確実な出来事に対して、その実行を知っているかどうかを言う言い方で、「~줄 알다/모르다」は、「~줄」で括られる出来事に対して、その出来事の実行方法を知っているかどうかを言う言い方。

使い方

A：여기 왜 사람들이 이렇게 [많은지/많은 줄(×)] 아세요?
(yogi we saramduri irotke manunji manun jul aseyo)
…… ここ、何で人がこんなにたくさんいるのか、知っていますか？

B：글쎄요, 뭐가 있는 모양이죠? (kulseyo mwoga innun moyang-ijo) …… そうですね。何かあるようですね？

★目の前に人がたくさん集まっているのを見て交わす2人の会話なので、何で集まったかに対する疑問の意味を含む「사람이 많은지 아세요?」が

成立し、何でこんな集まり方ができたのかを知っているのかという意味になる「사람이 많은 줄 아세요?」は、この場合は、言えない。「사람이 많은 줄 아세요?」という言い方は、話し手自身が、人がたくさん集まった出来事に何らかの関連を持っており、相手にその集め方を知っているのかという質問をしたい時に使われる。

myonmyong chamsokalchi chamsokal chul chonyo morugessoyo
A：몇 명 [참석할지/참석할 줄(×)] 전혀 모르겠어요.
…… 何名参加するか、全く分かりません。

han ibengmyong jongdoro chabumyon dweji ankessoyo
B：한 200명 정도로 잡으면 되지 않겠어요?
…… 大体200名くらいに見積もればいいんじゃないですか？

★Aは、何名出席してくれるのか全く分からないと言っているので、疑問の意味を含む「몇 명 참석할지」が成立し、出席の仕方を問う意味になる「몇 명 참석할 줄」は言えない。

i hancha ilgul chul ilgulchi ara
A：이 한자 [읽을 줄/읽을지(×)] 알아? …… この漢字、読める？

morugennunde
B：모르겠는데? …… 知らないな。

★これは、漢字の読み方を聞く質問なので、「읽을 줄 알아?」が成立し、漢字を読むのかどうかを知っているのかという質問になる「읽을지 알아?」は成立しない。

nodo unjonalchi unjonal chul morunika
A：너도 [운전할지/운전할 줄(×)] 모르니까
myonochung kok kajigo wa
면허증 꼭 가지고 와.
…… 君も運転するかもしれないから免許証、必ず持ってきて。

arassoyo
B：알았어요. …… 分かりました。

★これは、運転の可能性に言及し、免許証持参を促す内容を表すものなので、不確定の出来事に対してその実行如何に触れる意味を持つ「운전할지 모르니까」が成立し、運転の仕方を語る「운전할 줄 모르니까」は成立しない。

「～지 알다/모르다」は、「～するのかを知る／知らない」という意味を表すもので、「～줄 알다/모르다」は、「～する方法を知る／知らない」という意味を持つもの。

～려면/으려면・～면/으면

▼ 意味の解説

「～려면/으려면」は、「ある行動をしようとする意図や意欲を持ってそれを事実として実現するためには」、「ある動きや状態の変化が事実として成り立つためには」という意味を持つもので、「～면/으면」は、「まだ起きない事実を仮定して言ったり不確実な出来事を仮定して言ったり」という意味を持つもの。

使い方

momi konganghejiryomyon konganghejimyon undong-ul heyaji
A：몸이 ［건강해지려면/건강해지면(×)］ 운동을 해야지.
……体が健康になるためには運動しなきゃ。

kwajangnimun undong haseyo
B：과장님은 운동 하세요? ……課長は運動されるんですか？

★今よりも体を元気に保ちたければという意味を表すものなので、元気になりたいと思う意図や意欲を表す「몸이 건강해지려면」が成立する。「몸이 건강해지면」は、今より健康になることを仮定の事実として捉えていることから、この場合は、おかしい言い方となる。

no changhakkum tamyon taryomyon mwo hal koya
A：너 장학금 ［타면/타려면(×)］ 뭐 할 거야?
……君、奨学金もらったら何するの？

hagwonbi heyaji
B：학원비 해야지. ……塾の費用に充てなきゃ。

★奨学金をもらうという出来事は、今の時点では仮の出来事なので、仮の事実が実現したらという意味を持つ「장학금 타면」が成立し、奨学金をもらいたいと願う話し手の意図や意欲を表す「장학금 타려면」は、この場合は、成立しない。

minsokchon kasiryomyon kamyon samsipchilbonposu tasyoya dweyo
A：민속촌 ［가시려면/가면(×)］ 37번 버스 타셔야 돼요.
……民俗村に行かれるのでしたら37番バスに乗って下さい。

kamsa-hamnida
B：감사합니다. ……ありがとうございます。

★民俗村に行くためには37番バスに乗らなければいけないということを言っているので、相手の意図や意欲を表す「민속촌 가시려면」が成立し、

仮の事実の実現を意味する「민속촌 가면」は、この場合は、成立しないことになる。

「～려면/으려면」は、話し手の意図や意欲の意味を含むもので、「～면/으면」は、単純に仮定の意味を表すもの。

～것을 보면·～것을 보니까

意味の解説

196

「～것을 보면」は、仮定の意味を持つ「～면」を含んでいるので、まだ起きない事実を仮定して言ったり不確実な出来事を仮定して言ったりする「～するのを見ると」という意味になり、「～것을 보니까」は、「～니까」を含んでいるので、後半を語るための話し手の主観的な理由・根拠を述べる「～するのを見たら」という意味になる。

使い方

che kamaninnun gol bomyon bonika susanghada
A：재 가만있는 걸 [보면/보니까] 수상하다.
…… あの子、じっとしているのを見ると/見たら怪しいな。

to swihenna
B：또 쉬했나? …… また、おしっこしたかな？

★これは、今まで活発に動き回っていた赤ちゃんが動きを止めてじっとしているのを見かけた周りの大人たちが交わす会話で、赤ちゃんがおしっこしたかどうか定かでない事実を話し手が仮定して言う時には「가만있는 걸 보면」という言い方を使い、後半の文で怪しいという言い方をするための話し手の主観的な根拠として、赤ちゃんがじっとしていることを強調したい場合には「가만있는 걸 보니까」を使う。

kiuni omnun gol bomyon bonika kamgi kollin go gatkido hago
A：기운이 없는 걸 [보면/보니까] 감기 걸린 거 같기도 하고.
…… 元気がないのを見ると/見たら風邪引いたようにも見えるし。

kurolchido morugenneyo
B：그럴지도 모르겠네요. …… そうかもしれませんね。

★「기운이 없는 걸 보면」は、元気がないのを見ると、定かではない事実を仮定して言うけれども、どうも風邪を引いたみたいだねと言いたい時

に使い、「기운이 없는 걸 보니까」は、話し手が後半の文で言いたい内容、風邪を引いたみたいだねということを言うために、話し手が主観的な根拠として元気がないのを見ると、という言い方。

A：애 우는 걸 ［보면/보니까］ 싼 모양이다.
(e unun gol bomyon bonika san moyang-ida)
……あの子、泣いているのを見るとおしっこした/うんちをしたみたいだね。

B：아까 기저귀 갈아줬는데요. (aka kijogwi karajwonnundeyo) ……さっき、おむつ替えたばっかりですよ。

★これは、赤ちゃんが泣きだすのを見て、姑さんがお嫁さんに赤ちゃんがうんちかおしっこをしたみたいだから、おむつ替えてやればと言いたい時に交わされる会話で、「우는 걸 보면」は、100％定かではないが、仮定して言うならば、という気持ちの時に使い、「우는 걸 보니까」は、後半に続く「漏らしたようだ」という主張をするための根拠を言いたい時に使う。

A：저렇게 좋아하는 걸 ［보면/보니까］ 틀림없어.
(chorotke choa-hanun gol bomyon bonika tullimopso)
……あんなに喜んでいるのを見ると間違いないね。

B：뭐가요? (mwogayo) ……何がですか？

★「저렇게 좋아하는 걸 보면」は、確信はできないけれども、あの喜び方を見ると、自分の考えに間違いはないと思う話し手の気持ちを表すもので、「저렇게 좋아하는 걸 보니까」は、後半の文で間違いないと断定するための条件として、あの喜び方を見るとそう思えるという話し手の気持ちを表すもの。

「～것을 보면」は、仮定して言う話し手の気持ちを、「～것을 보니까」は、主張のための条件を言いたい話し手の気持ちを表す。

～위해서・～때문에

意味の解説

「～위해서」は、目的の意味を表す「～ために」の意味を持つもので、「～때문에」は、原因・理由の意味を表す「～ために」「～から、～ので」等の意味を持つもの。

使い方

chibul sagi wi-eso sagi temune tonul moatsumnida
1 집을 [사기 위해서/사기 때문에(×)] 돈을 모았습니다.
……家を買うためにお金を貯めました。

★これは、お金を貯めた目的を述べる内容のものなので、「집을 사기 위해서」が成立し、理由の意味を表す「집을 사기 때문에」は、成立しない。

chinguga ogi temune ogi wi-eso konghang-e kaya dweyo
2 친구가 [오기 때문에/오기 위해서(×)] 공항에 가야 돼요.
……友達が来るので空港に行かなければなりません。

★これは、なぜ空港に行くのかに対する理由を述べるものなので、理由の意味を持つ「오기 때문에」が成立し、目的の意味を表す「오기 위해서」は成立しない。

sarul pegi wi-eso pegi temune meil undong-ul hamnida
3 살을 [빼기 위해서/빼기 때문에(×)] 매일 운동을 합니다.
……痩せるために毎日運動をします。

★これは、内容によって、痩せることが毎日運動をする目的になることも、なぜ毎日運動をするのかに対する理由になることもあるので、両方成立することもあり得る。しかし、「~기 때문에」が論理的な理由の気持ちを述べる時に使われることから、この場合は、「살을 빼기 때문에」は成立せず、「살을 빼기 위해서」だけが成立する。

nol wi-eso no temune hwanen goya
4 [널 위해서/너 때문에] 화낸 거야.
……君のためを思って/君が原因で怒ったんだよ。

★この文が、話し手の怒りが第三者に及んでいるという内容になる場合には、両方とも「お前のために(第三者に)怒ったんだよ」の意味になり、怒った目的を言いたい時に「널 위해서」を、怒った理由を言いたい時に「너 때문에」を使う。一方、怒りが相手に及ぶ時には、「널 위해서」は、怒ったことがあなたという人間のためを思ってのことなのだという意味の時に使い、「너 때문에」は、あなたという人間が怒る原因提供をしてくれたのだということを言いたい時に使う。

「~위해서」は、「위하다」から来ているものなので、主に「対象を助けるため、コトを対象に有利に運ぶため、対象にある目的を達成させるため」を言いたい時に使われ、「~때문에」は、「때문」から来ているものなので、対象が原因または理由になっていることを言いたい時に使われる。

～달라고 하다·～주라고 하다

197

意味の解説

「～달라고 하다」は、話し手が相手に、第三者のところに行き、第三者に何かを実現してもらうことを促す言い方で、「～주라고 하다」は、話し手が相手に、第三者のところに行き、第三者に他の他者に何かを実現してあげるよう、第三者を促すことを相手に伝える言い方。

使い方

A：저기(chogi) 가서(kaso) [달라고(tallago)/주라고(churago)(×)] 하세요(haseyo).
……あそこに行って下さい/あげなさいと言って下さい。

B：네(ne), 알겠습니다(algetsumnida). ……はい、分かりました。

★これが、話し手が相手に、第三者のところに行き、何かをもらってきなさいという内容のものだったら、「달라고 하세요」が成立し、「주라고 하세요」は成立しない。「주라고 하세요」は、話し手が相手に、第三者のところに行って、第三者が何かを他の人にあげるように言いなさいという意味の時に成立する。

A：빨리(palli) [해(he) 주라고(jurago)/해(he) 달라고(dallago)] 하세요(haseyo).
……早くやってあげるように/やってくれと言って下さい。

B：누구냐고(nugunyago) 하면요(hamyonyo)? ……どちら様ですか、と言われたらどうしますか？

★これは、両方成立できる例で、話し手が相手に、第三者のところに行き、第三者に他の他者に何かを早めにやってあげるように言って下さいという意味で言いたい場合には、「빨리 해 주라고」を、話し手が相手に、第三者のところに行き、第三者から何かを早めにやってもらって下さいという意味で言いたい場合には、「빨리 해 달라고」を使うことになる。

A：[도와(towa) 달라고(dallago)/도와(towa) 주라고(jurago)(×)] 하시는(hasinun) 게(ge) 좋을(choul) 거(ko) 같은데요(gatundeyo)?
……助けて下さいっておっしゃった方がよさそうですけど？

B：그렇죠(kurotcho)? ……そうですよね？

★これが、話し手が相手に、話題の人物に助けて下さいとお願いしたらどうですかという内容のものだったら、「도와 달라고」が成立し、「도와

주라고」は成立しない。「도와 주라고」は、話し手が相手に、第三者のところに行き、第三者が他の他者を助けるよう、伝えた方がいいのではないですかという意味の時に成立する。

A：책을 좀 [빌려 달라는데요?(×)/빌려 주라는데요?]
(chegul chom pillyo dallanundeyo / pillyo juranundeyo)
…… 本、貸してあげたらと言っているんですけど。

B：빌려줬다고 해. …… 貸してあげたって言って。
(pillyojwottago he)

★これが、Aが話題の人物から、Bが誰かに本を貸すように促されてきたという意味のものだったら、「빌려 달라는데요?」は成立せず、「빌려 주라는데요?」が成立する。「빌려 달라는데요?」は、話題の人物が、話し手Aと近い関係にあり、Aがその話題の人物に代わり、Bに本を貸すようお願いをする時の言い方になる。

「〜달라고 하다」は、「〜달라」を含んでいるので、基本的に「〜달라」の主とその話を聞く相手との間でのやりとりになり、「〜주라고 하다」は、「〜주라」を含んでいるので、「〜주라」の主が誰なのかによって複雑な様相を見せる。

색인 · 索引 —— 가나다라 순

ㄱ

ㄴ

ㄷ

ㄹ

ㅁ

ㅂ

ㅅ

ㅇ

ㅈ

ㅊ

ㅋ

ㅌ

ㅍ

ㅎ

索引・색인 ── 五十音順

あ

か

さ

た

な

【著者】
イム・ジョンデ
韓国大田生まれ。韓国教育財団諮問委員。韓国外国語大学日本語科卒業。同大学院卒業後、ソウルの桓一高校で日本語教師を勤める。1997年上智大学大学院文学研究科国文学専攻博士後期課程満期退学。清泉女子大学非常勤講師、東海大学福岡短期大学国際文化学科主任教授、観光文化研究所所長などを経て、現在は東海大学教育開発研究センター教授。韓国語教育、韓国の文化と社会、国際理解、国際交流などを研究テーマにしている。現在の名は、林大仁（はやしひろひと）。

完全マスターハングル文法　改訂版

［PRODUCTION STAFF］

編集協力	宮崎麻実
イラスト	KIKO
ブックデザイン	山之口正和（OKIKATA）
DTP	P.WORD